普通高等教育"十一五"国家级规划教材
普通高等教育应用型本科"十三五"系列教材

汽车构造与原理

（上册 发动机）

（第4版）

丛 书 主 编　蔡兴旺
丛书副主编　王海林　刘仁鑫　吴伟斌
本 书 主 编　王海林　蔡兴旺
本书副主编　王　斌　余志兵
本 书 参 编　李晓珍　黄大星　张　毅

机械工业出版社

本丛书分上、中、下3册和实训教材共4册。丛书以乘用车为主，将汽车的构造与原理有机融合，系统地介绍了现代汽车的结构、工作原理、拆装、日常使用维护与主要检查调整等内容，突出了现代汽车电子控制技术及新一代高压共轨电控柴油机、直喷汽油机、可变气缸控制、车辆动态集成控制、车载网络 CAN、智能起动系统等新结构、新技术和电动汽车、燃气汽车等新能源汽车的介绍。

本书为上册，内容除总论外，包括发动机基本结构与工作原理、曲柄连杆机构、发动机换气系统、汽油机燃料供给系统、柴油机燃料供给系统、汽油机点火系统、发动机排气污染与防治、发动机冷却系统、发动机润滑系统、汽车起动系统共 10 章。

本书可作为普通高等教育应用型本科汽车类各专业的专业基础教材或专业教材，也可以作为高职高专、成教、职大、中专技校及汽车培训机构的参考教材。

本书附带教师参考资料，内含 PPT、视频资料、图库和习题解答，生动、形象地展示了现代汽车各总成与零部件的构造、工作原理、拆装与部分检查调整，非常方便教师备课、授课和学生课外学习。凡使用本书作为教材的教师可登录机械工业出版社教育服务网 www. cmpedu. com 注册后免费下载。咨询电话：010-88379375。

图书在版编目（CIP）数据

汽车构造与原理. 上册，发动机/王海林，蔡兴旺主编. —4 版. —北京：机械工业出版社，2018.6（2025.1 重印）

普通高等教育"十一五"国家级规划教材　普通高等教育应用型本科"十三五"系列教材

ISBN 978-7-111-60088-6

Ⅰ.①汽…　Ⅱ.①王…②蔡…　Ⅲ.①汽车-构造-高等学校-教材②汽车-发动机-高等学校-教材
Ⅳ.①U463

中国版本图书馆 CIP 数据核字（2018）第 113145 号

机械工业出版社（北京市百万庄大街22号　邮政编码100037）
策划编辑：葛晓慧　　　　　责任编辑：葛晓慧　谢熠萌
责任校对：李锦莉　刘丽华　责任印制：常天培
固安县铭成印刷有限公司印刷
2025 年 1 月第 4 版·第 7 次印刷
184mm×260mm · 14.5 印张 · 346 千字
标准书号：ISBN 978-7-111-60088-6
定价：44.00 元

电话服务　　　　　　　　　　网络服务
客服电话：010-88361066　　　机　工　官　网：www.cmpbook.com
　　　　　010-88379833　　　机　工　官　博：weibo.com/cmp1952
　　　　　010-68326294　　　金　书　网：www.golden-book.com
封底无防伪标均为盗版　　　　机工教育服务网：www.cmpedu.com

序

由机械工业出版社出版,蔡兴旺、王海林、刘仁鑫、吴伟斌等教授主编的《汽车构造与原理(上、中、下册)》和《汽车构造与原理实训》教材从2004年出版到现在,均已修订2次,连续印刷20余次,受到全国广大师生的认可和好评,其中《汽车构造与原理实训》和《汽车构造与原理(上册)》都被教育部评为普通高等教育"十一五"国家级规划教材,《汽车构造与原理实训》还被评为教育部精品教材和"十二五"高等职业教育国家规划教材。

近年来,随着汽车专业教学改革不断深入,汽车新技术和新结构不断涌现,大量本科院校转型应用型本科,着力加强技术技能的培养,为了适应新形势下汽车相关专业教学改革的需要,我们对原教材进行了第3次修订,形成了本丛书。

本丛书将汽车的构造与原理有机融合,以乘用车为主,全面地介绍了现代汽车的结构、工作原理、拆装、日常使用维护与主要检查调整等内容,突出了现代汽车电子控制技术等新结构、新技术。教材编写突出以下主要理念:

1)以社会需求为目标,技术应用能力为主线,着力提高学生实践技能、应用水平、创新能力和综合素质。

2)以学生学习为主体,老师教学为主导。

3)理论与实践紧密结合,汽车结构、原理与实践有机融合。

4)精简或删除陈旧内容,及时补充学科、行业的新标准、新知识、新技术、新成果。

5)按照学生认识规律,进行教材设计,由感性至理性、实用性、实践性、科学性、先进性、思想性、趣味性、人文交融性相结合。

6)教材风格新颖、活泼、通俗、精练,多采用图表。教材配套教师参考资料,方便教学和学生自学。

本丛书分《汽车构造与原理第4版(上册 发动机)》《汽车构造与原理第4版(中册 底盘 车身)》《汽车构造与原理第4版(下册 电气设备 新能源汽车)》3册共29章以及《汽车构造与原理实训第4版》配套实训教材。由蔡兴旺教授担任丛书主编,王海林、刘仁鑫、吴伟斌3位教授担任丛书副主编。

本丛书的《汽车构造与原理第4版(上册 发动机)》由王海林教授和蔡兴旺教授担任主编。编写分工为:王海林(第4章)、蔡兴旺(总论、第1章、第2章、第5章、第10章的10.1节、10.2节)、王斌(第3章)、余志兵(第6章)、李晓珍(第7章)、黄大星(第10章的10.3节)、张毅(第8章、第9章)。

本丛书的《汽车构造与原理第4版(中册 底盘 车身)》由刘仁鑫教授和蔡兴旺教授担任主编。编写分工为:刘仁鑫(第11章的11.2~11.5节)、蔡兴旺(第14章)、廖一峰(第12章)、李锦(第13章)、龙江启(第15章、第16章、第17章)、谢锐波(第11章的11.1节、11.6节、11.7节)。

本丛书的《汽车构造与原理第4版(下册 电气设备 新能源汽车)》由吴伟斌教授和蔡

兴旺教授担任主编。编写分工为：吴伟斌（第22章、第23章、第24章）、蔡兴旺（第19章、第21章、第25章、第27章、第28章、第29章）、王斌（第18章）、李晓珍（第20章）、黄大星（第26章）。

本丛书的《汽车构造与原理实训第4版》由蔡兴旺教授担任主编。编写分工为：蔡兴旺（总论、第1章、第2章、第5章、第10章的10.1节、10.2节、第14章、第19章、第21章、第25章、第27章、第28章、第29章）、王海林（第4章）、刘仁鑫（第11章的11.2~11.5节）、吴伟斌（第22章、第23章、第24章）、王斌（第3章、第18章）、余志兵（第6章）、廖一峰（第12章）、李锦（第13章）、李晓珍（第7章、第20章）、龙江启（第15章、第16章、第17章）、张毅（第8章、第9章）、黄大星（第10章的10.3节、第26章）、谢锐波（第11章的11.1节、11.6节、11.7节）。

本丛书附带教师参考资料，内含PPT、视频资料、图库和习题解答，生动、形象地展示了现代汽车各总成与零部件的构造、工作原理、拆装与部分检查调整，非常方便教师备课、授课和学生课外学习。

在本丛书编写及光盘制作过程中，得到广东省教育厅、广州汽车工业集团、机械工业出版社、清华大学、华南理工大学、华南农业大学、江西农业大学、韶关学院、温州大学、顺德东升汽车修理厂等单位和个人的大力支持与帮助，在此深表感谢！本书引用了国内外一些工厂、研究所、大专院校的产品图样和试验研究资料，引用了百度、搜狐、优酷等网站的资料，在此谨致深切的谢意！

本丛书涉及面广，编者编写水平有限，故疏忽谬误之处在所难免，敬请同行专家和广大读者批评指正。

《汽车构造与原理》编写组

前　言

本书第 3 版自出版以来重印 5 次，销量达 15000 多册，深受读者的欢迎。并且，近年来，随着汽车专业教学改革不断深入，大量本科院校转型应用型本科，着力加强技术技能的培养，加上汽车新技术和新结构不断涌现，为了适应新形势下汽车相关专业教学改革需要，编者对原教材进行第 3 次修订。

本书以乘用车为主，全面地介绍了现代汽车发动机的结构和工作原理等内容，突出了现代汽车发动机中电子控制技术等新结构、新技术的内容。主要内容除总论外，包括发动机基本结构与工作原理、曲柄连杆机构、发动机换气系统、汽油机燃料供给系统、柴油机燃料供给系统、汽油机点火系统、发动机排气污染与防治、发动机冷却系统、发动机润滑系统、汽车起动系统共 10 章。

本书可作为普通高等教育应用型本科汽车类专业教材，也可以作为高职高专、成教、职大、中专技校及汽车培训的参考用书。

本书由王海林和蔡兴旺任主编，王斌、余志兵任副主编，李晓珍、黄大星、张毅任参编。编写分工为：王海林（第 4 章）、蔡兴旺（总论、第 1、2、5 章和第 10 章的 10.1、10.2 节）、王斌（第 3 章）、余志兵（第 6 章）、李晓珍（第 7 章）、黄大星（第 10 章的 10.3 节）、张毅（第 8、9 章）。

在本书编写过程中，得到广东省教育厅、广州汽车工业集团、机械工业出版社、清华大学、华南理工大学、华南农业大学、江西农业大学、韶关学院、温州大学、顺德东升汽车修理厂等单位和个人的大力支持与帮助，在此深表感谢！本书引用了国内外一些工厂、研究所、大专院校的产品图样和试验研究资料，在此谨致深切的谢意！

本书涉及面广，编者水平有限，疏忽谬误之处在所难免，敬请同行专家和广大读者批评指正。

编　者

本书常用缩略语

ABS——防抱死制动系统
A/F——空燃比
ASR——驱动防滑调节系统
AT——自动变速器
BEV——纯电动汽车
BLIS——盲点信息系统
BSG——传动带驱动起动-发电一体电机
CA——曲轴转角
CAN——控制器局域网
CCS——巡航控制系统
CISS——集成性安全核心系统
CNGV——压缩天然气汽车
CO——一氧化碳
DIS——无分电器点火系统
DLI——无分电器点火（系统）
DOD——可变排量技术
DOHC——双顶置凸轮轴
DSC——动态稳定控制（系统）
EBD——电子控制制动力分配（系统）
ECD——电子控制式柴油机
ECU——电子控制单元
EDS——电子差速锁
EFI——电子燃油喷射
EGR——废气再循环
EI——电子点火
ESC——电子稳定控制（系统）
ESP——电子稳定程序
ETS——电子牵引力控制系统
EV——电动汽车
FCEV——燃料电池电动汽车

FFV——可变燃料汽车
FSI——燃料分层喷射
GDI——汽油（缸内）直接喷射
GPS——全球定位系统
HC——碳氢化合物
HCCI——均质充量压缩点燃
HEV——混合动力电动汽车
ISC——急速控制
KS——爆燃传感器
LPGV——液化石油气汽车
MCE——多循环发动机
MPI——多点（汽油）喷射（系统）
NO_x——氮氧化物
OBD-Ⅱ——第二代车载自诊断系统
RFID——射频识别
SOHC——单顶置凸轮轴
SPI——单点（汽油）喷射（系统）
SRS——辅助约束系统（安全气囊）
SSS——速度感应式转向（系统）
SVC——萨博可变压缩比
TCS——牵引力控制系统
TPMS——轮胎气压监视系统
VCM——可变气缸管理技术
VDIM——车辆动态集成管理
VIN——车辆识别代号
VSA——汽车稳定性辅助（系统）
VSC——汽车稳定性控制（系统）
VTEC——气门正时电子控制
VVT——可变气门正时
4WD——四轮驱动

目 录

序
前言
本书常用缩略语
总论　汽车总体组成与行驶原理 1
 0.1　汽车的定义及总体组成 2
 0.2　汽车的分类及代号 2
 0.3　汽车的主要技术参数 6
 0.4　汽车行驶的基本原理 10
 本章小结 12
 思考题 13

第一篇　汽车发动机构造与原理

第1章　发动机基本结构与工作原理 14
 1.1　发动机的总体组成 15
 1.2　发动机的基本工作原理 16
 1.3　发动机的分类及型号 19
 1.4　发动机的性能指标与特性 21
 本章小结 25
 思考题 26

第2章　曲柄连杆机构 27
 2.1　机体组结构原理 28
 2.2　活塞连杆组结构原理 32
 2.3　曲轴飞轮组结构原理 44
 2.4　可变气缸控制技术 50
 本章小结 52
 思考题 53

第3章　发动机换气系统 54
 3.1　换气系统总体组成与工作原理 55
 3.2　换气系统主要部件 56
 3.3　四冲程发动机换气过程及其影响因素 64
 3.4　发动机可变进气控制技术 67
 3.5　发动机废气涡轮增压 71
 本章小结 76
 思考题 77

汽车构造与原理（上册　发动机）（第 4 版）

第 4 章　汽油机燃料供给系统 … 78
- 4.1　汽油机燃烧基础 … 79
- 4.2　汽油燃料供给系统构造与工作原理 … 82
- 4.3　稀薄燃烧与缸内直喷电子控制技术 … 108
- 本章小结 … 113
- 思考题 … 114

第 5 章　柴油机燃料供给系统 … 115
- 5.1　柴油机混合气的形成与燃烧 … 116
- 5.2　电控柴油喷射系统结构与原理 … 122
- 5.3　机械式柴油喷射系统简介 … 128
- 本章小结 … 138
- 思考题 … 139

第 6 章　汽油机点火系统 … 140
- 6.1　汽油机点火系统概述 … 141
- 6.2　普通电子点火系统的结构与原理 … 143
- 6.3　微机控制点火系统的结构与原理 … 151
- 本章小结 … 161
- 思考题 … 161

第 7 章　发动机排气污染与防治 … 162
- 7.1　发动机的排气污染 … 163
- 7.2　发动机排气污染的防治 … 164
- 7.3　柴油机尾气后处理技术（SCR） … 169
- 本章小结 … 171
- 思考题 … 171

第 8 章　发动机冷却系统 … 172
- 8.1　冷却系统概述 … 173
- 8.2　冷却系统基本组成与工作原理 … 174
- 8.3　冷却系统主要部件结构与原理 … 175
- 8.4　发动机智能冷却系统 … 182
- 本章小结 … 185
- 思考题 … 185

第 9 章　发动机润滑系统 … 186
- 9.1　润滑系统概述 … 187
- 9.2　润滑系统基本组成与工作原理 … 187
- 9.3　润滑系统主要部件结构与原理 … 188
- 9.4　润滑剂及其选用 … 194
- 本章小结 … 197
- 思考题 … 198

第 10 章　汽车起动系统 … 199
- 10.1　汽车起动系统概述 … 200
- 10.2　传统汽车电起动系统 … 200

10.3 新型汽车起动系统 ………………………………………………………………… 212

本章小结 …………………………………………………………………………………… 217

思考题 ……………………………………………………………………………………… 218

参考文献 …………………………………………………………………………………… 219

总论

汽车总体组成与行驶原理

本章内容架构

```
汽车总体组成与行驶原理
├── 0.1 汽车的定义及总体组成
├── 0.2 汽车的分类及代号
├── 0.3 汽车的主要技术参数
└── 0.4 汽车行驶的基本原理
```

教学目标要求、重点与难点

序号	教学目标要求	教学重点	教学难点
1	掌握汽车的定义及总体组成	✓	
2	掌握汽车的分类，理解汽车代号	✓	
3	掌握汽车的主要技术参数	✓	
4	理解汽车行驶的基本原理		✓
5	能够识别不同类型的汽车	✓	
6	学会分析汽车的性能指标	✓	✓

1886年,德国人本茨发明了世界上第一辆汽车,到2017年,全球汽车年产量高达9730.3万辆,保有量达13亿辆,汽车为人类社会进步和人们生活做出了巨大贡献。

我国汽车从1956年生产出第一辆解放牌汽车,到2017年,汽车产销分别完成2901.5万辆和2887.9万辆,连续9年蝉联世界第一,目前仍然处于快速发展时期。学习掌握汽车技术,已成为当代青年的一个梦想。

0.1 汽车的定义及总体组成

0.1.1 汽车的定义

不同国家、不同时代,对汽车定义有所不同。根据GB 7258—2017,我国对汽车的定义是:由动力驱动,一般具有四个或四个以上车轮的非轨道承载车辆,包括电力线相联的车辆(如无轨电车),主要用于载运人员或货物及其他的一些特殊用途。整车整备质量超过400kg、不带驾驶室、用于载运货物的三轮车辆,和整车整备质量超过600kg带驾驶室的三轮车辆,以及整车整备质量超过600kg、不带驾驶室、不具备载货结构或功能且设计和制造上最多乘坐2人(包括驾驶人)的三轮车辆也属于汽车。

0.1.2 汽车的总体组成

汽车通常由发动机、底盘和车身三大部分组成(图0-1)。

发动机是汽车的动力,现代汽车发动机主要采用的是往复活塞式内燃机,负责将燃料燃烧所产生的热能转化为机械能。

底盘负责将发动机的动力进行传递和分配,并按驾驶人要求进行行驶(加速、减速、转向、制动等)。它一般由传动系统、行驶系统、转向系统、制动系统等组成。

车身是驾驶人操作和容纳乘客及货物的场所,兼有灯光、仪表、空调、音响等全车电器和导航等装置。

汽车总体组成认识参见《汽车构造与原理实训》项目0.1及其光盘。

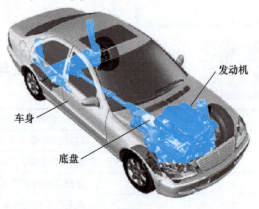

图0-1 汽车的总体组成

0.2 汽车的分类及代号

0.2.1 汽车的分类

汽车类型繁多,分类方法各不相同,通常按用途分。根据GB 7258—2017,我国汽车分为载客汽车和载货汽车等11类,部分汽车种类定义见表0-1。

载客汽车是主要用于载运人员的汽车,包括装置有专用设备或器具的汽车。载货汽车（货车）是主要用于载运货物或牵引挂车的汽车，包括装置有专用设备或器具的汽车。客车是主要用于载运乘客及其随身行李的汽车，包括驾驶人座位在内座位数超过9个。校车是用于有组织地接送3周岁以上幼儿或接受义务教育的学生上下学的7座以上的载客汽车。

表0-1 汽车分类（按用途）

分类			定义
载客汽车	乘用车		主要用于载运乘客及其随身行李和/或临时物品的汽车，包括驾驶人座位在内最多不超过9个座位。它可以装置一定的专用设备或器具，也可以牵引一辆中置轴挂车
	旅居车		装备有睡具及其他必要的生活设施、用于旅行宿营的汽车
	客车	未设置乘客站立区的客车	
		公路客车（长途客车）	专门从事旅客运输的客车（包括卧铺客车）
		旅游客车	专门用于运载游客的客车
		未设置乘客站立区的公共汽车	有固定的公交营运线路和车站，主要在城市道路运营的客车
		专用客车	用于载运特定人员并完成特定功能的客车，也包括装置有专用设备或器具，座位数（包括驾驶人座位）超过9个的专用汽车
		设有乘客站立区的客车	指最大设计车速小于70km/h、设有座椅及乘客站立区，并有足够的空间供频繁停车时乘客上下车走动，有固定的公交营运线路和车站，主要在城市建成区运营的客车（也包括无轨电车）
	校车	幼儿校车	接送3周岁以上学龄前幼儿上下学的校车
		小学生校车	接送小学生上下学的校车
		中小学生校车	接送九年制义务教育阶段学生（小学生和初中生）上下学的校车
		专用校车	专门用于运送3周岁以上学龄前幼儿或义务教育阶段学生的校车
载货汽车	半挂牵引车		装备有特殊装置用于牵引半挂车的汽车
	低速汽车	低速货车	最大设计车速小于70km/h的，具有四个车轮的载货汽车
		三轮汽车	最大设计车速小于或等于50km/h的，具有三个车轮的载货汽车
	专项（专用）作业车		装置有专用设备和器具，用于工程专项（包括卫生医疗）作业的汽车，如汽车起重机、消防车、混凝土泵车、清障车、高空作业车、扫路车、吸污车、钻机车、仪器车、检测车、监测车、电源车、通信车、电视车、采血车、医疗车、体检医疗车等，但不包括装置有专用设备或仪器而座位数（包括驾驶人）超过9个的汽车（消防车除外）
	教练车		专门从事驾驶技能培训的汽车
	残疾人专用车		在采用自动变速器的乘用车上加装符合标准和规定的驾驶辅助装置，专门供特定类型的肢体残疾人驾驶的汽车

汽车若按发动机位置及驱动形式可分为前置发动机前轮驱动（FF）、前置发动机后轮驱动（FR）、中置发动机后轮驱动（MR）、后置发动机后轮驱动（RR）和四轮驱动（4WD）五种（图0-2）。

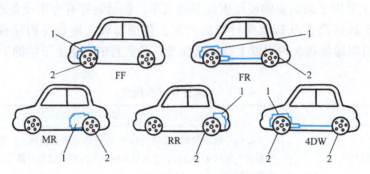

图0-2 汽车发动机位置及驱动型式
1—发动机 2—驱动轮

四轮驱动是指汽车所有车轮都是驱动轮，一般多用于越野车。 汽车驱动情况常用4×2、4×4等表示，前一位数表示汽车总车轮数，后一位数表示汽车驱动轮数。

乘用车按车身分类有一厢式（发动机舱、客舱和行李箱在外形上形成一个空间形态）、两厢式（发动机舱、客舱和行李箱在外形上形成两个空间形态）、三厢式（发动机舱、客舱和行李箱在外形上形成三个空间形态）（图0-3）。若乘用车顶盖不可开启，称该车身为闭式；若客舱顶为敞顶或按需要可开闭，称该车身为开式。

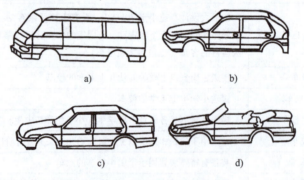

图0-3 乘用车车身分类
a) 一厢式 b) 两厢式 c) 三厢式 d) 开式

若按汽车动力装置类型，可分为内燃机汽车（燃料在气缸内燃烧，将所产生的热能转化为机械能的汽车，如汽油车、柴油车、气体燃料汽车、两用燃料汽车、双燃料汽车等）、电动汽车（以电能为驱动力的汽车）、燃气轮机汽车（以燃气轮机产生动力的汽车，主要用于赛车）。

气体燃料汽车是指装备以石油气、天然气或煤气等气体为燃料的发动机的汽车。

两用燃料汽车是指具有两套相互独立的燃料供给系统，且两套燃料供给系统可分别但不可同时向燃烧室供给燃料的汽车。如汽油/压缩天然气两用燃料汽车、汽油/液化石油气两用燃料汽车等。

双燃料汽车是指具有两套燃料供给系统，且两套燃料供给系统按预定的配比向燃烧室供给燃料，在缸内混合燃烧的汽车，如柴油-压缩天然气双燃料汽车、柴油-液化石油气双燃料汽车等。

0.2.2 汽车的识别代号

一辆汽车就有一个车辆识别代号（Vehicle Identification Number，VIN），就像人的身份证号码，它由17位编码组成。从中可以识别出该车的生产国家、制造厂家、汽车类型、品牌名称、车型系列、车身形式、发动机型号、车型年款等信息，它对汽车管理部门办理牌照登记、处理交通事故、保险索赔、查获被盗车辆以及汽车修理厂登记管理、测试诊断数据存储查寻、配件销售采购以及二手车的评估等都有重要意义。

图 0-4 车辆识别代号所处的位置

车辆识别代号一般位于仪表板上靠近风窗立柱的位置（图0-4），以便于观察和检查。

我国车辆识别代号与国际接轨，由3部分17位字码组成（图0-5、表0-2）。

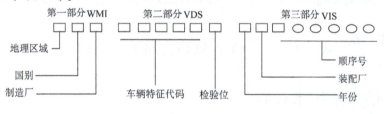

图 0-5 我国车辆识别代号编码

表 0-2 车辆识别代号的含义

位置	位数	含义	举例
第一部分：世界制造厂识别代号（WMI）	1	地理区域（如亚洲、非洲、欧洲、大洋洲、北美洲和南美洲，一般空位）	LSV—中国上海大众汽车有限公司
	2	国别（如1-美国、2-加拿大、3-墨西哥、6-澳大利亚、J-日本、K-韩国、L-中国、W-德国、Z-意大利）	
	3	制造厂（如4-Buick、B-BMW）。年产量少于500辆，其识别代号的第三个字码就是9	
第二部分：车辆说明部分（VDS）	4	说明车辆的一般特性（如车辆的种类、系列、车身类型、发动机类型及约束系统类型等）。其代号顺序由制造厂确定	车身形式代码（H-4门加长型折背式车身）
	5		发动机/变速器代码（J-AYJ（06BC）/FNV（01N.A）

5

(续)

位置	位数	含义	举例
第二部分：车辆说明部分（VDS）	6	说明车辆的一般特性（如车辆的种类、系列、车身类型、发动机类型及约束系统类型等）。其代号顺序由制造厂确定	乘员保护系统代码（1—驾驶人安全气囊）
	7		
	8		车辆等级代码（33—上海桑塔纳乘用车）
	9	校验位，通过一定的算法防止输入错误	0~9中任何一数字或字母"X"
第三部分：车辆指示部分（VIS）	10	车型年份，即厂家规定的型年（Model Year），不一定是实际生产的年份，但一般与实际生产的年份之差不超过1年；如Y—2000年、1—2001年、9—2009年	2—2002年生产
	11	装配厂	2—上海大众汽车有限公司
	12~17	顺序号，一般情况下，汽车召回都是针对某一顺序号范围内的车辆，即某一批次的车辆	出厂编号为221761

注：以桑塔纳2000型乘用车为例说明（识别代号编码LSVHJ133022221761）。

找一找 找一辆汽车，读取其VIN码，并解释其含义。

0.3 汽车的主要技术参数

0.3.1 汽车的主要尺寸参数

汽车的主要尺寸参数包括轴距、轮距、总长、总宽、总高、前悬、后悬等（图0-6）。

图0-6 汽车主要尺寸参数

S—总长 B—总宽 H—总高 L—轴距 B_1—前轮距 L_F—前悬 L_R—后悬

1. 轴距 L

轴距指车轴之间的距离。对双轴汽车，轴距就是前、后轴之间的距离；对三轴汽车，轴距是指前轴与中轴之间的距离和前轴与后轴之间的距离的平均值。

汽车轴距短，汽车总长就短，质量就小，最小转弯半径和纵向通过半径也小，机动灵活，一般普通乘用车及轻型货车轴距较短。但轴距过短会导致车厢长度不足或后悬过长，汽车行驶时纵向振动过大,汽车加速、制动或上坡时轴荷转移过大而造成的制动性和操纵稳定性变坏,以及万向节传动的夹角过大等。所以一般货车、中高级乘用车轴距较长。

2. 前、后轮轮距 B_1、B_2

汽车轮距对总宽、总质量、横向稳定性和机动性都有较大影响。轮距越大,则悬架的角度越大,汽车的横向稳定性越好。但轮距过大,会使汽车的总宽和总质量过大。

3. 汽车的外廓尺寸

汽车的外廓尺寸指总长 S、总宽 B 和总高 H。各国对公路运输车辆的外廓尺寸都有法规限制,以便使其适应该国的公路、桥梁、涵洞和铁路运输的有关标准。我国对公路车辆的限制尺寸是:总高不大于4m,总宽(不包括后视镜)不大于2.5m,左、右后视镜等突出部分的侧向尺寸总共不大于2.5m。

4. 汽车的前悬和后悬 L_F、L_R

汽车的前悬是指汽车前端至前轮中心之间的悬置部分。前悬处要布置发动机、弹簧前支架、车身前部、保险杠和转向器等,要有足够的纵向布置空间。前悬不宜过长,以免使汽车的接近角过小而影响通过性。

汽车的后悬是指汽车后端至汽车后轮中心之间的悬置部分。后悬长度主要与货厢长度、轴距及轴荷分配有关。后悬也不宜过长,以免使汽车的离去角过小而引起上、下坡时刮地,同时转弯也不灵活。

0.3.2 汽车的质量参数

汽车的质量参数主要包含汽车的装载质量、总质量、整备质量利用系数和轴荷分配等。

1. 汽车的装载质量

乘用车主要用于载运乘客及其随身行李物品,一般以座位数计算,包括驾驶人座位在内最多不超过9个座位;客车是以载客量计,载货汽车则以其在良好的硬路面上行驶时所装载货物质量的最大限额(t)计。超载将导致车辆早期损坏,制动距离变长,甚至造成交通事故。

2. 汽车的整备质量

汽车的整备质量指汽车在加满燃料、润滑油、工作液(如制动液)及发动机冷却液并装备(随车工具及备胎等)齐全后(未载人或未载货时)的总质量。整备质量越小的汽车,燃油消耗越少,经济性越好。

3. 汽车的总质量

汽车的总质量指已整备完好、装备齐全并按规定载满客、货时的汽车质量。

4. 汽车的整备质量利用系数

汽车的整备质量利用系数指载货汽车的装载量与其整备质量之比。它表明单位汽车整备质量所承受的汽车装载质量。此系数越大表明该车型的材料利用率及设计与工艺水平越高。

5. 汽车的轴荷分配

汽车的轴荷分配指汽车空载和满载时的整车质量分配到各个车轴上的百分比。它是汽车的重要质量参数,对汽车的牵引性、通过性、制动性、操纵性和稳定性等主要性能以及轮胎的寿命都有很大的影响。

对于经常在较差路面上行驶的载货汽车,为了保证其在泥泞路面上的通过能力,常将其满载时前轴负荷控制在 26~27%，以减小前轮滚动阻力并增大后驱动轮的附着力。

0.3.3 汽车的主要性能指标

汽车主要性能指标含汽车的动力性能（汽车的最高车速、加速时间、爬坡性能）、经济性能（汽车的燃料消耗量）、制动性能（汽车的制动距离）、通过性能（汽车的最小转弯半径、最小离地间隙、接近角、离去角、纵向通过角）、操纵稳定性和汽车有害气体排放等。

1. 汽车的最高车速

汽车的最高车速指在水平良好路面（混凝土或沥青）和规定载质量条件下汽车所能达到的最高行驶车速（km/h）。它是汽车的一个重要动力指标。目前普通乘用车最高车速一般为 150~200km/h。

2. 汽车的加速时间

汽车的加速时间指汽车加速到一定车速所需要的时间，常用原地起步加速时间与超车加速时间表示。它也是汽车动力性能的重要指标。乘用车常用 0~100 km/h 的换档加速时间来评价，如普通乘用车的加速时间为 10~15s。

3. 汽车的爬坡性能

汽车的爬坡性能指汽车满载（或某一载质量）时在良好路面等速行驶的最大爬坡度。一般货车的最大爬坡度要求在 30%，即 16.7°左右。越野车要求更高，一般在 60%，即 31°左右。

4. 汽车的燃料消耗量

汽车的燃料消耗量通常以百公里油耗衡量，即汽车在良好的水平硬路面以一定载荷（乘用车半载、货车满载）及最高档等速行驶时的百公里燃料消耗量，单位为 L/100km。它是汽车的燃料经济性常用的评价指标。

5. 汽车的最小转弯半径

汽车的最小转弯半径指当转向盘转到极限位置、汽车以最低稳定车速转向行驶时，外侧转向轮的中心平面在支承平面上滚过的轨迹圆半径 R（图 0-7）。它表征了汽车能够通过狭窄弯曲地面的能力。最小转弯半径越小，汽车的机动性越好。乘用车的最小转弯半径一般为轴距的 2~2.5 倍。

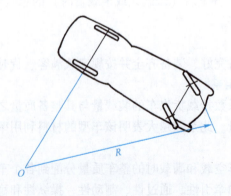

图 0-7 汽车最小转弯半径

6. 汽车的制动距离

汽车的制动距离指汽车在良好的试验跑道上按规定的车速紧急制动（紧急制动时踏板力对乘用车要求不大于500N，对其他车要求不大于700N）时，由踩下制动踏板起到完全停车时的距离。按我国GB 7258—2017要求，乘用车空载以50km/h初速度行驶时进行制动的制动距离应不大于19m。

7. 汽车的最小离地间隙

汽车的最小离地间隙指汽车满载、静止时，平直地面与汽车上的中间区域最低点之间的距离 h（图0-8）。它反映了汽车无碰撞地通过地面凸起的能力。

8. 接近角 γ_1

接近角指汽车满载、静止时，前端突出点向前轮所引切线与地面间的夹角（图0-8）。γ_1 越大，越不易发生汽车前端触及地面的情况，通过性能越好。

9. 离去角 γ_2

离去角指汽车满载、静止时，后端突出点向后轮所引切线与地面间的夹角（图0-8）。γ_2 越大，越不易发生汽车后端触及地面的情况，通过性能越好。

10. 纵向通过角 β

纵向通过角指汽车满载、静止时，垂直于汽车纵向中心平面，分别与前、后车轮轮胎相切，相交并与车轮底盘刚性部件（除车轮）接触的两个平面形成的最小锐角（图0-8）。它决定了车辆所能通过的最陡坡道。β 越大，汽车通过性能越好。

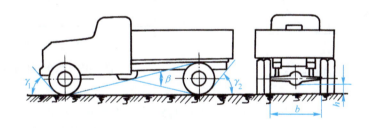

图0-8　汽车通过性能指标

h—最小离地间隙　b—两侧轮胎内缘间距　γ_1—接近角
γ_2—离去角　β—纵向通过角

11. 汽车有害气体排放

汽车有害气体排放主要由发动机引起，其排气中含有多种对人体有害的物质，主要有一氧化碳（CO）、碳氢化合物（HC）、氮氧化物（NO_x）、二氧化硫（SO_2）、醛类和微粒（含碳烟）等，应予以控制。

0.4 汽车行驶的基本原理

0.4.1 汽车行驶的驱动力与行驶阻力

1. 汽车的驱动力 F_t

汽车发动机输出的转矩经传动系统传至驱动轮，产生驱动转矩 T_t，该转矩使车轮对地面产生一圆周力 F_0，同时地面对驱动轮产生反作用力 F_t 推动汽车前进（图 0-9），F_t 称为汽车的驱动力。

$$F_t = T_t / r$$

式中　T_t——作用于驱动轮上的转矩（N·m）；
　　　r——车轮半径（m）。

2. 汽车的行驶阻力 F

汽车行驶时需要克服各种阻力，包括滚动阻力 F_f、空气阻力 F_w、上坡行驶时的坡度阻力 F_i 和加速行驶时的加速阻力 F_j（图 0-10）。行驶阻力之和为

$$F = F_f + F_w + F_i + F_j$$

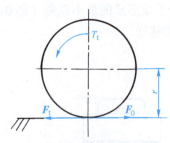

图 0-9　汽车的驱动力

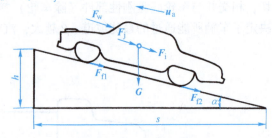

图 0-10　汽车的行驶阻力

（1）滚动阻力 F_f　滚动阻力是由车轮滚动时轮胎与路面发生变形而产生的。当弹性轮胎在硬路面上滚动时，轮胎的变形是主要的，驱动汽车的一部分能量被轮胎的内部摩擦所损耗；当车轮在泥沙、雪地等松软路面上行驶时，路面的压实变形是主要的，这种变形因形成不可复原的车辙而消耗能量。滚动阻力按下式计算：

$$F_f = W f$$

式中　F_f——滚动阻力（N）；
　　　W——车轮载荷（N）；
　　　f——滚动阻力系数，与轮胎结构、轮胎气压、车速和路面性质等有关。

（2）空气阻力 F_w　汽车行驶时受到空气作用力在行驶方向上的分力称为空气阻力。空气阻力由压力阻力与摩擦阻力两部分组成。压力阻力是空气作用在汽车外表面上的法向压力的合力在行驶方向的分力。摩擦阻力是由于空气的黏性在车身表面产生的摩擦作用的阻力。

影响空气阻力的因素主要有汽车形状、迎风面积和车速。在汽车行驶的速度范围内，空气阻力与车速的二次方成正比，当车速很高时，空气阻力是行驶阻力的主要部分。

（3）坡度阻力 F_i　当汽车上坡行驶时，汽车重力沿坡道的分力称为汽车坡度阻力。

$$F_i = G\sin\alpha$$

式中　G——汽车重力（N），$G = mg$；
　　　α——坡度角。

道路的坡度是以坡高 h 与底长 s 之比来表示的，即

$$i = h/s = \tan\alpha$$

我国公路标准规定，高速公路平原微丘区最大坡度为 3%，山岭重丘区为 5%；一般四级路面山岭重丘区最大坡度为 9%。当坡度不大时，$\cos\alpha \approx 1$，$\sin\alpha \approx \tan\alpha = i$，则

$$F_i \approx Gi$$

（4）加速阻力 F_j　汽车加速行驶时，需要克服汽车质量在加速运动时的惯性力，这就是加速阻力。汽车的质量越大，加速阻力越大。

3. 汽车行驶方程及驱动条件

根据以上分析，可以得出汽车行驶的动力方程为

$$F_t = F_f + F_w + F_i + F_j$$

当汽车驱动力等于滚动阻力、空气阻力和坡度阻力之和时，汽车匀速行驶；当驱动力大于后三者时，汽车才能起步或加速行驶；当驱动力小于后三者时，则汽车无法起步或减速行驶。故得出汽车行驶的驱动条件为

$$F_t \geqslant F_f + F_w + F_i$$

0.4.2　汽车行驶的附着条件

1. 汽车行驶的附着条件

汽车的驱动力 F_t 能否得到充分发挥，还受到车轮与地面附着条件的限制。在潮湿或冰雪路面上，大的驱动力可能引起车轮相对地面急剧加速滑转，而不能增加地面对车轮的切向反作用力，驱动力不能充分发挥。

地面对轮胎的切向反作用力的极限值称为附着力 F_φ，它与驱动轮法向反作用力 F_z 成正比

$$F_\varphi = F_z \varphi$$

式中　φ——附着系数。

地面切向反作用力不能大于附着力

$$F_t \leqslant F_\varphi = F_z \varphi$$

上式即为汽车行驶的附着条件。

汽车行驶必须同时满足驱动条件和附着条件，合称驱动—附着条件，即为

$$F_f + F_w + F_i \leqslant F_t \leqslant F_\varphi$$

2. 汽车附着力影响因素分析

汽车的附着力取决于附着系数和驱动轮的法向反作用力。

（1）附着系数 φ　附着系数主要取决于路面的种类和状况，还和轮胎结构、气压等使用条件有关。

硬路面的附着系数较高，但当路面有尘土覆盖或潮湿后，其附着系数显著下降。

轮胎的结构及材料对附着系数的影响也很显著，具有细而浅花纹的轮胎在硬路面上有较大的附着系数，而在松软地面上花纹宽而深的轮胎则可获得较大的附着系数。

低气压、宽断面的子午线轮胎与地面接触面积大，附着系数比一般轮胎高。

当车速提高时，汽车的附着系数下降。

在严寒冬季冰雪路面行驶的车辆易打滑，为了增加附着力，可采用换装特殊花纹轮胎、在轮胎上绕防滑链、在路面撒砂等应急措施。

(2) 驱动轮的法向反作用力 F_z 该作用力与汽车的总体布置、行驶状况及道路的坡度有关。

对于两轮驱动的汽车，只有作用在驱动轮上的反作用力才能产生附着力，而该反作用力与汽车整体所受重力在两车轮上的分配比例有关；全轮驱动汽车的所有车轮都是驱动轮，附着力最大。

后轮驱动的汽车在加速或上坡时，驱动轮的法向反作用力增加；前轮驱动的汽车相反。

想一想 汽车行驶打滑，有哪些方法解决？

本章小结

1. 汽车是由动力驱动，一般具有 4 个或 4 个以上车轮的非轨道承载车辆，主要用于载运人、货物及一些特殊用途。它对人类的生活、生产和国民经济发展都产生了重大而深远的影响。

2. 汽车由发动机、底盘和车身 3 大部分组成。发动机是汽车的动力源；底盘将发动机的动力进行传递和分配，并使汽车按驾驶人要求进行行驶；车身是驾驶人操作和容纳乘客及货物的场所。

3. 我国汽车分为乘用车和商用车两大类，每大类又分若干小类。每一辆汽车都有一个识别代号 VIN，VIN 由 3 部分 17 位字码组成，它是汽车管理、维修、配件采购的重要依据。

4. 汽车主要参数包括尺寸参数（轴距、轮距、总长、总宽、总高、前悬、后悬）、质量参数（装载质量、总质量、整备质量利用系数、轴荷分配）、性能参数（最高车速、加速时间、爬坡度、燃料消耗量、制动距离、最小转弯半径、最小离地间隙、接近角、离去角、纵向通过角、有害气体排放）等。

5. 汽车行驶的驱动条件为 $F_t \geq F_f + F_w + F_i$。驱动力 $F_t = T_t/r$，行驶阻力包括滚动阻力、空气阻力、坡度阻力和加速阻力。

6. 汽车行驶的驱动—附着条件为 $F_f + F_w + F_i \leq F_t \leq F_\varphi$，驱动力的发挥受限于附着力 F_φ。附着力是地面对轮胎的切向反作用力的极限值，$F_\varphi = F_z \varphi$，附着系数 φ 与路面种类、状况、轮胎结构、气压等有关；驱动轮的地面法向反作用力 F_z 与汽车的总体布置、行驶状况及道路的坡度有关。

总论 汽车总体组成与行驶原理

思考题

1. 名词解释：汽车、乘用车、前置发动机前驱动、前置发动机后驱动、中置发动机后驱动、后置发动机后驱动、四轮驱动、一厢式乘用车、两厢式乘用车、三厢式乘用车、闭式车身、开式车身、汽车轴距、轮距、总长、总宽、总高、前悬、后悬、装载质量、总质量、整备质量利用系数、轴荷分配、最高车速、加速时间、爬坡度、汽车的百公里燃料消耗量、制动距离、最小转弯半径、最小离地间隙、接近角、离去角、纵向通过角、汽车驱动力、附着力。

2. 汽车主要由哪三大部分组成？各自的作用是什么？

3. 我国汽车是如何分类的？

4. 车辆识别代号VIN有何作用？我国是如何规定的？

5. 汽车的接近角、离去角和纵向通过角是如何影响汽车的通过性能的？

6. 写出汽车行驶的动力方程，并分析影响汽车驱动力及行驶阻力的因素。

7. 试述汽车行驶的驱动—附着条件，并分析影响汽车附着力的因素。

第一篇　汽车发动机构造与原理

第 1 章　发动机基本结构与工作原理

本章内容架构

第1章　发动机基本结构与工作原理

- 1.1 发动机的总体组成
- 1.2 发动机的基本工作原理
- 1.3 发动机的分类及型号
- 1.4 发动机的性能指标与特性

教学目标要求、重点与难点

序号	教学目标要求	教学重点	教学难点
1	掌握汽车发动机的总体组成和功用	√	
2	掌握四冲程汽油机的基本结构与工作原理	√	
3	掌握四冲程柴油机的基本结构与工作原理	√	
4	掌握发动机的主要分类	√	
5	掌握发动机的主要工作性能指标	√	√
6	理解发动机特性与特性曲线的分析		√
7	能够识别不同类型的发动机	√	
8	学会分析发动机的四个行程	√	

第 1 章　发动机基本结构与工作原理

发动机是将其他形式的能量转化为机械能的动力转化装置。现代汽车发动机主要采用的是内燃机，它是将燃料在气缸内部燃烧产生的热能直接转化为机械能的动力转化装置，有活塞式和旋转式两大类。本书所提的汽车发动机，如无特殊说明，都是指往复活塞式内燃机。

内燃机具有单机功率范围大、热效率高、体积小、质量轻、操作简单、便于移动和起动性能好等优点，作为动力源被广泛应用于汽车、火车、工程机械、拖拉机、发电机、船舶、坦克、排灌机械和众多其他机械。

1.1　发动机的总体组成

汽车发动机种类繁多，结构复杂，但总体看都是在一个机体上安装一个机构（曲柄连杆机构）和六大系统（换气系统、燃料供给系统、润滑系统、冷却系统、点火系统和起动系统），如表 1-1 和图 1-1 所示。柴油机则为五大系统，没有点火系统。发动机的结构认识与拆装参见《汽车构造与原理 实训》项目 1.1 及其光盘。

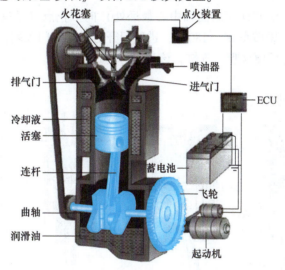

图 1-1　汽车发动机总体组成（汽油机）

表 1-1　发动机总体组成

名　称	功　用	主 要 部 件
曲柄连杆机构	将活塞顶的燃气压力转变为曲轴的转矩，输出机械能	机体、气缸盖、气缸垫、活塞、连杆、曲轴、飞轮等
换气系统	按照发动机要求，定时开闭进、排气门，吸入干净空气，排出废气	空气滤清器、进排气管系、配气机构（气门组件、凸轮轴、驱动机构）、排气消声器等
燃料供给系统	按照发动机要求，定时、定量供给所需要的燃料	汽油机：汽油箱、输油泵、滤清器、压力调节器、各种传感器、电控喷油器、电控单元等； 柴油机：柴油箱、输油泵、滤清器、高压油泵、调速器、喷油器、电控单元、各种传感器等
点火系统	按规定的时刻，准时点燃汽油机气缸内的可燃混合气	蓄电池、点火开关、点火线圈组件、传感器、电控装置、火花塞等

（续）

名　称	功　用	主要部件
润滑系统	润滑、减摩、延长寿命、密封、清洁、冷却、防锈蚀	油底壳、机油泵、机油滤清器、机油压力表、机油道等
冷却系统	保持发动机在适宜的温度下工作	冷却水泵、风扇、节温器、散热器、冷却水道等
起动系统	起动发动机	蓄电池、起动开关、起动电动机等

1.2　发动机的基本工作原理

1.2.1　单缸四冲程汽油机工作原理（图1-2）

1. 进气行程

当活塞从上止点（活塞顶面离曲轴中心最远处）向下止点（活塞顶面离曲轴中心最近处）运动时（相当于曲轴转角0°~180°），进气门开启，排气门关闭，电控喷油器向进气道喷油，空气与汽油混合后便被吸入气缸，该过程称为进气行程。

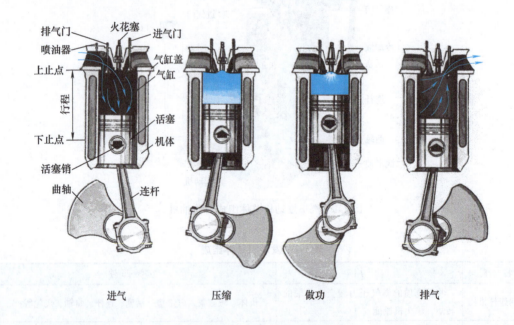

图1-2　汽油发动机工作原理

2. 压缩行程

当活塞继续从下止点向上止点运动时（相当于曲轴转角180°~360°），进、排气门关闭，进入气缸的混合气被压缩，该过程称为压缩行程。

3. 做功行程（膨胀行程）

在压缩行程末，火花塞开始点火，进、排气门都关闭，进入气缸的可燃混合气被点燃、燃烧，放出大量的热能，导致气缸内气体压力和温度迅速增加（最高压力达 5MPa，最高温度达 2800K），气体体积急剧膨胀，推动活塞从上止点向下止点运动（相当于曲轴转角 360°～540°），通过连杆使曲轴旋转并输出机械能，该过程称为做功行程。

4. 排气行程

活塞继续从下止点往上止点运动（相当于曲轴转角 540°～720°），这时，进气门关闭，排气门开启，燃烧后产生的废气被排出气缸，该过程称为排气行程。

排气结束后，又重新进行进气、压缩、做功和排气行程，循环往复。

5. 工作过程分析

（1）四冲程发动机 活塞在上、下止点间往复移动四个行程（相当于曲轴旋转了两周），完成进气、压缩、做功、排气一个工作循环的发动机就称为四冲程发动机。四冲程发动机有曲轴转速不均匀，工作振动大的缺点。为了克服上述缺点，发动机在曲轴后端安装了一个质量较大的飞轮，做功时飞轮吸收、储存能量，其余三个行程则依靠飞轮惯性维持转动。多缸发动机将各缸做功顺序均匀分布在 720°曲轴转角内，所以转速均匀性较好。

想一想 活塞在上、下止点间往复移动两个行程能完成进气、压缩、做功、排气吗？

（2）冲程与活塞行程 冲程指的是发动机的类型，行程指的是活塞在上、下两个止点之间距离 S（图1-3）。一个活塞在一个行程中所扫过的容积称为气缸工作容积

$$V_s = \frac{\pi D^2}{4 \times 10^9} S$$

式中 V_s——工作容积（m^3）；
D——气缸直径（mm）；
S——活塞行程（mm）。

一台发动机所有气缸工作容积之和称为该发动机的排量

$$V_{st} = V_s i$$

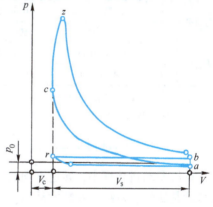

图1-3 四冲程发动机示功图
ra—进气行程 ac—压缩行程 czb—做功行程
br—排气行程 a—进气终点 c—压缩终点
z—最高燃烧压力 b—做功终点
r—排气终点 p_0—大气压力

式中 V_{st}——发动机的排量（m^3）；
i——气缸数。

发动机排量常用 L（升）表示。一般而言，发动机的排量大，则功率也大。

（3）压缩行程的作用 一是提高进入气缸内混合气的压力和温度（压缩终了的气缸内气体压力可达 0.6～1.2MPa，温度达 600～700K），为混合气迅速着火燃烧创造条件；二是可以有效提高发动机的燃烧热效率 η。由热力学第一定律

$$\eta = 1 - \frac{T_2}{T_1}$$

当混合气被压缩的程度提高时，发动机混合气燃烧所达到的最高温度（T_1）升高，而排气的温度（T_2）降低，导致热效率提高。

气缸内气体被压缩的程度用压缩比 ε 表示

$$\varepsilon = \frac{V_a}{V_c}$$

式中　V_a——气缸总容积（活塞处于下止点时，活塞顶部以上的气缸容积）；
　　　V_c——气缸燃烧室容积（活塞处于上止点时，活塞顶部以上的容积）。

现代汽油机压缩比一般为 7~11。发动机压缩比也不能过高，否则会导致压缩终了温度和压力升高，汽油机产生爆燃，热负荷、机械负荷、噪声和振动加大，起动困难。

6. 示功图

将四冲程发动机在一个工作循环里气缸内气体压力随气缸工作容积或曲轴转角变化的关系以坐标图表示，得到图 1-3 所示的发动机示功图。

由示功图可以看到发动机一个工作循环里工作状态的变化，检查判断发动机性能的优劣。发动机特征点参数随机型、结构等有所不同，一般范围见表 1-2。

表 1-2　发动机特征点参数

		a	c	z	b	r
汽油机	P	0.075~0.09	0.6~1.2	3~5	0.3~0.5	0.105~0.115
	T	370~400	600~700	2200~2800	1300~1600	900~1200
柴油机	P	0.08~0.09	3.5~4.5	6~9	0.2~0.4	0.105~0.125
	T	300~370	750~1000	2000~2500	1200~1500	800~1000

注：1. P—气缸内气体压强（MPa）。
　　2. T—气缸内气体温度（K）。

1.2.2　多缸发动机结构特点

单缸发动机功率小，转速不均匀，工作振动大，现代汽车发动机都是多缸发动机，用得最多的是四缸、六缸、八缸发动机。

多缸发动机是由多个结构相同的气缸组成的，它们共用一个机体，一根曲轴。曲轴的曲柄布置应该使各缸做功行程均匀分布在 720°曲轴转角内。如四缸发动机曲轴（图 1-4）相邻工作缸的曲柄夹角为 180°，曲轴每转 180°便有一个气缸做功；六缸发动机，曲轴每转 120°便有一个气缸在做功。气缸数越多，发动机工作越平稳，但结构也越复杂。

图 1-4　四缸发动机曲轴

1.2.3　四冲程柴油机结构特点与工作原理

柴油机所用的燃料是柴油。与四冲程汽油机相比，基本结构特点是没有火花塞，喷油器直接安装在气缸顶，向气缸内喷油（图 1-5）。

其工作原理与四冲程汽油机也有所不同，在进气行程进入气缸的是空气，而不是可燃混合气；在压缩行程末，喷油器向气缸喷入高压柴油，由于气缸的高温高压作用，柴油迅速着

第1章 发动机基本结构与工作原理

火燃烧，使气体急剧膨胀，推动活塞做功。其着火方式属于压燃式，而不是汽油机的点燃式。

柴油燃料的性质与汽油不同，柴油黏度高，不易挥发，自燃点低，因此不会产生爆燃。为了使柴油可靠着火，提高发动机燃烧热效率，柴油机的压缩比比汽油机高得多，一般为 16~22，所以其最高燃烧压力也比汽油机高，工作也比汽油机粗暴。柴油机工作过程特征点参数如表 1-2 所示。

柴油机与汽油机比较，各有其优缺点，见表 1-3。

随着科技的发展，柴油机的一些缺点不断得到改进（如柴油机的转速在不断提高），目前奔驰 V230 的柴油机最高转速可达 6000r/min。

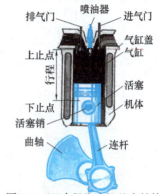

图 1-5 四冲程柴油机基本结构

表 1-3 柴油机与汽油机比较

性　能	汽油机	柴油机
着火方式	点燃	压燃
燃油消耗	高	低
热效率	30% 左右	40% 左右
工作平稳性	柔和	粗暴
发动机转速	高（4000~6000 r/min）	低（2500~3000r/min）
升功率	大	小
起动性	易	难
制造维修成本	低	高
比质量	小	大
使用寿命	短	长
排放	CO、HC 大，NO_x、黑烟少	CO、HC 小，NO_x、黑烟多

想一想 柴油机着火方式为什么不用点燃式，而采用压燃式？

1.3 发动机的分类及型号

1.3.1 发动机的分类

发动机种类繁多，根据不同特点有不同分类（表 1-4）。

表1-4 发动机的分类

分类方法	类别	含义
按冲程数分	二冲程发动机	活塞经过两个行程完成一个工作循环的发动机
	四冲程发动机	活塞经过四个行程完成一个工作循环的发动机
按着火方式分	点燃式发动机	压缩气缸内的可燃混合气,并用外源点火燃烧的发动机
	压燃式发动机	压缩气缸内的空气或可燃混合气,产生高温,引起燃料着火的发动机
按使用燃料种类分	液体燃料发动机	燃烧液体燃料(汽油、柴油、醇类等)的发动机
	气体燃料发动机	燃烧气体燃料(液化石油气、天然气等)的发动机
	两用燃料发动机	具有两套相互独立的燃料供给系统且两套燃料供给系统可分别但不同时向燃烧室供给燃料的发动机
	双燃料发动机	具有两套燃料供给系统,且两套燃料供给系统按预定的配比向燃烧室供给燃料,在缸内混合燃烧的发动机
按进气状态分	非增压发动机	进入气缸前的空气或可燃混合气未经压缩的发动机。对于四冲程发动机也称自吸式发动机
	增压发动机	进入气缸前的空气或可燃混合气先经过压气机压缩,借以增大充量密度的发动机
按冷却方式分	水冷式发动机	用冷却液冷却气缸和气缸盖等零件的发动机
	风冷式发动机	用空气冷却气缸和气缸盖等零件的发动机
按气缸数及布置分	单缸发动机	只有一个气缸的发动机
	多缸发动机	具有两个或两个以上气缸的发动机
	立式发动机	气缸布置于曲轴上方且气缸中心线垂直于水平面的发动机
	卧式发动机	气缸中心线平行于水平面的发动机
	直列式发动机	具有两个或两个以上直立气缸,并呈一列布置的发动机
	V形发动机	具有两个或两列气缸,其中心线夹角呈V形,并共用一根曲轴输出功率的发动机(图1-6a)
	对置气缸式发动机	两个或两列气缸分别排列在同一曲轴的两边呈180°夹角的发动机(图1-6b)
	斜置式发动机	气缸中心线与水平面呈一定角度(不是直角)的发动机
按用途分类	有汽车用、机车用、拖拉机用、船用、坦克用、摩托车用、发电用、农用、工程机械用等发动机	

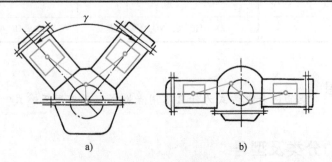

图1-6 V形与对置气缸排列
a) V形发动机 b) 对置气缸式发动机

1.3.2 发动机的型号

我国发动机型号由四个部分组成(图1-7)。

第 1 章　发动机基本结构与工作原理

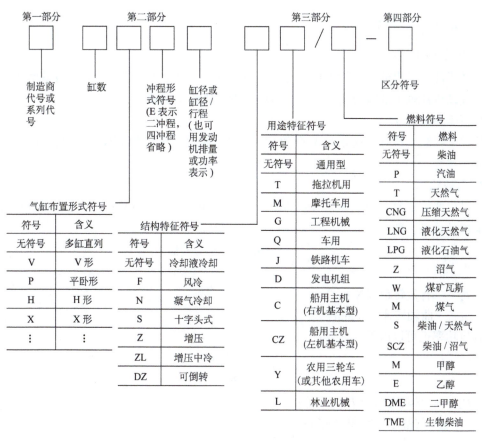

图 1-7　我国发动机型号含义

型号示例

①汽油机型号：

492Q/P-A——四缸、直列、四冲程、缸径 92mm、冷却液冷却、汽车用（A 为区分符号）。

②柴油机型号：

YZ6102Q——六缸、直列、四冲程、缸径 102mm、冷却液冷却、汽车用（YZ 为扬州柴油机厂代号）。

③双燃料发动机：

G12V190ZLS——十二缸、V 形、缸径 190mm、冷却液冷却、增压中冷、燃料为柴油/天然气双燃料（G 为系列代号）。

1.4　发动机的性能指标与特性

评价一台发动机好坏，需要有一批性能指标来衡量，常见的性能指标有动力性能指标、经济性能指标、运转性能指标和可靠性、耐久性能指标等。

1.4.1 动力性能指标

1. 有效转矩

发动机曲轴输出的平均转矩称为有效转矩，以 T_e 表示，单位为 N·m。有效转矩与外界施加于发动机曲轴上的阻力矩相平衡，可以用发动机台架试验方法测得。

2. 平均有效压力

指单位气缸工作容积所输出的有效功，以 P_{me} 表示，单位为 kPa。平均有效压力越大，动力性能越好。

3. 有效功率

发动机曲轴输出的功率称为有效功率，用 P_e 表示（单位为 kW）。它等于有效转矩与曲轴角速度的乘积，即：

$$P_e = T_e \frac{2\pi n}{60} \times 10^{-3} = \frac{T_e n}{9550}$$

式中 T_e——有效转距（N·m）；

  n——曲轴转速（r/min）。

有效功率也可以由下式计算：

$$P_e = \frac{P_{me} V_s n i}{30\tau}$$

式中 P_{me}——平均有效压力（kPa）；

  V_s——气缸工作容积（m³）；

  n——曲轴转速（r/min）；

  i——气缸数；

  τ——冲程系数，二冲程 $\tau=1$，四冲程 $\tau=2$。

发动机制造厂按国家规定标定的有效功率，称为标定功率。标定功率时的发动机转速称标定转速，发动机铭牌上标明的功率就是标定功率。标定功率是根据发动机用途、使用特点以及连续运转时间来确定的，各个国家有所不同，我国发动机功率标定分为四级，见表1-5。

表1-5 我国发动机功率标定

分级	含义	应用
15min 功率	在标准环境条件下，发动机能连续稳定运转15min时的最大有效功率	汽车等
1h 功率	在标准环境条件下，发动机能连续稳定运转1h时的最大有效功率	工程机械、拖拉机等
12h 功率	在标准环境条件下，发动机能连续稳定运转12h时的最大有效功率	部分拖拉机和电站等
持续功率	在标准环境条件下，发动机能长期连续稳定运转的最大有效功率	铁路机车、船舶和发电机组等

发动机还常用升功率 P_c（单位为 kW/L）比较不同发动机的动力性能，它是指发动机在标定工况下每升气缸工作容积所发出的有效功率，可按下式计算：

$$P_c = \frac{P_e}{V_s i}$$

第1章 发动机基本结构与工作原理

升功率越大，发动机动力性能越好。

1.4.2 经济性能指标

1. 燃油消耗率

在 1h 内发动机每发出 1kW 有效功率所消耗的燃油质量（以 g 为单位），称为燃油消耗率，用 b_e ［单位为 g/（kW·h）］表示。可按下式计算：

$$b_e = \frac{B}{P_e} \times 10^3$$

式中　B——发动机每小时消耗的燃油质量（kg/h）；
　　　P_e——发动机的有效功率（kW）。

2. 有效热效率

燃料中所含的热量转变为有效功的比例称为有效热效率，用 η_e 表示，可按下式计算：

$$\eta_e = \frac{W_e}{Q_1}$$

式中　W_e——发动机有效功（kJ）；
　　　Q_1——燃料中所含的热量（kJ）。

当测得发动机有效功率 P_e 和每小时消耗的燃油质量 B 时，则

$$\eta_e = \frac{3.6 \times 10^3 P_e}{BHu}$$

或

$$\eta_e = \frac{3.6 \times 10^3}{b_e Hu}$$

式中　Hu——燃料低热值（kJ/kg）。

现代汽车汽油机的 η_e 值一般为 0.30 左右，柴油机的 η_e 值为 0.40 左右。

1.4.3 运转性能指标

发动机的运转性能指标主要指排放指标、噪声、起动性能等。

1. 排放指标

发动机的排气中含有多种对人体有害的物质，主要有一氧化碳（CO）、碳氢化合物（HC）、氮氧化物（NO_x）、光化学烟雾、二氧化硫（SO_2）、醛类和微粒（含碳烟）等，其主要危害见表 1-6。

表 1-6　发动机主要有害排放及危害

有害排放	有害物特征	危　　害
CO	无色、无臭、有毒气体	使人出现恶心、头晕、疲劳等缺氧症状，严重时窒息死亡
NO_2	赤褐色带刺激性的气体	伤害心、肝、肾。与光化学反应形成臭氧和醛等
HC	刺激性的气体	破坏造血机能，造成贫血、神经衰弱，降低肺对传染病的抵抗力。与光化学反应形成臭氧和醛等
光化学烟雾	HC 与 NO_x 在阳光作用下所形成的烟雾，有刺激性	降低大气能见度、伤害眼睛、咽喉，影响植物生长
醛类	较强的刺激性臭味	伤害眼睛、上呼吸道、中枢神经

23

(续)

有害排放	有害物特征	危　害
微粒	碳烟等	伤害肺组织
SO_2	无色、刺激性气体	刺激鼻喉、引起咳嗽、胸闷、支气管炎等

　　据资料介绍，目前世界汽车保有量13亿多辆，每年排向大气中的有害物质高达7亿多吨，严重污染了大气，已形成公害。为此，各国都制定了相应的汽车排放标准，如美国加州汽车排放法规，它是目前世界上最严的标准。

　　我国排放标准参照欧洲法规体系，2000年开始执行欧Ⅰ标准，2003年开始执行欧Ⅱ标准，2005年12月30日起，正式执行国家第三、四阶段机动车排放标准（相当于欧Ⅲ号、欧Ⅳ号排放标准），自2010年1月1日起，对全国所有车辆实施国Ⅳ排放标准，2017年1月1日起正式实施国Ⅴ标准，已在部分地区实行。具体排放标准见表1-7，排放防治详见本书第7章"发动机排气污染与防治"。

表1-7　汽车排放标准　　　　　　　　　　　　　　　　（单位：g/km）

法规名称	车型	CO	HC	NO_x	HC + NO_x	PM
国Ⅰ	汽油车	2.72			0.97	0.14
	柴油车	3.16			1.13	0.18
国Ⅱ	汽油车	2.2			0.5	
	非直喷柴油车	1.0			0.7	0.08
	直喷柴油车	1.0			0.9	0.10
国Ⅲ	汽油车	2.3	0.2	0.15		
	柴油车	0.64		0.5	0.56	0.05
国Ⅳ	汽油车	1.0	0.1	0.08		0.025
	柴油车	0.5		0.25	0.3	

注：PM是排放颗粒物。

2. 噪声

　　噪声是发动机工作时发出的一种声强和频率无一定规律的声音，主要有燃烧噪声和机械噪声。它不仅损害人的听觉器官，还伤害神经系统、心血管系统、消化系统和内分泌系统，容易使人性情烦躁，反应迟钝，甚至耳聋，诱发高血压和神经系统的疾病。汽车是城市主要噪声源之一，发动机又是汽车的主要噪声源，应该给予控制。我国的标准（GB 7258—2017）规定，驾驶人耳旁噪声声级应小于或等于90dB（A）。

3. 起动性能

　　起动性能是表征发动机起动难易的指标。发动机起动性能好，便于汽车起步行驶，同时减少起动时的功率消耗和发动机的磨损。

　　起动性能一般以一定条件下的起动时间长短来衡量。我国标准规定，要求不采用特殊的低温起动措施时，汽油机在-10℃、柴油机在-5℃以下的气温条件下起动，能在15s以内达到自行运转。

1.4.4　可靠性与耐久性能指标

　　可靠性与耐久性也是汽车发动机使用中的两个重要指标。

1. 可靠性

　　可靠性是指发动机在规定的运转条件下，具有持续工作，不致因为故障而影响正常运转的能力。一般以保证期内的不停车故障数、停车故障数、更换主要零件和重要零件数等具体指标来衡量。

2. 耐久性

耐久性是指发动机在规定的运转条件下，长期工作而不大修的性能。一般以发动机从开始使用到第一次大修前累计运转的时间表示。

上述发动机的动力性能指标、经济性能指标、运转性能指标和可靠性、耐久性等指标，对不同用途的发动机要求是不同的。各项指标之间既相互联系又相互制约，往往为了降低排气污染，而不得不牺牲发动机的动力和经济性能指标。

1.4.5 发动机特性与特性曲线简介

上述发动机的标定功率、标定燃料消耗率等性能指标只是在某些特征点上显示了发动机的动力、经济性能，但汽车发动机的工作转速和负荷常常在较大范围内变化，要全面了解发动机在所有工况下的性能指标的变化，就应该了解发动机特性与特性曲线，它对合理使用、检测与维修发动机，都有重要的价值。

1. 发动机特性

发动机性能指标随调整情况及运转情况而变化的关系称为发动机特性。

发动机性能指标主要有功率、转矩、燃料消耗率、排气温度、排气烟度等；调整情况主要指柴油机的供油提前角、汽油机的点火提前角、发动机燃料等可调因素对发动机性能的影响；运转情况一般指发动机转速和负荷等。常用的特性有各种调节特性和性能特性（见后续的汽车检测相关课程）。

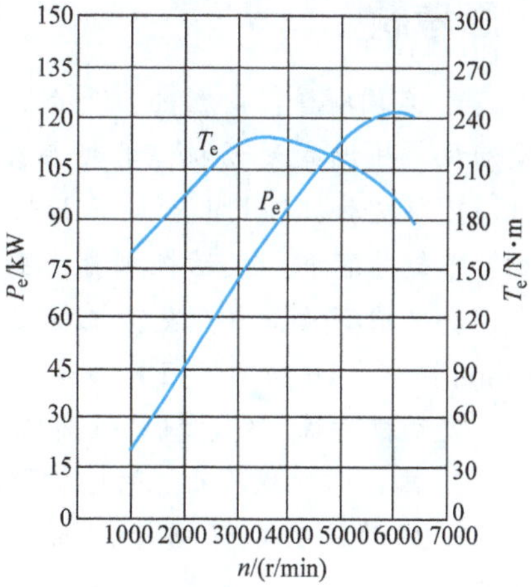

2. 特性曲线简介

为了直观显示发动机的特性，常以曲线形式表示发动机参数之间的关系，该曲线称为发动机特性曲线。图1-8所示为奥迪（Audi）2.4L四缸五气门V6汽油机的外特性曲线。由曲线可以看出该发动机可以达到的最大功率和转矩及其对应的发动机转速，它是正确选购和使用发动机的依据。

图1-8 奥迪（Audi）2.4L四缸五气门 V6汽油机的外特性曲线

P_e—发动机功率　T_e—发动机转矩　n—转速

> **想一想**　可以从图1-8中找到哪些发动机性能指标？

本章小结

1. 现代汽车发动机基本都采用内燃机，它是将燃料在气缸内燃烧所产生的热能转化为机械能的机器。内燃机具有热效率高、体积小、重量轻、便于移动和起动性好等优点。

2. 汽车发动机总体结构由机体组件、曲柄连杆机构、换气系统、燃油系统、润滑系统、冷却系统、点火系统（汽油机）和起动系统组成。柴油机则为五大系统，没有点火系统。

3. 四冲程内燃机是活塞在气缸内上、下止点间往复移动四个行程，完成进气、压缩、做功、排气一个工作循环的发动机。按着火方式分为点燃式和压燃式。汽油机采用点燃式，柴油机采用压燃式。

4. 衡量汽车发动机性能的主要指标有动力性能指标（有效转矩、有效功率、平均有效压力）、经济性能指标（燃油消耗率、有效热效率）、运转性能指标（排放指标、噪声、起动性能）和可靠性、耐久性能等。发动机铭牌上标明的功率及相应的转速，即为标定功率和标定转速。我国分四级进行功率标定。

5. 发动机性能指标随调整情况及运转情况而变化的关系称为发动机特性。发动机特性以曲线形式表示的，称为发动机特性曲线。

思考题

1. 名词解释：内燃机、汽油机、柴油机、四冲程发动机、点燃式发动机、压燃式发动机、非增压发动机、增压发动机、直列式发动机、V形发动机、上止点、下止点、活塞行程、工作容积、燃烧室容积、气缸总容积、发动机排量、压缩比、示功图、发动机有效转矩、发动机平均有效压力、发动机标定功率、发动机标定转速、升功率、15min功率、1h功率、12h功率、持续功率、燃油消耗率、有效热效率、发动机特性、发动机特性曲线。

2. 画出四冲程汽油机的结构简图，并说明其工作原理。

3. 发动机功率根据什么原则标定？我国发动机功率标定分哪四级？

4. 发动机排气中的CO、HC、NO_x、SO_2、醛类和微粒（含碳烟）对人体各会产生什么危害？

5. 汽车发动机总体结构由哪几大部分组成？

6. 已知某四缸四冲程汽油机气缸直径81.0mm，活塞行程86.4mm，以标定转速$n=5200$r/min运转，功率为72kW，现测得运转34s共消耗200g燃油，求此时的有效转矩、升功率、燃油消耗率、有效热效率是多少？（汽油低热值$Hu=44000$kJ/kg）

第 2 章 曲柄连杆机构

本章内容架构

```
第2章 曲柄连杆机构
├── 2.1 机体组结构原理
├── 2.2 活塞连杆组结构原理
├── 2.3 曲轴飞轮组结构原理
└── 2.4 可变气缸控制技术
```

教学目标要求、重点与难点

序号	教学目标要求	教学重点	教学难点
1	掌握机体组组成与结构原理	✓	
2	掌握曲柄连杆机构的结构原理	✓	
3	学会多缸四冲程内燃机的工作过程分析	✓	✓
4	理解发动机可变气缸控制技术	✓	
5	理解曲柄连杆机构的运动与受力		✓
6	能够识别机体组件和曲柄连杆机构的各种零部件	✓	

发动机曲柄连杆机构包括机体组、活塞连杆组和曲轴飞轮组三大组件。

2.1 机体组结构原理

机体组件是发动机的骨架,安装着发动机的所有主要零件和附件,它主要由机体(气缸体、曲轴箱)、气缸盖、气缸垫和油底壳等组成(图2-1)。机体组件的拆装检测参见《汽车构造与原理实训》项目2.1及其光盘。

2.1.1 机体

机体是气缸体与曲轴箱的连铸体(图2-2),由高强度灰铸铁或铝合金铸造。其上部加工有气缸,下部有主轴承座,曲轴运动的空间称为曲轴箱。在机体内部铸有许多加强肋、冷却水套和润滑油道等。

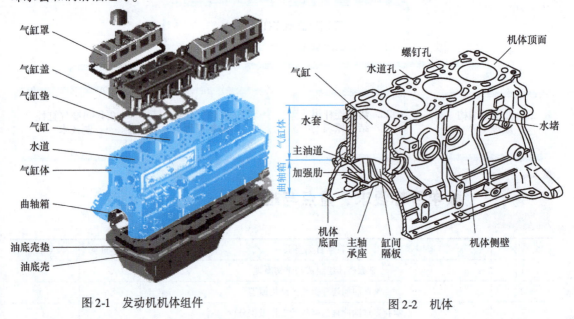

图 2-1 发动机机体组件　　　　图 2-2 机体

气缸是燃料燃烧做功的场所,活塞在其间高速往复运动,所以必须耐高温、耐磨损、耐腐蚀。其结构形式有三种——无气缸套、干式气缸套、湿式气缸套。

在机体上直接加工出气缸的即为无气缸套,它结构紧凑,加工简单,但耗费了大量耐磨合金铸铁材料。

为了节省贵金属材料,降低成本,方便维修,现代汽车广泛采用镶入气缸体内的气缸套(图2-3),形成气缸工作表面。

按气缸套是否与冷却液接触分为干式气缸套和湿式气缸套。干式气缸套外壁不直接与冷却液接触,而和气缸体的壁面直接接触,壁厚较薄,一般为1~3mm。它具有整体式气缸体的优点,其强度和刚度都较好,但加工比较复杂,内、外表面都需要进行精加工,拆装不方便,散热不良。湿式气缸套外壁直接与冷却液接触,气缸套仅在上、下各有一圆环地带和气缸体接触,壁厚一般为5~9mm。它散热良好,冷却均匀,加工容易,通常只需要精加工内表面，而与冷却液接触的外表面不需要加工，拆装方便，但其强度、刚度不如干式气缸套好，而且容易产生漏液现象，所以常加橡胶密封圈等防止漏液，使用和维修时应密切注意，否则将产生冷却液漏入油底壳的严重后果。

有的气缸不是采用冷却液冷却，而是采用风冷却（图2-4），在气缸体和气缸盖外表面铸有许多散热片，以增加散热面积，其结构简单，但冷却效果差。现代汽车发动机上基本是采用冷却液冷却。

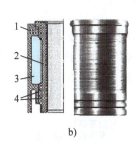
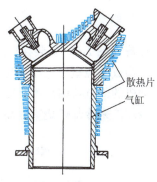

图2-3　气缸套
a）干式气缸套　b）湿式气缸套
1—机体　2—气缸套　3—水套　4—密封圈

图2-4　风冷发动机

根据机体与油底壳安装平面的位置不同，气缸体通常分为三种形式。

(1) **平底式气缸体**（图2-5a）　其特点是油底壳安装平面和曲轴旋转中心在同一高度。这种气缸体的优点是机体高度小，重量轻，结构紧凑，便于加工，曲轴拆装方便；但刚度和强度较差。

(2) **龙门式气缸体**（图2-5b）　其特点是油底壳安装平面低于曲轴的旋转中心。它的优点是强度和刚度都好，能承受较大的机械负荷；但工艺性较差，结构笨重，加工较困难。

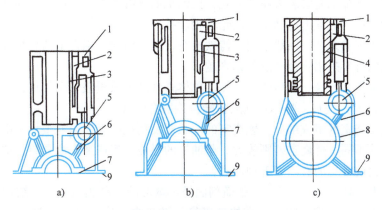

图2-5　气缸体结构形式
a）平底式　b）龙门式　c）隧道式
1—气缸体　2—水套　3—气缸　4—湿式气缸套　5—凸轮轴座孔
6—加强肋　7—主轴承座　8—主轴承座孔　9—油底壳座面

(3) 隧道式气缸体（图2-5c） 其特点是曲轴的主轴承孔为整体式，主轴承孔较大，曲轴从气缸体后部装入。优点是结构紧凑、刚度和强度好；但加工精度要求高，工艺性较差，曲轴拆装不方便。

> **找一找** 找几辆汽车，判断分别是上述哪种气缸体，比较它们的特点。

2.1.2 气缸盖

气缸盖（图2-6）安装在气缸体上面，从上部密封气缸。气缸盖下端面与活塞顶部和气缸壁一起构成燃烧室。它经常与高温高压燃气相接触，因此承受很大的热负荷和机械负荷。水冷发动机的气缸盖内部铸有冷却水套，缸盖下端面的冷却水孔与缸体的冷却水孔相通，利用循环冷却液来冷却燃烧室等高温部分。

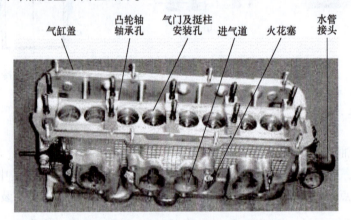

图2-6 桑塔纳2000GSi汽车发动机气缸盖

缸盖上还装有进、排气门座和气门导管孔，用于安装进、排气门，还有进、排气道等。汽油机的气缸盖上加工有安装火花塞的孔，柴油机的气缸盖上加工有安装喷油器的孔。顶置凸轮轴式发动机的气缸盖上还加工有凸轮轴轴承孔。

气缸盖由于形状复杂，一般采用灰铸铁或合金铸铁铸成。铝合金的导热性好，有利于提高压缩比，所以近年来铝合金气缸盖越来越多。

气缸盖分单体式、块状和整体式三种。单体式气缸盖只覆盖一个气缸，块状气缸盖能覆盖部分（两个以上）气缸，整体式气缸盖能覆盖所有气缸。

气缸盖是燃烧室的组成部分，燃烧室的形状对发动机的工作影响很大，由于汽油机和柴油机的燃烧方式不同，燃烧室差别较大。柴油机的燃烧室将在第5章介绍，这里只介绍汽油机的燃烧室，目前常见的有以下五种形式：

(1) 半球形燃烧室（图2-7a） 是横剖面呈半球形的一种燃烧室，其结构紧凑，火花塞布置在燃烧室中央，火焰行程短，燃烧速度高，散热少，热效率高，但是不能产生挤气涡流。可采用四气门结构，充气效率高，排气净化好，在乘用车发动机上广泛应用。

(2) 楔形燃烧室（图2-7b） 是横剖面呈楔形的燃烧室，其结构简单、紧凑，散热面积小，热损失小；能保证混合气在压缩行程中形成良好的涡流运动，有利于提高混合气的混合质量；进气阻力小，提高了充气效率。但火花塞置于楔形燃烧室高处，火焰传播距离长，爆燃倾向变大；而且存在较大的激冷面，容易形成有害 HC 排放。

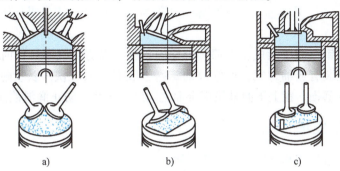

图 2-7 汽油机燃烧室一
a) 半球形燃烧室　b) 楔形燃烧室　c) 浴盆形燃烧室

（3）浴盆形燃烧室（图 2-7c）是横剖面呈倒浴盆形的燃烧室，其结构简单，制造成本低。但不够紧凑，散热面积大，热损失大，火焰传播距离长，爆燃倾向大。

（4）多球形燃烧室（图 2-8）由两个以上半球形凹坑组成，其结构紧凑，火焰行程短，气门直径较大，充气效率高，且能产生挤气涡流。

（5）篷形燃烧室（图 2-8）这种燃烧室断面像篷形，由半球形发展而成，其结构紧凑，适于装置多气门，是近年来在高性能多气门乘用车发动机上广泛应用的燃烧室，特别是小气门夹角的浅篷形燃烧室得到了较大的发展，欧宝 V6、奔驰 320D、三菱 3G81 等型汽油机均为篷形燃烧室。

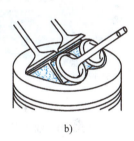

图 2-8 汽油机燃烧室二
a) 多球形燃烧室　b) 篷形燃烧室

2.1.3　气缸垫

气缸垫（图 2-9）安装在气缸盖和气缸体之间，其功用是保证气缸盖与气缸体接触面的密封，防止漏气、漏液和漏油。目前应用较多的是铜皮-石棉结构的气缸垫，其翻边处有三层铜皮，压紧时不易变形。有的气缸垫还采用在石棉中心用编织的钢丝网或有孔钢板为骨架，两面用石棉及橡胶粘结剂压成。有的采用实心有弹性的金属片作为气缸垫，以适应发动机强化要求。

安装气缸垫时，应注意将光滑的一面朝向气缸体，否则容易被高压气体冲坏。所有气缸垫上的孔要和气缸体上的孔对齐。要严格按照说明书上的要求安装气缸盖螺栓。拧紧气缸盖螺栓时，必须由中央对称地向四周扩展的顺序分 2～3 次进行，最后一次拧紧到规定的力矩。

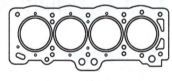
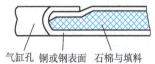

气缸孔　铜或钢表面　石棉与填料

图 2-9 气缸垫

2.1.4 油底壳

油底壳（图2-10）是曲轴箱的下半部，又称为下曲轴箱。其主要作用是储存润滑油和封闭曲轴箱。

油底壳多由薄钢板冲压而成，内部装有稳油挡板，以避免汽车颠簸时造成油面波动过大。油底壳底部还装有放油螺塞，通常放油螺塞上装有永久磁铁，以吸附润滑油中的金属屑，减少发动机的磨损。在上下曲轴箱接合面之间装有衬垫，防止润滑油泄漏。

2.1.5 发动机的支承

发动机一般通过机体和飞轮壳支承在车架上。

发动机的支承方法一般有三点支承和四点支承两种，如图2-11所示。三点支承可布置成前一后二或前二后一，四点支承一般是前后端各两点。

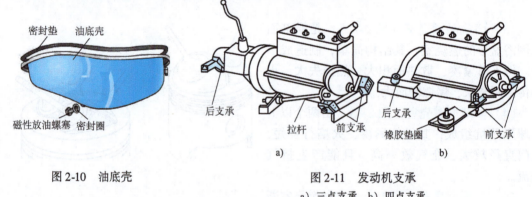

图2-10 油底壳

图2-11 发动机支承
a) 三点支承　b) 四点支承

发动机在车架上的支承是弹性的（如橡胶等），以消除汽车行驶中车架的扭转变形对发动机的影响，减少传给底盘和乘员的振动和噪声。

想一想 哪一种发动机支承振动最小？

2.2 活塞连杆组结构原理

2.2.1 活塞组件

活塞连杆组件（图2-12）由活塞、活塞环、活塞销、连杆、连杆轴承等组成。活塞连杆组件的拆装检测参见《汽车构造与原理实训》项目2.2及其光盘。

1. 活塞

（1）活塞的功用　活塞承受气缸中的气体压力，并通过活塞销将此力传给连杆驱动曲轴旋转，活塞顶部还与气缸盖、气缸壁一起组成燃烧室。

（2）活塞的工作特点　活塞直接与高温气体接触，散热条件差，工作时顶部温度高达

600～700K，且温度分布很不均匀，容易破坏活塞与其相关零件的配合。温度过高，间隙过小，容易造成活塞拉缸；间隙过大，又会导致压缩不良，功率下降，油耗上升。

活塞顶部承受气体压力很大，在做功行程中汽油机的活塞瞬时承受的最大压力值达3～5MPa，柴油机高达6～9MPa，增压发动机可达14～16MPa，并承受侧压力的作用，加速了活塞表面的磨损，也容易引起活塞变形。

活塞在气缸内以很高的速度（10～14m/s）往复变速运动，产生很大的惯性力，使活塞受到周期性交变的拉伸、压缩和弯曲载荷。

鉴于活塞的上述工作特点，要求活塞要有足够的刚度和强度，传力可靠、导热性能好，耐高压、高温、耐磨损，重量轻，尽可能地减小往复惯性力。因此，汽车发动机的活塞目前一般都采用高强度铝合金，只在一些低速柴油机上采用高级铸铁或耐热钢。活塞的结构也做了精巧设计。

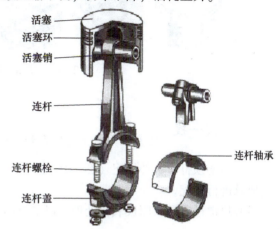

图 2-12 活塞连杆组件

(3) 活塞的结构 活塞由顶部、头部、槽部和裙部四部分组成（图2-13）。

1) 活塞顶部。它是燃烧室的组成部分，其形状、位置和大小都是为了满足可燃混合气形成和燃烧的要求，其顶部有平顶、凸顶和凹顶三种。

平顶活塞顶部是一个平面（图2-14a），其结构简单、制造容易、受热面积小、顶部应力分布较为均匀，一般用在汽油机上，柴油机很少采用。

凸顶活塞的顶部凸起（图2-14b），起导向作用，有利于改善换气过程。二冲程汽油机常采用凸顶活塞。

图 2-13 活塞的结构

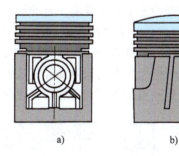

图 2-14 活塞顶部形状
a) 平顶活塞 b) 凸顶活塞

凹顶活塞顶部呈凹坑状，有各种形状（图2-15），凹坑的形状和位置必须有利于可燃混合气的形成和燃烧。凹顶的大小还可以用来调节发动机的压缩比。

图 2-15 凹顶活塞的凹坑形状

> **找一找** 活塞顶部除上述情形外，还有哪些形状？

有些活塞顶打有各种标记（图 2-16），用以显示活塞及活塞销的安装和选配要求，应严格按要求进行装配。

活塞顶常进行硬膜阳极氧化处理，以形成高硬度的耐热层，增大热阻，减少活塞顶部的吸热量。

2) **活塞头部**。活塞第一道气环槽以上的部分称为活塞头部，用来承受气体压力和传递热量。有的活塞在头部还加工有隔热槽（图 2-17），起隔热作用，将活塞顶的热量分流，把原来由第一活塞环承担的热量传给第二、第三活塞环。

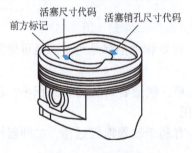

图 2-16 活塞顶标志

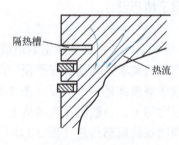

图 2-17 活塞隔热槽

为了加强活塞头部的强度，有的铝合金活塞头部铸入纤维增强合金环（图 2-18）。

3) **活塞槽部**。活塞槽部也称防漏部，是指活塞环槽部分，用以安装活塞环，起密封、传热等作用，一般有 2~3 道气环槽和 1 道油环槽，在油环槽底面上钻有许多径向小孔，使被油环从气缸壁上刮下的润滑油经过这些小孔流回油底壳（图 2-18）。

为了增强环槽的强度和耐磨性，通常在第一、二道环槽处镶嵌保护圈（图 2-19）。

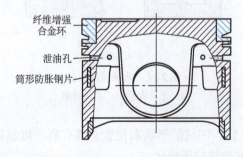

图 2-18 活塞头部合金环和槽部泄油槽

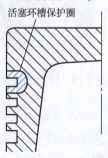

图 2-19 活塞环槽保护圈

4）活塞裙部。活塞裙部指从油环槽下端面起至活塞最下端的部分。活塞裙部对活塞在气缸内的往复运动起导向作用，并承受气体侧压力。

为了使活塞在正常工作温度下与气缸壁保持比较均匀的间隙，以免在气缸内卡死或加大局部磨损，必须在冷态下预先把活塞裙部加工成特定的形状。

① 预先将活塞裙部加工成椭圆形（图2-20a）。活塞裙部的厚度很不均匀，活塞销座孔部分的金属厚，受热膨胀量大，沿活塞销座轴线方向的变形量大于其他方向。另外，活塞裙部承受气体侧压力的作用，导致沿活塞销轴的变形量大于其他方向。为了使活塞裙部在工作时具有正确的圆柱形，在加工时预先把活塞裙部做成椭圆形，椭圆的长轴方向与活塞销座垂直，短轴方向沿活塞销座方向。

② 预先将活塞裙部做成锥形、阶梯形或桶形。活塞的温度是上部高、下部低，造成膨胀量上部大、下部小。为了使工作时活塞上下直径趋于相等，即为圆柱形，就必须预先把活塞制成上小下大的锥形（图2-20b）、阶梯形（图2-20c）或桶形（图2-20d）。桶形活塞在任何工作状态下都能得到良好的润滑，但加工难度大。

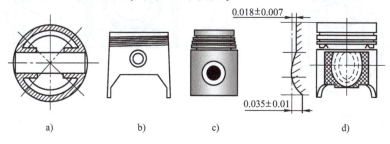

图2-20 活塞裙部结构
a）裙部椭圆 b）锥形 c）阶梯形 d）桶形

③ 拖鞋式裙部（图2-21）。在现代高速汽车发动机上，广泛采用半拖鞋式或拖鞋式活塞裙部。把活塞裙部不受侧压力的两边部分地去掉，即为半拖鞋式裙部，若全部去掉则为拖鞋式裙部，以减小惯性力，减小活塞销座附近的热变形量。该结构裙部弹性好，重量轻，活塞与气缸的配合间隙较小，能够避免与曲轴平衡重发生运动干涉。

④ 预先在活塞裙部开槽（图2-21）。在裙部开横向的隔热槽，可以减小活塞裙部的受热量；在裙部开纵向膨胀槽，可以补偿裙部受热后的变形量。槽的形状有"T"形或"Π"形。裙部开竖槽后，会使其开槽的一侧刚度变小，在装配时应使其位于做功行程中承受侧压力较小的一侧。通常柴油机活塞受力大，裙部一般不开槽。

图2-21 拖鞋式活塞

⑤ 裙部铸恒范钢（图2-22）。为了减小铝合金活塞裙部的热膨胀量，有些汽油机活塞在活塞裙部或销座内铸入热膨胀系数低的恒范钢片。恒范钢为低碳铁镍合金，其膨胀系数仅为铝合金的1/10，而销座通过恒范钢片与裙部相连，牵制了裙部的热膨胀变形量。

⑥ 自动热补偿活塞。若将图2-22中的恒范钢片改为普通碳素钢片铸，则由于两种金属的热膨胀系数不同，当温度升高时双金属壁发生弯曲，而钢片两端的距离基本不变，从而限制了裙部的热膨胀量。因为这种控制热膨胀的作用随温度升高而增大，所以称这种活塞为自

动热补偿活塞。

⑦镶筒形钢片的活塞。如图2-23所示,在浇铸这种活塞时,钢筒夹在铝合金中间,在铝合金冷凝时,由于铝合金的收缩比钢大得多,于是在钢筒与内侧铝合金层之间形成收缩缝隙,而钢筒外侧的铝合金层包紧在钢筒上,使钢筒产生压应力。当发动机工作时,随着活塞温度的升高,首先要消除钢筒与内侧铝合金层间的收缩缝隙和钢筒与外侧铝合金层的残余应力,然后才向外侧膨胀,结果使整个活塞裙部的热膨胀量相应减小。

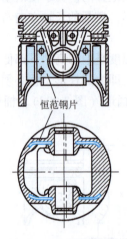

图2-22 裙部铸恒范钢片

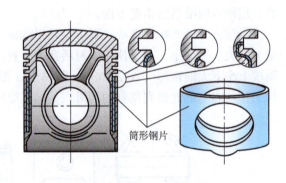

图2-23 镶筒形钢片的活塞

为了提高裙部摩擦和磨合性能,有的还在活塞裙部表面喷镀石墨、锡或二氧化钼。

(4) 活塞的冷却　为了减轻活塞顶部和头部的热负荷,常采取润滑油冷却,常见的方法有:

1) 喷射冷却。从连杆小头上的喷油孔或从安装在机体上的喷油器喷射润滑油到活塞内表面,如图2-24a、b所示。

2) 振荡冷却。从连杆小头上的喷油孔将润滑油喷入活塞内壁的环形油槽中,由于活塞的运动使润滑油在油槽中产生振荡而冷却活塞,如图2-24c所示。

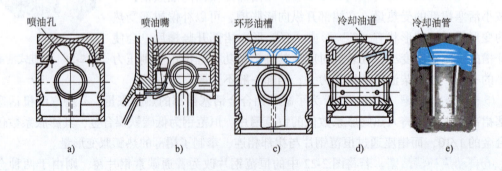

图2-24 活塞冷却
a)、b) 喷射冷却　c) 振荡冷却　d)、e) 强制冷却

第 2 章 曲柄连杆机构

3）强制冷却。在活塞头部铸出冷却油道或铸入冷却油管，使润滑油在其中强制流动以冷却活塞，如图 2-24d、e 所示。强制冷却法被增压发动机广泛采用。

(5) 活塞销孔偏置结构（图 2-25）　有些高速汽油机的活塞销孔中心线偏离活塞中心线平面，向做功行程中受侧压力的一方偏移了 1～2mm。这种结构可使活塞在压缩行程到做功行程中较为柔和地从压向气缸的一面过渡到压向气缸的另一面，以减小敲缸的声音。在安装时要注意，活塞销偏置的方向不能装反，否则换向敲击力会增大，使裙部受损。

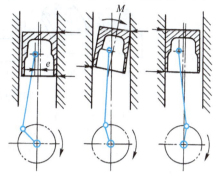

图 2-25　活塞销孔偏置结构
e—偏移量　M—力矩

2. 活塞环

活塞环是具有弹性的开口环，有气环和油环之分。一般一个活塞有 2～3 道气环，1 道油环（图 2-26）。

(1) 气环

1）气环的作用。气环的作用是保证气缸与活塞间的密封性，防止漏气，并且把活塞顶部吸收的大部分热量传给气缸壁，由冷却液带走。

2）气环基本结构。气环基本结构如图 2-27 所示。

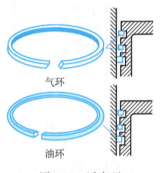

图 2-26　活塞环

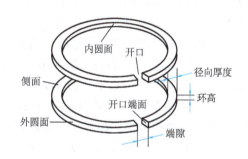

图 2-27　气环基本结构

3）气环工作原理。气环开有切口，具有弹性，在自由状态下外径大于气缸直径，它与活塞一起装入气缸后，外表面紧贴在气缸壁上，形成第一密封面（图 2-28）；被封闭的气体不能通过环周与气缸之间的密封面，便进入了环与环槽的空隙，一方面把环压到环槽端面形成第二密封面，另一方面，作用在环背的气体压力又大大加强了第一密封面的密封作用。气环的密封效果一般与气环数量有关，汽油机一般采用 2 道气环，柴油机一般采用 3 道气环。

图 2-28　气环密封原理

4）气环种类。按气环的断面形状分，常见的有矩形环、扭曲环、锥面环、梯形环、桶面环、开槽环和顶岸环等（图 2-29）。

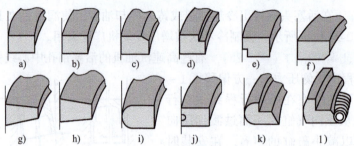

图 2-29 活塞环断面种类

a）矩形环 b）锥面环 c）、d）上内切正扭曲环 e）下外切正扭曲环
f）下内切反扭曲环 g）梯形环 h）楔形环 i）桶面环
j）开槽环 k）、l）顶岸环

> **找一找** 活塞环除上述情形外，还有哪些形状？

①矩形环（图 2-29a）。其断面为矩形，结构简单，制造方便，易于生产，应用最广。但矩形环随活塞往复运动时，会把气缸壁面上的润滑油不断送入气缸中（图 2-30），称为"气环的泵油作用"。这是因为活塞下行时，由于环与气缸壁的摩擦阻力及环的惯性，环被压靠在环槽的上端面上，气缸壁面上的油被刮入下边隙和内边隙；活塞上行时，环又被压靠在环槽的下端面，结果第一道环背隙里的润滑油就进入燃烧室，燃烧后形成蓝烟冒出，造成润滑油消耗量增加。这种现象还会在燃烧室内形成积炭，造成气缸、活塞、活塞环磨损加剧，甚至使活塞环在环槽内卡死失效；会使火花塞积炭，不能正常点火。可见泵油作用是很有害的，必须设法消除，除了在气环的下面装有油环外，广泛采用了非矩形断面的扭曲环。

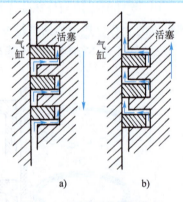

图 2-30 矩形环的泵油作用
a）活塞下行 b）活塞上行

②锥面环（图 2-29b）。其断面呈锥形，外圆工作面上加工一个很小的锥面（0.5°~1.5°），减小了环与气缸壁的接触面，提高了表面接触压力，有利于磨合和密封。活塞下行时，便于刮油；活塞上行时，由于锥面的"油楔"作用，能在油膜上"飘浮"过去，减小磨损。

锥面环安装时，不能装反，否则会引起润滑油上窜。由于锥面环锥角度很小，不易分辨，所以在环的上侧面做有标记（图 2-31），常见的标志有"0、""00"、"T1"、"T2"、"R"、"R1"、"R2"、"S"、"2.5"等。一般"R"代表厂标，字母后的"1"、"2"表示安装位置为第一道、第二道活塞环；"S"代表标准环，"2.5"代表修理尺寸为 +0.25mm 的活塞环。

③扭曲环（图 2-29c、d、e、f）。扭曲环是在矩形环的内圆上边缘或外圆下边缘切去一部分，使断面呈不对称形状，在环的内圆部分切槽或倒角的称内切环，在环的外圆部分切槽或倒角的称外切环。装入气缸后，由于断面不对称，外侧作用力合力 F_1（图 2-32b）与内侧

作用力合力 F_2 之间有一力臂 e，产生了扭曲力矩，使活塞环发生扭曲变形。活塞上行时，扭曲环在残余油膜上"浮过"，可以减小摩擦和磨损。活塞下行时，则有刮油效果，避免润滑油上窜。同时，由于扭曲环在环槽中上、下跳动的行程缩短，可以减轻"泵油"的副作用。扭曲环目前被广泛应用于第 2 道活塞环槽上，安装时必须注意断面形状和方向，内切口朝上，外切口朝下，不能装反。

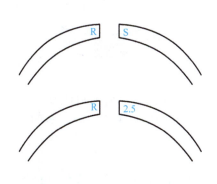

图 2-31 活塞环安装标记

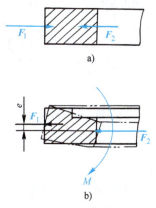

图 2-32 扭曲环作用原理
a) 矩形环　b) 扭曲环

若将内圆面上的边缘或外圆下的边缘切除一部分，整个气环将扭曲成碟形，则称这种环为正扭曲环（图 2-29c、d、e）；若将内圆面的下边切除一部分，气环将扭曲成盖形，则称其为反扭曲环（图 2-29f）。在环面上切去部分金属的部位称为切台。

④梯形环（图 2-29g）。梯形环断面呈梯形，工作时，梯形环在压缩行程和做功行程随着活塞受侧压力的方向不同而不断地改变位置，这样会把沉积在环槽中的积炭挤出去，避免环被粘在环槽中而折断，可以延长环的使用寿命。但缺点是加工困难，精度要求高。楔形环也有梯形环清除积炭的作用，而且因为断面不对称，装入气缸后还会发生扭曲，兼有扭曲环的作用。

⑤桶面环（图 2-29i）。桶面环的外圆为凸圆弧形。当桶面环上下运动时，均能与气缸壁形成楔形空间，使润滑油容易进入摩擦面，减小磨损。由于它与气缸呈圆弧接触，故对气缸表面的适应性和对活塞偏摆的适应性均较好，有利于密封，但凸圆弧表面加工较困难。

⑥开槽环（图 2-29j）。开槽环在外圆面上加工出环形槽，在槽内填充能吸附润滑油的多孔性氧化铁，有利于润滑、磨合和密封。

⑦顶岸环（图 2-29k、l）。顶岸环断面为"L"形。因为顶岸环距活塞顶面近（图 2-33），做功行程时，燃气压力能迅速作用于环的上侧面和内侧面，使环的下面与环槽的下面、外侧面与气缸壁面贴紧，有利于密封，还可以减少汽车尾气 HC 的排放。

按气环的开口形状分，主要有直开口、斜开口和阶梯开口等（图 2-34）。直开口加工容易，但密封性差；阶梯形开口密封性好，但工艺性差；斜开口的密封性和工艺性介于前两种开口之间，斜角一般为 30°或 45°。

活塞环在高温、高压、高速和润滑极其困难的条件下工作，一直是发动机上使用寿命最短的零件，目前广泛采用合金铸铁铸造，第一道气环外圆面镀铬以提高耐磨性，其余环一般镀锡或磷化。

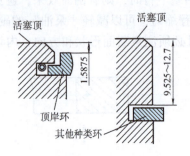

图 2-33 顶岸环特点

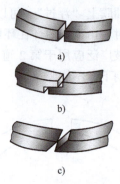

图 2-34 活塞环开口形状
a）直开口 b）阶梯开口 c）斜开口

（2）油环

1）油环的作用。油环起布油和刮油的作用。下行时，刮除气缸壁上多余的润滑油，上行时在气缸壁上铺涂一层均匀的油膜。这样既可以防止润滑油窜入气缸燃烧，又可以减少活塞、活塞环与气缸壁的摩擦阻力，还能起到封气的辅助作用。

2）油环种类和结构。油环有槽孔式、槽孔撑簧式和组合式三种。

①槽孔式油环。槽孔式油环又叫整体式油环。环的外圆柱面中间加工有凹槽，形成上下两道刮油唇，槽中钻有小孔或开切槽，其断面形状如图 2-35 所示。

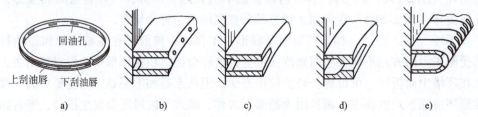

图 2-35 槽孔式油环的面形状
a）槽孔式油环 b）圆孔断面 c）长孔断面 d）渠形断面 e）弯片形断面

②槽孔撑簧式油环。在槽孔油环的内圆面加装撑簧即为槽孔撑簧式油环。一般作为油环撑簧的有螺旋弹簧、板形弹簧和轨形弹簧三种（图 2-36）。这种油环由于增大了环与气缸壁的接触压力，而使环的刮油能力和耐久性有所提高。

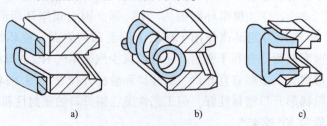

图 2-36 槽孔撑簧式油环
a）板形撑簧油环 b）螺旋撑簧油环 c）轨形撑簧油环

③**组合式油环**。其结构形式多样（图2-37），一般由上下数片刮油钢片1、3与中间的扩胀器组成。扩胀器有轨形撑环2、撑簧4、轴向衬环5和径向衬环6等多种形式，它们使刮油钢片紧紧压向气缸壁和活塞环槽。刮油钢片表面镀铬，很薄，对气缸的比压力（单位截面积上活塞环对气缸壁的压力）大，刮油效果好；而且数片刮油钢片彼此独立，对气缸失圆和活塞变形适应性好；回油通路大，重量轻。近年来汽车发动机上越来越多地采用了组合式油环。组合式油环的缺点主要是制造成本高。

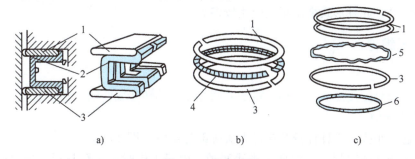

图 2-37 组合油环
a) 轨形撑环油环 b) 撑簧油环 c) 多撑簧油环
1—上刮片 2—轨形撑环 3—下刮片 4—撑簧 5—轴向衬环 6—径向衬环

3. 活塞销

活塞销的作用是连接活塞和连杆小头，将活塞承受的气体作用力传给连杆。

活塞销的内孔有三种形状：圆柱形、组合形（两段截锥与一段圆柱组合）和两段截锥形（图2-38）。

活塞销与活塞销座孔及连杆小头衬套孔的连接配合方式有全浮式和半浮式两种方式（图2-39）。

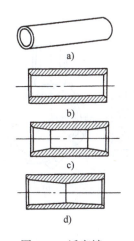

图 2-38 活塞销
a) 活塞销 b) 圆柱形内孔
c) 组合形内孔 d) 两段截锥形内孔

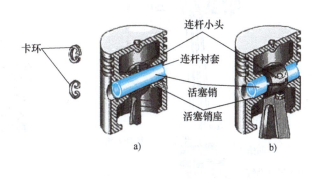

图 2-39 活塞销的连接方式
a) 全浮式 b) 半浮式

"全浮式"是指当发动机工作时，活塞销、连杆小头和活塞销座都有相对运动，使磨损均匀。为了防止活塞销轴向窜动刮伤气缸壁，在活塞销两端装有卡环 5，进行轴向定位。由于铝活塞热膨胀系数比钢大，为了保证在高温工作时活塞销与活塞销座孔有正常的间隙（0.01~0.02mm），在冷态时为过渡配合，装配时，应先把铝活塞加热到一定程度，再把活塞销装入。

"半浮式"的特点是活塞销中部与连杆小头采用紧固螺栓连接，活塞销只能在两端销座内做自由摆动，而和连杆小头没有相对运动，所以不需要连杆衬套。活塞销不会做轴向窜动，不需要卡环，此种形式乘用车上应用较多。

2.2.2 连杆组件

1. 连杆的功用

连杆的功用是连接活塞与曲轴，将活塞的往复运动转变成曲轴的旋转运动。

2. 连杆的结构

连杆由连杆小头、连杆杆身和连杆大头等部分组成（图 2-40）。

连杆小头与活塞销相连。对全浮式活塞销，由于工作时小头孔与活塞销之间有相对运动，所以在连杆小头孔中压入了减摩的青铜连杆衬套。为了润滑活塞销与衬套，在连杆小头和衬套上铣有油槽或钻有油孔以收集发动机运转时飞溅上来的润滑油并用以润滑。有的发动机连杆小头采用压力润滑，在连杆杆身内钻有纵向的压力油通道。半浮式活塞销与连杆小头是过盈配合的，所以连杆小头孔内不需要衬套，也不需要润滑。

连杆杆身通常做成"工"字形断面，抗弯强度好，重量轻，大圆弧过渡，且上小下大，采用压力润滑的连杆，杆身中部制有连通大、小头的油道。

连杆大头与曲轴的连杆轴颈相连，大头有整体式和分开式两种。一般都采用分开式，分开式又分为平分和斜分两种（图 2-41）。

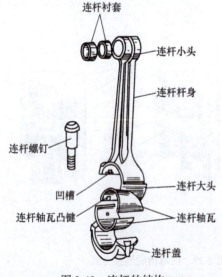

图 2-40 连杆的结构

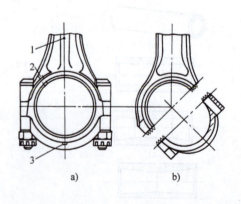

图 2-41 连杆大头
a) 平分式 b) 斜分式
1—连杆装配标志 2—机油喷孔 3—连杆盖装配标志

第2章 曲柄连杆机构

平分式——分面与连杆杆身轴线垂直（图2-41a），汽油机多采用这种连杆。因为一般汽油机连杆大头的横向尺寸都小于气缸直径，可以方便地通过气缸进行拆装。

斜分式——分面与连杆杆身轴线成30°~60°夹角（图2-41b），柴油机多采用这种连杆。因为柴油机压缩比大，受力较大，曲轴的连杆轴颈较粗，相应的连杆大头尺寸往往超过了气缸直径，为了使连杆大头能通过气缸，便于拆装，一般都采用斜切口。安装斜切口的连杆盖时应注意方向。

连杆大头可取下的部分叫连杆盖，连杆与连杆盖配对加工，加工后，在它们同一侧打上装配标记，安装时不得互相调换或变更方向。为此，在结构上采取了定位措施。平切口连杆盖与连杆的定位多采用连杆螺栓定位，利用连杆螺栓中部精加工的圆柱凸台或圆柱部分与经过精加工的螺栓孔来保证。斜切口连杆常用的定位方法有锯齿定位、圆销定位、套筒定位和止口定位（图2-42）。

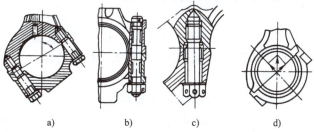

图2-42 斜切口连杆的定位方法
a) 锯齿定位 b) 圆销定位 c) 套筒定位 d) 止口定位

连杆盖和连杆大头用连杆螺栓连接在一起，连杆螺栓在工作中承受很大的冲击力，若折断或松脱，将造成严重事故。为此，连杆螺栓都采用优质合金钢，并经过精加工和热处理特制而成，损坏后绝不能用其他螺栓来代替。安装连杆盖拧紧连杆螺栓螺母时，要用扭力扳手分2~3次交替均匀地拧紧到规定的力矩，拧紧后还应可靠地锁紧。

连杆大头孔内装有瓦片式滑动轴承（图2-43），简称连杆轴承。

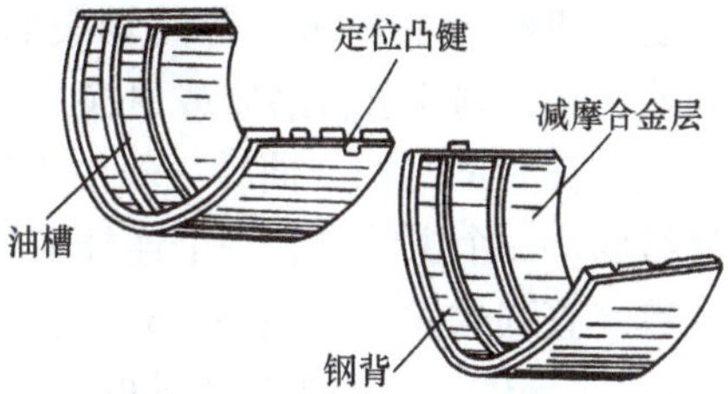

连杆轴瓦分上、下两个半片。半个轴瓦在自由状态下不是半圆形，当它们装入连杆大头孔内时，又有过盈，故能均匀地紧贴在连杆大头孔壁上，具有很好的承受载荷和导热的能力。

图2-43 连杆轴承

连杆轴瓦上制有定位凸键，供安装时嵌入连杆大头和连杆盖的定位槽中，以防连杆轴瓦前后移动或转动。有的轴瓦上还制有油孔，安装时应与连杆上相应的油孔对齐。

连杆轴瓦材料目前多采用1~3mm的薄壁钢背轴瓦，在其内表面浇注有减摩合金层。减摩合金层具有质软、容易保持油膜、磨合性好、摩擦阻力小、不易磨损等特点。减摩合金常采用的有白合金（巴氏合金）、铜基合金和铝基合金。

V形发动机左右两侧对应两个气缸的连杆是装在曲轴的一个连杆轴颈上的，称为叉形连杆，它有如下三种形式：

(1) 并列式（图2-44a） 相对应的左右两缸连杆并列安装在同一连杆轴颈上。

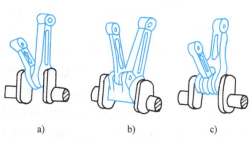

图2-44 叉形连杆
a) 并列式 b) 主副式 c) 叉式

(2) 主副式（图2-44b） 一列气缸的连杆为主连杆，直接安装在连杆轴颈上，另一列气缸的连杆为副连杆，铰接在主连杆大头（或连杆盖）上的两个凸耳之间。

(3) 叉式（图2-44c） 左右对应的两列气缸连杆中，一个连杆大头做成叉形，跨于另一个连杆厚度较小的大头两端。

2.3 曲轴飞轮组结构原理

曲轴飞轮组件主要由曲轴、飞轮和一些附件组成（图2-45）。曲轴飞轮组件的拆装检测参见《汽车构造与原理实训》项目2.3及其光盘。

1. 曲轴

(1) 曲轴的功用 曲轴是发动机最重要的部件之一，它是与连杆配合，将作用在活塞上的气体压力变为旋转的动力，并将动力传给底盘的传动机构。同时，曲轴驱动配气机构和其他辅助装置，如风扇、水泵、发电机等。

曲轴一般用中碳钢或中碳合金钢模锻而成。为提高耐磨性和疲劳强度，轴颈表面经高频感应淬火或渗氮处理，并经精磨加工，以达到较高的表面硬度和表面粗糙度的要求。若曲轴表面磨损或失圆，则应进行磨修或更换。

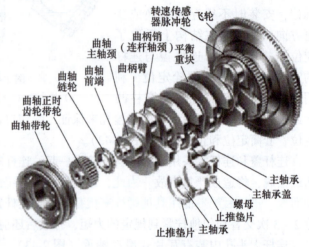

图2-45 曲轴飞轮组件

(2) 曲轴的结构 曲轴一般由主轴颈，曲柄销（连杆轴颈）、曲柄臂、平衡重块、主轴承等组成。一个主轴颈、一个连杆轴颈和一个曲柄臂组成了一个曲柄，曲轴的曲柄数目等于气缸数（直列式发动机）；V形发动机曲轴的曲柄数等于气缸数的一半。

1) 主轴颈。主轴颈是曲轴的支承部分，通过主轴承支承在曲轴箱的主轴承座中。主轴承的数目不仅与发动机的气缸数目有关，还取决于曲轴的支承方式。曲轴的支承方式一般有两种，一种是全支承曲轴，另一种是非全支承曲轴（图2-46）。

全支承曲轴：曲轴的主轴颈数比气缸数目多一个，即每一个连杆轴颈两边都有一个主轴颈。这种支承的曲轴强度和刚度都比较好，并且减轻了主轴承载荷，减小了磨损。

非全支承曲轴：曲轴的主轴颈数比气缸数目少或与气缸数目相等，主轴承载荷较大，但缩短了曲轴的总长度，使发动机的总体长度有所减小。

有的大型发动机曲轴采用组合式，由若干段组合在一起，通过滚动轴承支承在机体上。

2) 曲柄销（连杆轴颈）。曲柄销是曲轴与连杆的连接部分，直列发动机的连杆轴颈数和气缸数相等。V形发动机的连杆轴颈数等于气缸数的一半。

3) 曲柄臂。曲柄臂是主轴颈和连杆轴颈的连接部分。为了平衡惯性力，曲柄臂处铸有（或紧固有）平衡重块，它用来平衡发动机不平衡的离心力矩，有时还用来平衡一部分往复惯性力，使曲轴旋转平稳。

曲柄连杆机构的运动惯性力如图2-47所示。当活塞上下变速运动时，要产生往复惯性

第 2 章 曲柄连杆机构

力 F_j（方向与大小随运动位置而变化）；同时，由于曲柄、曲柄销和连杆大头绕曲轴轴线旋转，产生旋转惯性力，即离心力 F_c，其方向沿曲柄半径向外，其大小与曲柄半径、旋转部分的质量及曲轴转速有关。往复惯性力和旋转惯性力的作用，导致了发动机的振动零部件的变形和磨损，因此必须采取平衡措施。

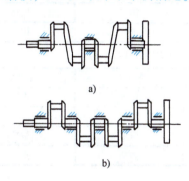

图 2-46 曲轴的支承方式
a）非全支承 b）全支承

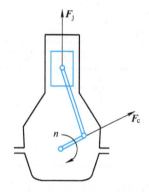

图 2-47 曲柄连杆机构的运动惯性力

对于四缸、六缸等多缸发动机，由于曲柄对称布置，往复惯性力和离心力及其产生的力距从整体上看相互平衡。如图 2-48a 所示，四缸发动机第一和第四连杆轴颈的离心力 F_1 和 F_4 与第二和第三连杆轴颈的离心力 F_2 和 F_3 因大小相等、方向相反而互相平衡；F_1 和 F_2 形成的力偶矩 M_{1-2} 与 F_3 和 F_4 形成的力偶矩 M_{3-4} 也能互相平衡。但两个力偶矩都给曲轴造成了弯曲载荷，

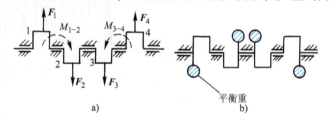

图 2-48 四缸机曲轴的受力与平衡
a）受力 b）惯性力平衡

曲轴若刚度不够就会产生较大弯曲变形，引起主轴颈和轴承偏磨。为了减轻主轴承负荷，一般都在曲柄的相反方向设置平衡重（图 2-48b）。

在一些高档发动机上，还采用加装平衡轴的方法进行惯性力的平衡，使发动机运转更加平稳。

曲轴曲柄的布置，不但影响到发动机的平衡，还影响到发动机的工作顺序。

多缸发动机的点火顺序应均匀分布在 720° 曲轴转角内，并且使连续做功的两缸相距尽可能远，以减轻主轴承的载荷，避免可能发生的进气重叠现象。

四缸四冲程发动机的点火间隔角为 720°/4 = 180°，4 个曲柄布置在同一平面内（图 2-49）。1、4 缸与 2、3 缸互相错开 180°，其点火顺序的排列有两种可能，即 1-3-4-2 或 1-2-4-3，其工作循环分别见表 2-1 和表 2-2。

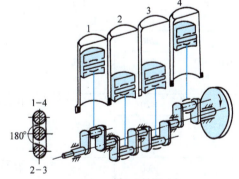

图 2-49 四缸四冲程发动机的曲柄布置

45

表 2-1 四缸四冲程发动机的工作循环（点火顺序 1-3-4-2）

曲柄转角/°	第一缸	第二缸	第三缸	第四缸
0 ~ 180	做功	排气	压缩	进气
180 ~ 360	排气	进气	做功	压缩
360 ~ 540	进气	压缩	排气	做功
540 ~ 720	压缩	做功	进气	排气

表 2-2 四缸四冲程发动机的工作循环（点火顺序 1-2-4-3）

曲柄转角/°	第一缸	第二缸	第三缸	第四缸
0 ~ 180	做功	压缩	排气	进气
180 ~ 360	排气	做功	进气	压缩
360 ~ 540	进气	排气	压缩	做功
540 ~ 720	压缩	进气	做功	排气

六缸四冲程直列发动机的点火间隔角为 720°/6 = 120°，6 个曲柄分别布置在三个平面内（图 2-50），有两种点火顺序，即 1-5-3-6-2-4 和 1-4-2-6-3-5，前者工作循环见表 2-3。

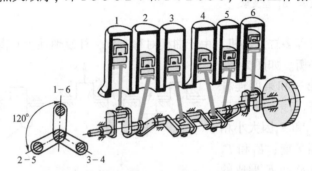

图 2-50 六缸四冲程直列发动机的曲柄布置

表 2-3 六缸四冲程直列发动机工作循环（点火顺序 1-5-3-6-2-4）

曲柄转角/°		第一缸	第二缸	第三缸	第四缸	第五缸	第六缸
0 ~ 180	60	做功	排气	进气	做功	压缩	进气
	120						
	180			压缩	排气		
180 ~ 360	240	排气	进气			做功	压缩
	300						
	360			做功	进气		
360 ~ 540	420	进气	压缩			排气	做功
	480						
	540			排气	压缩		
540 ~ 720	600	压缩	做功			进气	排气
	660						
	720			进气	做功	压缩	

46

第 2 章 曲柄连杆机构

六缸四冲程 V 形发动机的点火间隔角仍为 120°，3 个曲互成 120°（图 2-51），点火顺序为 R1-L3-R3-L2-R2-L1（R1 代表面向发动机前端右侧的第一缸，向后依次为 R2、R3，L1 代表面向发动机前端左侧的第一缸，向后依次为 L2、L3）。它的工作循环见表 2-4。

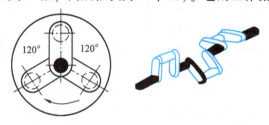

图 2-51 六缸四冲程 V 形发动机的曲柄布置

表 2-4 V6 发动机的工作循环（点火顺序 R1-L3-R3-L2-R2-L1）

曲柄转角/°		R1	R2	R3	L1	L2	L3
0~180	60	做功	排气	进气	做功	进气	压缩
	120	做功	排气	进气	做功	进气	压缩
	180	做功	排气	压缩	排气	进气	压缩
180~360	240	排气	进气	压缩	排气	压缩	做功
	300	排气	进气	压缩	排气	压缩	做功
	360	排气	进气	做功	进气	压缩	做功
360~540	420	进气	压缩	做功	进气	做功	排气
	480	进气	压缩	做功	进气	做功	排气
	540	进气	压缩	排气	压缩	做功	排气
540~720	600	压缩	做功	排气	压缩	排气	进气
	660	压缩	做功	排气	压缩	排气	进气
	720	压缩	排气	进气	做功	排气	压缩

八缸四冲程 V 形发动机的点火间隔角为 720°/8＝90°，发动机左右两列对应的一对连杆共用一个曲柄，所以 V 形八缸发动机只有 4 个曲柄（图 2-52）。曲柄布置可以与四缸发动机相同，4 个曲柄互相错开 90°。点火顺序有两种：R1-L1-R4-L4－L2-R3-L3-R2 和 L1-R4-L4－L2-R3-R2-L3-R1，前者工作循环见表 2-5。

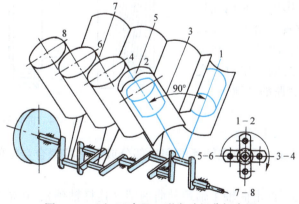

图 2-52 八缸四冲程 V 形发动机曲柄布置

表 2-5　V8 发动机的工作循环（点火顺序 R1-L1-R4-L4 – L2-R3-L3-R2）

曲柄转角/°		R1	R2	R3	R4	L1	L2	L3	L4
0～180	90	做功	做功	排气	压缩	压缩	进气	排气	进气
	180		排气	进气		做功			压缩
180～360	270	排气			做功	排气	压缩	进气	做功
	360		进气	压缩					
360～540	450	进气			排气	进气	做功	压缩	排气
	540		压缩	做功					
540～720	630	压缩			进气	压缩	排气	做功	进气
	720		做功	排气					

4）**曲轴前端**（图 2-53）。曲轴前端装有定时齿轮、驱动风扇和水泵的带轮以及起动爪等。为了防止润滑油沿曲轴轴颈外漏，在曲轴前端装有一个甩油盘，它随曲轴转动，将漏出的润滑油甩回油底壳。甩油盘外斜面向后，安装时应注意方向，否则会产生相反效果。在齿轮室盖上装有油封，防止润滑油外漏。

5）**曲轴后端**。曲轴后端用来安装飞轮。在后轴颈与飞轮凸缘之间制成挡油凸缘和回油螺纹，并安装有油封或密封填料等，以阻止润滑油向后窜漏（图 2-54）。

6）**曲轴的轴向定位**。由于曲轴经常受到离合器施加于飞轮的轴向力作用，有的曲轴前端采用斜齿传动，使曲轴产生前后窜动，影响了曲柄连杆机构各零件的正确位置，增大了发动机磨损、异响和振动，故必须进行曲轴轴向定位。另外，曲轴工作时会受热膨胀，还必须留有膨胀的余地。

曲轴定位一般采用滑动推动轴承，安装在曲轴前端或中后部主轴承上。

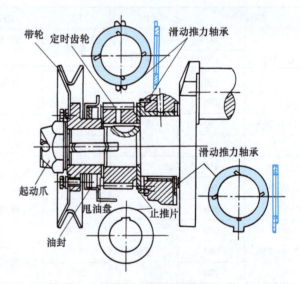

图 2-53　曲轴前端结构

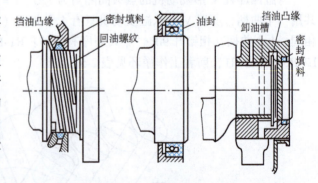

图 2-54　曲轴后端

推力轴承有两种形式：翻边主轴瓦的翻边部分或具有减摩合金层的半圆环止推片（图 2-55），磨损后可更换。

7）**曲轴润滑**。为了润滑曲轴主轴颈和曲柄销（连杆轴颈），在轴颈上还钻有油道，并有斜油道相通（图 2-56），斜油道再与机体的主油道连通。

第 2 章 曲柄连杆机构

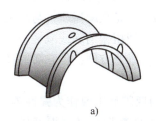
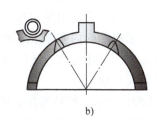
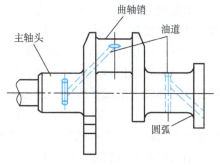

图 2-55 曲轴推力轴承
a) 翻边轴瓦 b) 半圆环止推片

图 2-56 曲轴润滑

2. 曲轴扭转减振器

在发动机的工作过程中，经连杆传给连杆轴颈的作用力的大小和方向都是周期性变化的，所以曲轴各个曲柄的旋转速度也是忽快忽慢呈周期性变化，导致各曲柄之间产生周期性相对扭转的现象称为曲轴的扭转振动，简称扭振。曲轴扭振会造成发动机磨损加剧、功率下降，当振动强烈时甚至会扭断曲轴。扭转减振器的功用就是吸收曲轴扭转振动的能量，消减扭转振动。

汽车发动机多采用橡胶扭转减振器、硅油扭转减振器和硅油-橡胶扭转减振器。

(1) 橡胶扭转减振器 如图 2-57 左图所示，减振器壳体与曲轴连接，并通过橡胶层与减振质量连接在一起。

发动机工作时，减振器壳体与曲轴一起振动，由于减振质量惯性滞后于减振器壳体，因而在两者之间产生相对运动，使橡胶层来回揉搓，振动能量被橡胶的内摩擦阻尼吸收，从而使曲轴的扭振得以消减。

图 2-57 右图所示为带轮-橡胶扭转减振器，其基本原理与前面相似，类似结构被应用于东风 EQ6100-1 和 YC6105QC 等发动机上。

橡胶扭转减振器结构简单，工作可靠，制造容易，在汽车上广泛应用。但其阻尼作用小，橡胶容易老化，故在大功率发动机上较少应用。

(2) 硅油扭转减振器 如图 2-58a 所示，减振器壳体与曲轴连接。侧盖与减振器壳体组成封闭腔，其中滑套着减振质量。减振质量与封闭腔之间留有一定的间隙，里面充满高黏度硅油。

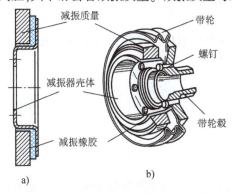
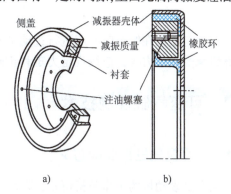

图 2-57 橡胶扭转减振器
a) 橡胶扭转减振器 b) 带轮-橡胶扭转减振器

图 2-58 硅油扭转减振器
a) 硅油扭转减振器 b) 硅油-橡胶扭转减振器

当发动机工作时，减振器壳体与曲轴一起旋转，减振质量则被硅油的黏性摩擦阻尼和衬套的摩擦力所带动。由于减振质量相当大，因此它近似做匀速运动，于是在减振质量与减振器壳体间产生相对运动。曲轴的振动能量被硅油的内摩擦阻尼吸收，使扭振消除或减轻。

硅油扭转减振器减振效果好，性能稳定，工作可靠，结构简单，维修方便，但它需要良好的密封和较大的减振质量，致使减振器尺寸较大。

（3）硅油-橡胶扭转减振器　如图 2-58b 所示，扭转减振器中的橡胶环主要作为弹性体，并用来密封硅油和支承减振质量。在封闭腔内注满高黏度硅油。硅油-橡胶扭转减振器集中了硅油减振器和橡胶减振器的优点，即体积小，重量轻和减振性能稳定等。

3. 飞轮

飞轮是一个很重的铸铁圆盘（图 2-45），用螺栓固定在曲轴后端的接盘上，具有很大的转动惯量。其主要功用是用来储存做功行程的能量，用于克服进气、压缩和排气行程的阻力和其他阻力，使曲轴能均匀地旋转。

飞轮外缘压有齿圈，齿圈与起动电动机的驱动齿轮啮合，供起动发动机用；汽车离合器也装在飞轮上，利用飞轮后端面作为驱动件的摩擦面，用来对外传递动力。

在飞轮轮缘上作有标记（刻线或销孔）供找上止点用。当飞轮上的标记与外壳上的标记对正时，正好是上止点（如图 2-59 所示）。有的还有进排气相位标记、供油（柴油机）或点火（汽油机）标记供安装和修理用。

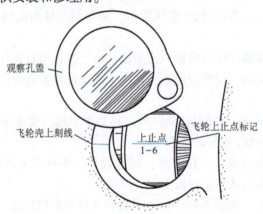

图 2-59　飞轮标记

飞轮与曲轴在制造时一起进行过动平衡实验，在拆装时应严格按相对位置安装。飞轮紧固螺钉承受作用力大，应按规定力矩和正确方法拧紧。

2.4　可变气缸控制技术

2.4.1　可变气缸控制的意义

从多缸发动机的工作分析可知，发动机各气缸按照工作顺序全部参加做功，这是不合理的，往往导致"大马拉小车"现象，如六缸发动机，在怠速或小负荷时，也仍然六个气缸全部点火做功，造成发动机功率浪费，燃油消耗上升。

第2章 曲柄连杆机构

为此,美国通用汽车公司、克莱斯勒公司、德国奔驰公司、日本本田公司,都先后开发出随汽车外界负荷变化,让部分气缸停止工作的控制技术,美国汽车通用公司称为可变排量技术(Displacement On Demand,DOD),日本本田公司称为可变气缸控制技术(Vacuum Control Modulator,VCM)。

目前比较成功的是本田公司的 VCM 技术,已经应用于广州本田第八代雅阁 3.5L 发动机上,功率可达 206kW(6200r/min 时),它能根据需要,控制发动机在三、四、六缸三种模式工作,既可以作为 V6 发动机工作,也可以"变身"为直列三缸发动机或者 V 形四缸发动机。使用表明,该 VCM 发动机相对于上一代雅阁所搭载的 3.0L 发动机,燃油消耗降低了 7%,90km/h 等速油耗仅为 6.8L,排放达国Ⅳ标准。荣获了"全球十佳发动机"称号。

2.4.2 可变气缸控制发动机基本结构原理

1. 基本结构

以广州本田第八代雅阁 VCM 发动机(图 2-60)为例,其控制机构 i-VTEC(Variable Valve Timing and Valve Life Electronic Control System)是一套可变气门配气相位和气门升程电子控制系统(图 2-61),它由车用电脑控制,能根据需要控制某缸的进排气门的开闭,当进排气门处于关闭时,该气缸便停止工作。其详细的结构原理,请参见第三章的 3.4.1 可变进气管控制系统。

图 2-60 VCM 发动机

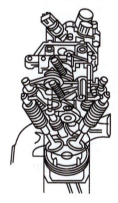
图 2-61 VTEC 系统

2. 工作原理

广州本田第八代雅阁 VCM 发动机有以下三种工作模式:

(1) 全负荷工作模式 在发动机起动、加速或者低档位爬山时,发动机会起动所有的 6 个气缸工作,以满足发动机对动力输出的需求。

(2) 怠速及低负荷工作模式 当发动机怠速或汽车处于中低速运行时,VCM 系统会通过控制 VTEC 系统,关闭发动机一侧的 3 个气缸的进、排气门,并且切断供油,完成从 V6 发动机到直列三缸发动机工作模式的切换,此时,这台 3.5L 发动机的实际工作排量只有 1.75L。

(3) 中负荷工作模式 在中等速度、高速巡航和缓坡行驶时,发动机将会用 4 个气缸来运转。此时,VCM 系统会保持发动机每一列 3 个气缸中靠远端的两个气缸正常工作,另外一个气缸则会被关闭。

VCM 系统对发动机进行变缸操作前，会根据节气门开度传感器、发动机转速传感器、车速传感器、冷却液温度传感器等信号进行数据测算，以便判断是否应当根据当前的工作负荷来启用相应的三缸或者四缸工作方案。此外，该系统还会确定发动机润滑油压力是否支持 VCM 系统进行工作模式的切换，以及在发动机进行变排量操作后，催化转化器的温度是否仍会保持在适当范围内。

如果 VCM 系统判断发动机变缸，那么系统会被命令率先调整点火正时和节气门的开度，以方便气缸开、闭能够平稳过渡。

但是停止做功的这些气缸的火花塞依然在点火，以保证火花塞的温度会在气缸重新投入工作时可以达到工作要求，防止气缸内残余的油气混合物造成火花塞油污，而导致点火效率下降。而且这些气缸的活塞依然处于正常运转状态，以使发动机各个缸内的零件磨损状况一致。至于摇臂和气缸零件在不同温度下磨损程度的不同则非常微小，可以忽略。

为了防止发动机变排量时产生振动和噪声，可通过 VCM 主动控制发动机支承系统来控制发动机振动，通过 ANC 主动噪声控制系统以减少噪声。

发动机是否处于部分气缸工作，可以从仪表板上的"ECO"灯判断，灯亮说明发动机处于三缸或四缸工作模式。当驾驶人把加速踏板踩下深一些，想要获得较大的动力输出时，"ECO"灯马上就会熄灭，如果加速踏板被松开持续 1~3s 后，"ECO"灯又会亮起。

本章小结

1. 曲柄连杆机构包括机体组件［机体（气缸体、曲轴箱）、气缸盖、气缸垫和油底壳等］、活塞连杆组件（活塞、活塞环、活塞销、连杆、连杆轴瓦等）及曲轴飞轮组件（曲轴、飞轮等）。

2. 气缸体分平底式、龙门式、隧道式三种；气缸套有干式、湿式两种；汽油机燃烧室常见有半球形燃烧室、楔形燃烧室、浴盆形燃烧室、多球形燃烧室和篷形燃烧室。不同结构特点，具有不同功能。

3. 活塞一般都采用高强度铝合金制成。其顶部有各种凹坑，组成各种燃烧室；头部有活塞环槽，有的加工有隔热槽、纤维增强合金环等；裙部起导向作用，并承受侧压力。整个活塞呈上小下大，裙部椭圆形；有的开有膨胀槽、采用拖鞋式裙部等防止活塞卡死。

4. 活塞环有气环和油环两类。气环起密封、传热作用，有矩形环、扭曲环、锥面环、梯形环、桶面环、开槽环、顶岸环等各种断面形状；油环起布油、刮油、传热作用，有槽孔式、槽孔撑簧式和组合式三种。活塞环安装时应注意安装位置和方向。

5. 曲轴的曲柄布置应该使各缸点火顺序均匀分布在 720°曲轴转角内。四缸发动机的点火顺序只有 1-2-4-3 和 1-3-4-2 两种。根据曲轴的曲柄布置和点火顺序，可分析多缸发动机各缸的工作状况。

6. 发动机可变气缸控制技术是指发动机能够根据汽车负荷变化，让部分气缸停止工作的控制技术，它可有效降低发动机燃料消耗和排气污染。

第2章 曲柄连杆机构

思考题

1. 名词解释：平底式气缸体、龙门式气缸体、隧道式气缸体、干式气缸套、湿式气缸套、半球形燃烧室、楔形燃烧室、浴盆形燃烧室、气环、油环、矩形环、扭曲环、锥面环、梯形环、桶面环、槽孔油环、槽孔撑簧油环、组合油环、平分连杆、斜分连杆、活塞销的全浮式安装、半浮式安装、全支承曲轴、非全支承曲轴、可变气缸控制技术。

2. 曲柄连杆机构包括哪些组件？各组件又包括哪些零部件？
3. 气缸套有哪两种形式？各有何特点？
4. 活塞结构有何特点？起何作用？
5. 活塞环分哪两大类？各起什么作用？其结构各有何特点？
6. 曲轴为什么要进行轴向定位？如何定位？
7. 已知某四缸四冲程汽油机工作顺序为1-2-4-3，当第三缸处于排气下止点时，请分析其余各缸的工作状态。
8. 广州本田第八代雅阁可变气缸控制技术发动机有哪三种工作模式？

第 3 章 发动机换气系统

本章内容架构

第3章 发动机换气系统
- 3.1 换气系统总体组成与工作原理
- 3.2 换气系统主要部件
- 3.3 四冲程发动机换气过程及其影响因素
- 3.4 发动机可变进气控制技术
- 3.5 发动机废气涡轮增压

教学目标要求、重点与难点

序号	教学目标要求	教学重点	教学难点
1	掌握换气系统的总体组成与工作原理	✓	
2	理解换气系统主要部件的基本结构及工作原理	✓	
3	理解各种类型配气机构结构组成及特点	✓	
4	理解四冲程发动机换气过程及其影响因素	✓	✓
5	掌握配气相位概念及其影响因素		✓
6	理解可变进气管控制系统的结构及工作原理		✓
7	掌握发动机可变配气机构（VTEC）的结构及工作原理	✓	✓
8	掌握废气涡轮增压的基本概念、结构及工作原理	✓	✓
9	能够识别不同类型的配气机构及其零部件	✓	

第 3 章 发动机换气系统

3.1 换气系统总体组成与工作原理

1. 换气系统总体组成

换气系统主要由进气管装置、配气机构与排气管装置等组成（图 3-1）。其拆装与结构认识参见《汽车构造与原理实训》项目 3.1 及其光盘。

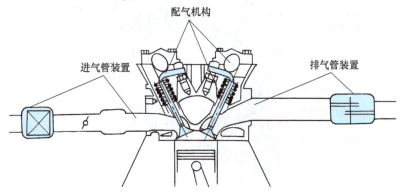

图 3-1 发动机换气系统总体组成

进气管装置由空气滤清器、进气总管、进气歧管及安装在进气管路上的空气流量计、节气门体（汽油机）及一些进气控制装置组成（图 3-2），负责对进气进行过滤、计量后导入至进气门前。

排气管装置由排气歧管、排气总管和排气消声器组成（图 3-3）。其作用是汇集发动机各缸的废气，使之安全地排入大气中。排气管路中通常安装有废气后处理装置。

配气机构由气门组件、传动组件和驱动组件组成（图 3-4）。其作用是根据发动机各缸的工作

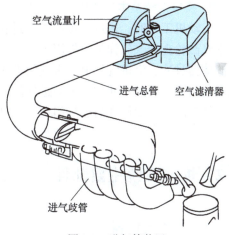

图 3-2 进气管装置

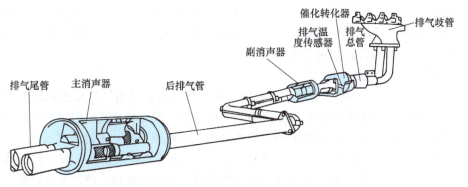

图 3-3 排气管装置

循环和点火次序适时地开启和关闭各缸的进、排气门，使适量的空气或空气与燃油的混合气适时地进入气缸，并适时地将废气排出气缸。

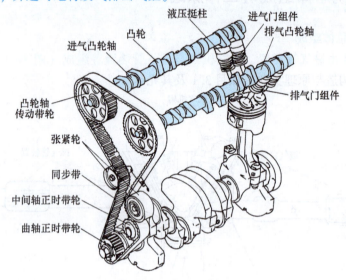

图 3-4　配气机构总体总成

2. 换气系统基本工作原理

发动机工作时，通过同步带带动进排气凸轮轴旋转（图3-4）。当进气凸轮轴对应的某缸进气凸轮克服气门弹簧力作用压下进气门时，进气门开启，气缸开始进气，新鲜空气经空气滤清器过滤，沿进气管道、进气门进入气缸；当进气凸轮轴转到凸轮的基圆段时，该进气门在气门弹簧作用下回位，关闭进气门，进气停止。

排气门的开闭原理与进气门类似，排出的废气经排气管道和排气消声器降低噪声后排入大气。

3.2　换气系统主要部件

3.2.1　空气滤清器

空气滤清器是去除空气中尘埃和油雾的装置。试验证明，空气尘埃中的75%的成分以上是高硬度的SiO_2，若发动机不安装空气滤清器，则将使活塞磨损量增加3倍，活塞环磨损量增加9倍，发动机寿命将缩短2/3。

1. 空气滤清器的分类

1）按工作原理分。有惯性式和过滤式两大类。惯性式是利用气流高速旋转的离心力作用，将空气中的尘埃和杂质分离；过滤式则是利用滤芯材料滤除空气中的尘埃和杂质。根据发动机使用环境不同，可以采用其中的一种或两种（也称综合式）过滤方式。

2）按滤芯材料分。有纸滤芯、铁丝网滤芯等。纸滤芯具有重量轻、成本低、滤清效果好等优点。纸质滤芯有干式和湿式两种。湿式纸质滤芯经油浸处理，使用寿命更长，滤清效果更好，但不能反复使用，需定期更换。干式纸质滤芯可以反复使用，广泛应用于汽车发动机上。

2. 空气滤清器的基本结构与工作原理

以现代乘用车常用的干式纸滤芯空气滤清器为例（图3-5），在滤清器外壳内装有纸滤芯，它是用经过树脂处理的微孔滤纸做成的，滤芯的上下两端由塑料密封圈密封。发动机工作时，空气由盖与外壳间的空隙进入，经纸质滤芯过滤，进入进气总管。

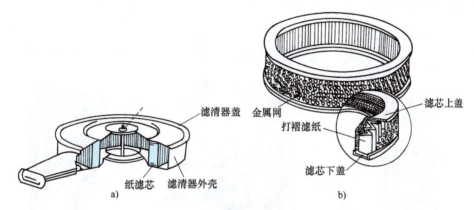

图 3-5　干式纸滤芯空气滤清器
a）滤清器总成　b）纸滤芯

> **想一想**　空气滤清器阻塞后会发生什么情况？如何处理？

3.2.2　排气消声器

发动机工作，排气门刚打开时，排气压力达 0.3~0.5MPa，温度为 600~800℃。同时，由于排气的间歇性，使气流呈脉动形式，如果让废气直接排入大气，必然产生强烈的气流脉动噪声。并且高温气体排入大气，有时还带有未燃烧完全的火焰或火星，也会对环境造成危害。因此，必须在汽车上安装消声器（图3-6），以减小排气噪声和消除废气中的火焰或火星，使废气安全地排入大气。

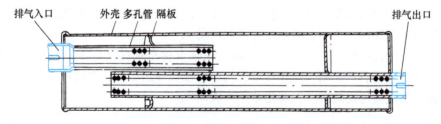

图 3-6　排气消声器构造

消声器的基本工作原理是通过多次地变动排气气流方向或重复地使气流通过收缩又扩大的截面，或将气流分割为许多小的支流并沿着不平滑的平面流动等方法，以消耗废气中的能量，衰减排气气流的压力波，降低噪声。

典型的排气消声器构造如图 3-6 所示。其外壳用薄钢板制造，有的还在消声器内充填吸声材料。消声器两端各有一入口和出口，中间有隔板，将其分隔成几个尺寸不同的消声室，各消声室间用多孔管连接。废气进入多孔管和消声室后，膨胀冷却，不断改变流动方向，逐渐降低和衰减其压力和压力波动，消耗能量，最终使排气噪声得到消减。

3.2.3 配气机构

1. 配气机构的分类

（1）按凸轮轴布置位置分　有下置凸轮轴、中置凸轮轴、上置凸轮轴三种（图 3-7）。

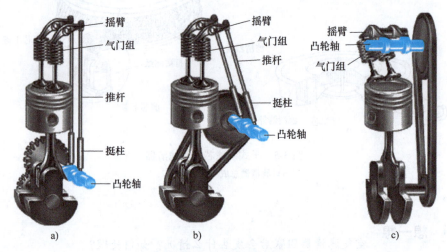

图 3-7　配气机构分类
a）下置凸轮轴　b）中置凸轮轴　c）上置凸轮轴

1）下置凸轮轴配气机构（图 3-7a）。将凸轮轴布置在曲轴箱上，由曲轴正时齿轮带动凸轮轴旋转。其主要优点是凸轮轴离曲轴较近，可用齿轮驱动，传动简单，但存在零件较多、传动链长、系统弹性变形大、影响配气准确性等缺点。在现代乘用车高速发动机中已趋于淘汰。目前国产轻、中型汽车上还有应用。

2）中置凸轮轴配气机构（图 3-7b）。将凸轮轴布置在曲轴箱上。与下置凸轮轴相比，省去了推杆，传动距离更短，传动机构质量更小，由凸轮轴经过挺柱直接驱动摇臂，减小了气门传动机构的往复运动质量，适应更高速的发动机。

3）上置凸轮轴配气机构（图 3-7c）。将凸轮轴直接布置在气缸盖上，直接通过摇臂或凸轮来推动气门的开启和关闭。这种传动机构没有推杆等运动件，系统往复运动质量大大减小，非常适合现代高速发动机，尤其是乘用车发动机。

根据顶置气门凸轮轴的个数，又分为单顶置凸轮轴（SOHC）和双顶置凸轮轴（DOHC）两种（图 3-8）。

单顶置凸轮轴（图 3-8a）仅用一根凸轮轴同时驱动进、排气门，结构简单，布置紧凑。双顶置凸轮轴用两根凸轮轴分别驱动进、排气门（图 3-8b）。这种双凸轮轴布置有利于增加气门数目，提高进排气效率，提高发动机转速，是现代高速发动机配气机构的主要形式。

第3章 发动机换气系统

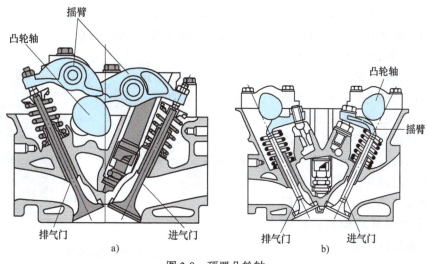

图3-8 顶置凸轮轴
a) 单顶置凸轮轴 b) 双顶置凸轮轴

(2) 按曲轴和配气凸轮轴的传动方式分　可分为齿轮传动、链传动和同步带传动三种。

1) 齿轮传动（图3-7a）。凸轮轴下置、中置的配气机构大多采用齿轮传动。一般从曲轴到凸轮轴间的传动只需一对正时齿轮，必要时可加装中间齿轮。为了啮合平稳，减小噪声，正时齿轮多用斜齿轮。也有的采用夹布胶木制造，以减小噪声。为了装配时保证配气相位的正确，齿轮上都有正时标记，装配时必须按要求对齐。

2) 链传动（图3-9）。链传动多用在凸轮轴顶置的配气机构中。为使传动链在工作时具有一定的张力而不至于脱落，一般装有导链板和张紧轮等。这种传动的优点是布置容易，若传动距离较远时，还可用两级链传动。缺点是结构质量及噪声较大，链的可靠性和耐久性不易得到保证。

3) 同步带传动。现代高速发动机广泛采用同步带传动（图3-7c）。同步带用氯丁橡胶制成，中间夹有玻璃纤维和尼龙织物，以增加强度。同步带的张力可以由张紧轮进行调整。这种传动方式可以减小噪声，减少结构质量和降低成本。

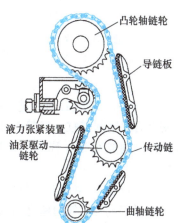

图3-9 凸轮轴的链传动

(3) 按每缸气门的数目分　有2气门、3气门、4气门和5气门配气机构。传统发动机都采用每缸两气门（一个进气门，一个排气门）。为了改善发动机的充气性能，应尽量加大气门的直径，但由于气缸的限制，气门的直径不能超过气缸直径的一半。因此，现代汽车发动机中，普遍采用多气门（3~5气门）结构，使发动机的进排气流通截面积增大，提高了充气效率，改善了发动机的动力性能、经济性能和排放性能。

2. 配气机构主要组件的结构与原理

(1) 气门组件（图3-10）　气门组件由气门、气门座、气门导管、气门弹簧、气门锁夹等零件组成。

1) 气门。气门由头部、杆身和带密封锥面的气门盘组成。气门盘顶面的形状有平顶、凹顶和凸顶（图3-11）。气门盘有一密封锥面，其圆锥角α一般为30°~45°。

气门弹簧座的固定方式有两种。一种是锁夹式（图3-12a），在气门杆端部的沟槽上装有两个半圆形的圆锥形锁夹，弹簧座紧压锁夹，使其紧箍在气门杆端部，从而使弹簧座、锁夹与气门连接成一整体，与气门一起运动。另一种是以锁销代替锁夹（图3-12b），在气门杆端有一个用来安装锁销的径向孔，通过锁销进行连接。

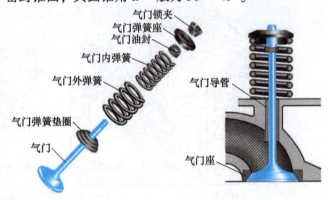

图3-10　气门组件

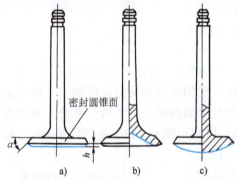

图3-11　气门顶形状
a) 平顶　b) 凹顶　c) 凸顶

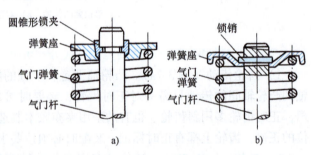

图3-12　气门弹簧座的固定方式
a) 锁夹固定　b) 锁销固定

2) 气门座。气缸盖的进、排气道与气门锥面相贴合的部位称为气门座。它与气门锥面紧密贴合以密封气缸。气门座可在气缸盖上直接镗出，但大多数发动机的气门座是用耐热合金钢单独制成座圈（称气门座圈），压入气缸盖（体）中，以提高使用寿命和便于维修更换。

3) 气门导管和油封。气门导管（图3-10）的作用是在气门做往复直线运动时进行导向，以保证气门与气门座之间的正确配合与开闭。当凸轮直接作用于气门杆端时，气门导管承受侧向作用力并起传热作用。气门导管内、外圆柱面经加工后压入气缸盖中，然后精铰内孔。为防止气门导管在工作中松落，有的采用卡环定位。

气门与气门导管之间留有0.05~0.12mm的间隙，使气门能在导管中自由运动，适量的润滑油由此间隙对气门杆和气门导管进行润滑。该间隙过小，会导致气门杆受热膨胀与气门导管卡死；间隙过大，会使润滑油进入燃烧室燃烧，产生积炭，加剧活塞、气缸和气门的磨损，增加润滑油消耗，同时造成排气管冒蓝烟。为了防止过多的润滑油进入燃烧室，有的在气门导管上安装有橡胶油封。

4) 气门弹簧。气门弹簧的作用是保证气门复位。在气门关闭时，保证气门及时关闭和紧密贴合，同时防止气门在发动机振动时因跳动而破坏密封；在气门开启时，保证气门不因运动惯性而脱离凸轮。

气门弹簧多为圆柱形螺旋弹簧。发动机装用一根气门弹簧时，采用不等距弹簧，以防止共振。装用两根弹簧时，弹簧内、外直径不同，旋向不同，它们同心安装在气门导管的外面，不仅可以提高弹簧的工作可靠性，防止共振的产生，还可以降低发动机的高度。

(2) 凸轮轴组件（图3-13） 凸轮轴机件由凸轮轴7、凸轮轴衬套6和止推凸缘4等组成。

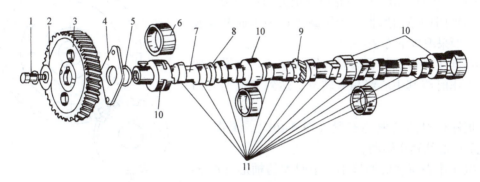

图3-13 凸轮轴组件
1—螺栓 2—垫圈 3—正时齿轮 4—止推凸缘 5—止推座 6—凸轮轴衬套
7—凸轮轴 8—驱动汽油泵的偏心轮 9—驱动分电器的螺旋齿轮
10—凸轮轴轴颈 11—凸轮

凸轮轴上加工有进、排气凸轮11，用以保证各缸进、排气门按一定的工作次序和配气相位及时开闭。凸轮的轮廓决定了气门升程、气门开闭的持续时间和运动规律。凸轮磨损将直接影响气门的开闭特性和发动机的动力、经济等性能。

对于下置凸轮轴的汽油机，还加工有驱动机油泵、分电器的螺旋齿轮9和驱动汽油泵的偏心轮8。

凸轮轴通过衬套6支承在发动机机体上，由正时齿轮3驱动，曲轴每旋转两圈，凸轮轴转一圈，每个气缸要进行一次进气和排气，且各缸进气或排气间隔相等。

为了防止凸轮轴轴向窜动，需要进行轴向定位。常见的轴向定位装置如图3-14所示，止推片2安装在正时齿轮1和凸轮轴第一轴颈3之间，且留有一定间隙。调整止推片的厚度，可控制其轴向间隙的大小。

(3) 凸轮轴传动机构 凸轮轴传动机构是指驱动凸轮轴转动的机构，有齿轮传动、链传动和同步带传动等形式。

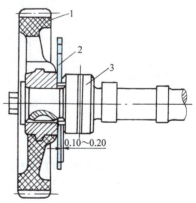

图3-14 凸轮轴的轴向定位装置
1—正时齿轮 2—止推片 3—凸轮轴第一轴颈

传动机构安装时应特别注意曲轴正时齿轮（或链轮、带轮）与凸轮轴正时齿轮（或链轮、带轮）的相互位置关系。安装不当，将严重影响发动机的动力、经济性能，甚至无法进行工作。一般制造厂出厂时都打有配对标记，应严格按要求安装。如图3-15所示，齿轮上的点A应与点B

相互对齐。

(4) 气门驱动机构 气门驱动机构是将凸轮轴的旋转运动变为气门往复运动的机构，主要由气门挺柱、推杆、摇臂、摇臂轴、气门间隙调整螺钉和液压挺柱等组成（图3-7）。

1）挺柱。挺柱的作用是将凸轮的推力传给推杆或气门，承受凸轮旋转时传来的侧向力并传给发动机机体。

常用的有菌形挺柱、平面挺柱和桶形挺柱（图3-16）。挺柱工作时，由于受凸轮侧向推力的作用会引起挺柱与导管间的单面摩擦。为了减小这种单面摩擦及磨损，一般采取以下方法：

①将挺柱工作面制成球面（图3-16a），这样可使挺柱在工作时绕其中心线稍有转动，达到磨损均匀的目的。

②挺柱相对凸轮偏心安置（图3-16b），工作时，挺柱绕其中心线稍作转动。

③挺柱外表面制成两端小、中间大的桶形（图3-16c），当挺柱在座孔中歪斜时，由于它的定位作用仍可保证凸轮面全宽与挺柱表面相接触，从而减小接触应力，并使磨损均匀。

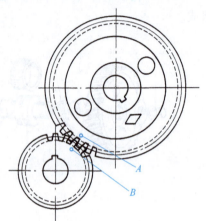

图3-15 正时齿轮安装标记

2）推杆（图3-17）。推杆位于挺柱与摇臂之间，作用是将挺柱传来的推力传给摇臂。推杆上端的凹槽与摇臂上的球头相接触，下端的凸头与挺柱的凹槽相接触。

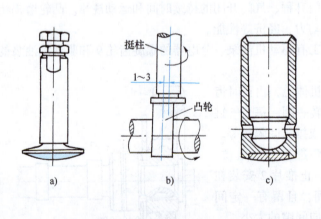

图3-16 气门挺柱的形状
a）菌形挺柱 b）平面挺柱 c）桶形挺柱

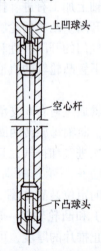

图3-17 推杆

3）摇臂（图3-18）。摇臂实际上是一个双臂杠杆，其作用是将推杆传来的运动和作用力改变方向，作用到气门杆端，开闭气门。同时，利用两边臂的比值（称摇臂比）来改变气门的升程。摇臂通过青铜衬套或滚针轴承支承在空心的摇臂轴上，再一起固定在摇臂轴支座上，再与气缸盖相连。为了防止摇臂窜动，相邻两摇臂之间装有弹簧7。

摇臂内一般钻有油道,与摇臂轴中心相通。压力润滑油充满摇臂轴中心,并从摇臂油孔流出,润滑挺杆及气门杆端等零件(图3-19)。摇臂与气门杆端接触部分接触应力高,且有相对滑移,磨损严重,因此在该部分常堆焊有硬质合金。

4)**气门间隙调整螺钉**。在摇臂一端安装有气门间隙调整螺钉(图3-20),用来调整气门间隙。

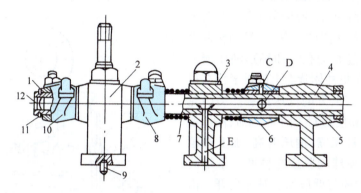

图3-18 摇臂组

1—垫圈 2、3、4—摇臂轴支座 5—摇臂轴 6、8、10—摇臂
7—弹簧 9—定位销 11—锁簧 12—堵头
C、D、E—油孔

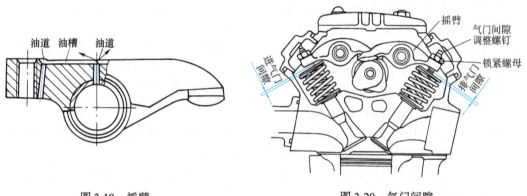

图3-19 摇臂　　　　　　　图3-20 气门间隙

气门间隙是指发动机冷态、气门关闭时,气门与摇臂之间的间隙。其作用是为气门及驱动组件工作时留有受热膨胀的余地。气门间隙的大小由发动机制造厂根据试验确定。一般在冷态时,进气门的间隙为0.25~0.3mm,排气门的间隙为0.30~0.35mm。如果气门间隙过小,发动机在热态下可能关闭不严而发生漏气,导致功率下降,甚至烧坏气门。如果气门间隙过大,则使传动零件之间以及气门与气门座之间撞击声增大,并加速磨损。同时,也会使气门开启的延续角度变小,气缸的充气及排气情况变坏。发动机工作中,由于气门、驱动机构及传动机构零件的磨损,会导致气门间隙产生变化,应注意检查和调整。

5)**液压挺柱**。气门间隙的存在,导致发动机工作时产生敲击噪声。由于气门传动组件的磨损,导致气门间隙变大,使进排气相位改变,增加了检查和调整气门间隙的工作量。**现代乘用车多采用液压挺柱,无须调整气门间隙。**

图3-21所示为桑塔纳和捷达汽车发动机采用的液压挺柱。挺柱体9由上盖和圆筒焊接

成一体，可以在缸盖14的挺柱体孔中上下运动。液压缸套筒12的内孔和外圆都经过精加工研磨，外圆与挺柱内导向孔相配合，内孔则与柱塞11配合，两者都可以相对运动。液压缸底部装有一个补偿弹簧13，把球阀5压靠在柱塞的阀座上，它还可以使挺柱顶面和凸轮表面保持紧密接触，以消除气门间隙。当球阀关闭柱塞中间孔时，可将挺柱分成两个油腔，上部的低压油腔6和下部的高压油腔1；球阀开启后，则形成一个通腔。

当圆筒挺柱体9上的环形油槽与缸盖上的斜油孔4对齐时（图中位置），发动机润滑系统中的润滑油经斜油孔4和环形油槽流入低压油腔6。位于挺柱体背面上的键形槽7可将润滑油引入柱塞上方的低压油腔。当凸轮转动、挺柱体9和柱塞11向下移动时，高压油腔1中的润滑油被压缩，油压升高，加上补偿弹簧13的作用，使球阀紧压在柱塞的下端阀座上，这时高压油腔与低压油腔被分隔开。由于液体具有不可压缩性，整个挺柱如同一个刚体一样下移，推开气门杆15。此时，挺柱环形油槽已与斜油孔4错开，停止进油。

当挺柱达到下止点后开始上行时，在气门弹簧上顶和凸轮下压的作用下，高压油腔封闭，球阀也不会打开，液压挺柱仍可认为是一个刚性挺柱，直至上升到凸轮处于基圆，使气门关闭时为止。此时，缸盖主油道中的压力油经斜油孔4进入挺柱的低压油腔6，同

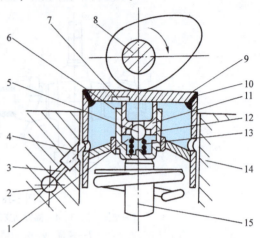

图3-21 桑塔纳和捷达轿车发动机采用的液压挺柱

1—高压油腔 2—缸盖油道 3—油量孔 4—斜油孔
5—球阀 6—低压油腔 7—键形槽 8—凸轮轴
9—挺柱体 10—挺柱体焊缝 11—柱塞
12—液压缸套筒 13—补偿弹簧
14—缸盖 15—气门杆

时，高压油腔1内油压下降，补偿弹簧推动柱塞上行。从低压油腔来的压力油推开球阀而进入高压油腔，使两腔连通充满润滑油。这时挺柱顶面仍和凸轮紧贴。

在气门受热膨胀时，柱塞和液压缸做轴向相对运动，高压油腔中的油液可经过液压缸与柱塞间的缝隙挤入低压油腔。因此，使用液压挺柱时，可以不预留气门间隙。

采用液压挺柱，消除了配气机构中的间隙，减小了各零件的冲击和噪声。同时凸轮轮廓可设计得陡一些，以便气门开启和关闭得更快，减小进、排气阻力，改善发动机的换气，提高发动机的性能（特别是高速性能）。但液压挺柱结构复杂，加工精度要求较高。

3.3 四冲程发动机换气过程及其影响因素

3.3.1 四冲程发动机的换气过程

四冲程发动机的换气过程包括进气过程和排气过程，其气缸压力变化如图3-22所示。

1. 进气过程

从图3-22a气缸压力线可以看出，由于活塞下行及进气门座处节流，气缸内呈负压，新鲜充量能顺利进入气缸。随着气门开启，通道面积增大，气缸压力上升，到进气终了时，由

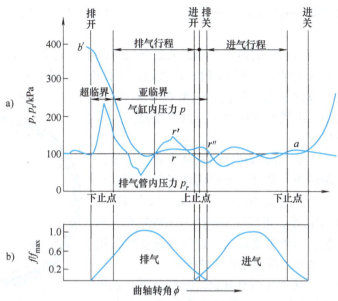

图 3-22 四冲程发动机的换气过程
a）气缸压力、排气管压力变化曲线 b）进、排气门相对流通截面积变化曲线

于进气动能部分转变为压能，缸压又有所提高，接近或略高于进气管内压力。为了增加进气充量，进气门应在上止点前打开，下止点后关闭。

2. 排气过程

排气过程由自由排气和强制排气两个阶段组成。

（1）自由排气阶段 从排气门打开到气缸压力接近于排气管压力的这个时期，称为自由排气阶段。

如图 3-22a 所示，在排气门开启时，气缸内废气压力为 0.2~0.5MPa，缸内压力与排气管压力之比大于临界值 1.9，排气的流动处于超临界状态，废气以当地音速的临界速度流过排气门开启截面。在超临界范围内，废气流量与排气管压力无关，而决定于气缸内的气体状态和气门流通截面的大小。

当排气流速小于音速时，气体的流动转入亚临界状态，此时废气流量将由气缸内和排气管内压力差决定。到某一时刻缸内压力与排气管内压力相近时，自由排气阶段结束，转入强制排气阶段。

自由排气阶段气流速度高，排出的废气量达 60% 以上。为使废气排除更干净，排气门应在下止点前开启，如果排气提前角过小或排气流通截面不足，将增加排气所消耗的功。

（2）强制排气阶段 在这个阶段，废气被上行的活塞强制排出。由于要克服排气系统的阻力，缸内平均压力比排气管内平均压力略高一些。为使废气排除更彻底，排气门可以到上止点后 10°~30°曲轴转角关闭。

3.3.2 配气定时（配气相位）

由发动机换气过程分析可知，为了使进气充分，排气彻底，进气门应在上止点前打开，下止点后关闭；而排气门应在下止点前打开，上止点后关闭。进、排气门实际开启和关闭的时刻以曲轴转角表示即为配气定时，也称配气相位。用环形图表示的配气相位称为配气相位图（图 3-23）。

(1) **进气提前角** 进气提前角指发动机从进气门打开时刻到活塞行至上止点所转过的曲轴转角。其目的是为了保证进气开始时，进气门已开启较大，增加进入气缸的新鲜空气或可燃混合气。非增压发动机进气提前角一般在 0°～40° 曲轴转角。该角度过小，进气充量增加少；该角度过大，又会导致废气流入进气管。

(2) **进气滞后角** 进气滞后角指活塞从下止点行至进气门完全关闭的曲轴转角。其目的是利用进气气流惯性和压力差继续进气。非增压发动机进气滞后角一般在 40°～70° 曲轴转角。该角度过小，进气气流惯性未能得到充分利用，降低了进气充量；而该角度过大，进气气流惯性已用完，会导致已经进入气缸的新鲜充量又被排出。

(3) **排气提前角** 从排气门打开到活塞行至下止点所转过的曲轴转角称为排气提前角。其目的是利用废气压力，使气缸内的废气排得更干净。但排气提前角也不宜过大，否则将造成做功能量损失。非增压发动机一般在 45°～55° 曲轴转角。

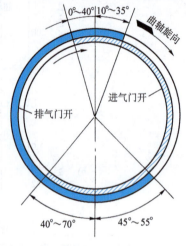

图 3-23 配气相位图

(4) **排气滞后角** 排气滞后角指活塞从上止点到排气门完全关闭所转过的曲轴转角。其目的是利用排气气流惯性使废气排除更干净。非增压发动机该角度一般在 10°～35° 曲轴转角。过大会造成排出的废气又被吸入气缸。

(5) **气门重叠角** 由于进、排气门的早开和迟闭，会有一段时间内进、排气门同时开启，这种现象称为气门重叠，重叠的曲轴转角称为气门重叠角。适宜的气门重叠角，可以利用气流压差和惯性清除残余废气，增加新鲜充量，称为燃烧室扫气。非增压发动机气门重叠角一般为 20°～80° 曲轴转角，增压发动机一般为 80°～160° 曲轴转角，所以增压发动机可以有效提高充气量。

发动机的结构不同，转速不同，配气相位也就不同，最佳的配气相位角是根据发动机的性能要求，通过反复试验确定的。

在使用中，由于配气机构零部件磨损、变形或安装调整不当，会使配气相位产生变化，应定期进行检查和调整。

> **想一想** 如何判断发动机配气相位是否正确？

3.3.3 充气效率

评价发动机换气过程完善的程度可采用充气效率 η_v 作为指标，它是指在每个循环中，实际进入气缸的充量与进气状态下充满气缸工作容积的理论充量的比值，即

$$\eta_v = \frac{V_1}{V_s} = \frac{m_1}{m_s}$$

式中　V_1、m_1——实际进入气缸充量的体积、质量；
　　　V_s、m_s——进气状态下充满气缸工作容积的理论充量的体积、质量。

进气状态是指当时、当地的大气状态（非增压机型）或增压器压气机出口的气体状态（增压机型）。

η_v 越高，表示每个循环进入气缸的充量越多，则发动机的功率、转矩增加，动力性能、经济性能及排放性能也就越好。

柴油机充气效率一般在 0.75~0.9，汽油机在 0.70~0.85。

3.3.4　影响换气过程的因素分析

(1) 进气终了压力 p_a　p_a 值越高，η_v 值也越大。减少进气系统流通阻力，可提高 p_a 值。壁面光滑平直的进、排气管道，气流流通阻力小；在使用中，应特别注意对空气滤清器的清洁保维护，以保证进气畅通，提高 η_v 值。

使用多进气门机构可以有效提高 p_a 值，目前中小排量以上乘用车发动机，已普遍采用4气门结构。

发动机增压，可以较大幅度提高进气终了压力，有效改善发动机性能（见本章3.5）。

(2) 进气终了温度 T_a　T_a 越高，充入气缸中的工质密度越小，新鲜充量越少。适当加大气门重叠角，有利于降低 T_a。

(3) 气缸内残余废气量　残余废气量增多，不仅使 η_v 下降，而且使燃烧不充分，燃油消耗增加，排放恶化。提高压缩比、采用多气门机构、合理的排气相位，都可以减少气缸内残余废气量。

(4) 配气相位　合理的配气正时对提高发动机的充气效率有重要的意义。它可以有效延长进、排气延续时间，利用气流惯性进行充气和扫气。

3.4　发动机可变进气控制技术

3.4.1　可变进气管控制系统

1. 工作原理

发动机工作时，由于进气过程具有间歇性和周期性，空气在进气管内流动时会产生一种压力波，这种压力波对发动机的进气量会产生一定的影响。如在进气门关闭前，传到进气门处的是正压波，可以以较高的压力将空气送入气缸内，起到增压作用，达到提高进气量的效果。进气管长度、直径等进气系统参数的改变都会改变进气压力波，因此适当调整和控制这些参数，可以有效地利用进气压力波提高充气效率。

2. 控制方法

对于由一定长度和直径的进气歧管、进气总管和气室组成的进气系统，在一定的转速范围内，可以增加进气量和发动机转矩。但不能同时兼顾高、低转速时的进气量和转矩。

为了充分利用进气波动效应，现代电控发动机采用了谐波进气控制系统（ACIS），即可变进气管系统。实验证明：在中低转速时，较细长的进气管充气效果较好；而在高转速时，粗短的进气管充气效果较好。因此，对于采用多点燃油喷射系统的汽油机来说，可以按照气体压力波传播的特点设计进气道,使进气道的长度、形状都可以改变,利用进气动态效应来提高充气效率。

(1) 进气管长度可变结构　图3-24所示为一种能根据发动机转速变化而自动改变进气管有效长度的进气控制系统。当发动机中低速运转时,发动机电控单元（ECU）指令转换阀关闭,空气沿弯曲而细长的进气歧管进入气缸。细长的进气歧管增强了气流的惯性,提高了进气速度,进气量增多;当发动机高速运转时,转换阀开启,空气直接进入短粗的进气歧管。短粗的进气歧管阻力小,使进气增多。

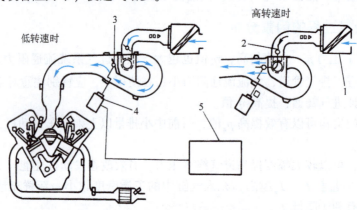

图3-24　进气管长度可变结构
1—空气滤清器　2—节气门　3—转换阀　4—转换阀控制机构
5—发动机电控单元（ECU）

(2) 进气管截面可变结构　图3-25所示为一种能根据发动机转速变化而自动改变进气管有效截面的进气控制系统。图中显示每个气缸有4个气门（2个进气门和2个排气门）,2个进气门各配有1个进气管道,其中1个进气通道中装有进气转换阀。当发动机低速中、小负荷工作时,转换阀关闭,只利用1个进气通道,即发动机进气通道的有效截面变小,此时进气流速提高,进气惯性大,可提高发动机转矩;当发动机高转速大负荷工作时,ECU指令转换阀开启,两条进气通道同时工作,此时进气截面增加,进气阻力减小,充气量增加,可提高发动机高速时的动力性。

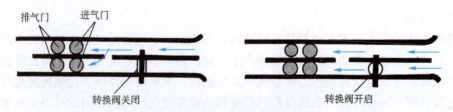

图3-25　进气管截面可变结构

还有一些进气可变系统可以同时控制进气管道的长度与直径（有效截面）。

3.4.2　可变配气机构控制技术

1. 可变配气机构作用

气门正时（进排气门开闭的时间）与气门升程（气门打开的程度）是影响发动机性能和充气效率的重要因素。发动机运转过程中,高速和低速对气门正时的要求是不同的,低速

第3章 发动机换气系统

时应采用小的气门重叠角和气门升程,防止缸内新鲜空气倒流,以便增加低速转矩,提高燃油经济性,而高速时应采用大的气门重叠角和气门升程,以便气缸进入更多的混合气以满足高速时的动力性能要求。

传统的发动机配气机构在发动机制造装配好之后,气门正时及气门升程便无法改变,这就导致在非设计工况下发动机无法发挥出最佳性能。随着发动机电控技术的发展,各种可变配气机构便应运而生。

2. 可变配气机构类型

可变配气机构分类如图3-26所示。目前广泛应用的均为有凸轮轴的可变配气机构,无凸轮轴的可变配气机构国内外仍处于实验研究阶段。

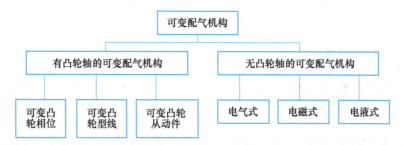

图3-26 可变配气机构分类

> **找一找** 找几种不同类型的可变配气机构,比较他们的结构原理和特点。

3. 可变配气机构结构原理

以日本本田汽车公司的"可变气门配气相位和气门升程电子控制系统"(Variable Valve Timing and Valve Lift Electronic Control System,VTEC)为例说明可变配气机构结构原理,该机构主要由气门、凸轮、摇臂、同步活塞等组成(图3-27)。

凸轮轴对应的每一缸有5段凸轮参加工作(图3-28),其中排气凸轮2、6与常规排气凸轮相同。进气凸轮有3个,主进气凸轮3有较大的进气提前角和较大的气门升程,辅助进气凸轮5有较小的进气提前角和较小的气门升程,与常规进气凸轮比还增加了一个中间进气凸轮4,其具有最大的进气提前角和最大的气门升程。

3个进气凸轮分别驱动3根摇臂(图3-29),与主凸轮、辅助凸轮和中间凸轮相对应的摇臂分别为主摇臂7、辅助摇臂5和中间摇臂6。3根摇臂内部装有由液压控制移动的同

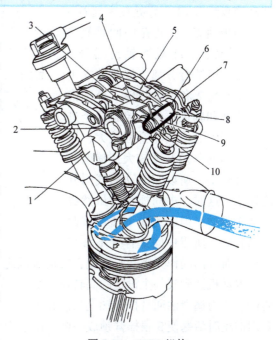

图3-27 VTEC机构
1—凸轮轴 2—摇臂轴 3—主摇臂 4—正时板
5—中间摇臂 6—止推活塞 7—辅助摇臂
8—同步活塞B 9—同步活塞A 10—正时活塞

69

步活塞A、B、正时活塞1等。

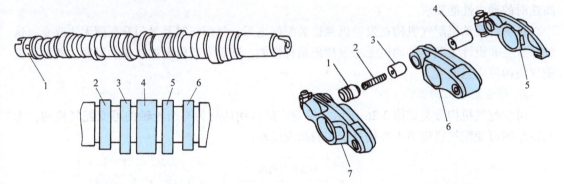

图3-28　5段工作凸轮
1—凸轮轴　2、6—排气凸轮　3—主进气凸轮
4—中间进气凸轮　5—辅助进气凸轮

图3-29　摇臂组件
1—正时活塞　2—正时活塞弹簧　3—同步活塞A
4—同步活塞B　5—辅助摇臂
6—中间摇臂　7—主摇臂

发动机低速运转时，VTEC机构的油道内没有润滑油压力，正时活塞、同步活塞和止推活塞在回位弹簧的作用下都处于左端（图3-30），正时板卡入正时活塞14，使其不能移动，此时正时活塞和同步活塞13正好处在主摇臂5内，同步活塞12处在中间摇臂6内，止推活塞11处在辅助摇臂7内，使3根摇臂分离，彼此独立工作。主凸轮2和辅助凸轮4分别推动主摇臂和辅助摇臂，控制两个进气门的开闭。主凸轮升程较大，所以它驱动的气门开度较大；辅助凸轮升程较小，所以它驱动的气门开度较小。这时，中间摇臂6虽然也被凸轮驱动，但因为3个摇臂彼此分离独立，所以中间摇臂并不参与工作，对气门动作无影响。因此，发动机低速时，VTEC工作和普通发动机相似。

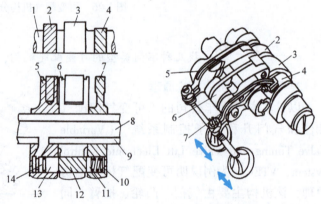

图3-30　发动机低速运转
1—凸轮轴　2—主凸轮　3—中间凸轮　4—辅助凸轮　5—主摇臂
6—中间摇臂　7—辅助摇臂　8—摇臂轴中心油道　9—摇臂轴
10—止推活塞弹簧　11—止推活塞　12—同步活塞B
13—同步活塞A　14—正时活塞

发动机达到某一个设定的高转速（如3000r/min）时，由ECU传来的信号打开VTEC电磁阀，压力润滑油通过摇臂轴上的油孔16（图3-31）进入正时活塞，正时板移出，推动摇臂内的正时活塞使3根摇臂锁成一体。由于中间凸轮升程最高，摇臂锁为一体后由它驱动，进气门开启时间延长，升程增加。所以发动机高速运转时，VTEC系统改变气门正时和气门升程，使发动机功率和转矩提高。

第3章 发动机换气系统

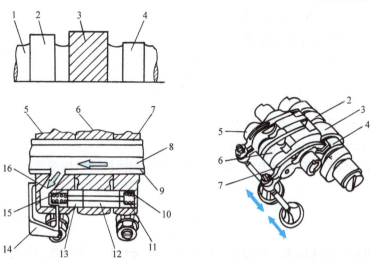

图3-31 发动机高速运转
1—凸轮轴 2—主凸轮 3—中间凸轮 4—辅助凸轮 5—主摇臂 6—中间摇臂 7—辅助摇臂 8—摇臂轴中心油道 9—摇臂轴 10—止推活塞弹簧 11—止推活塞 12—同步活塞B 13—同步活塞A 14—正时板 15—正时活塞 16—摇臂轴油孔

当发动机转速再次降低到某一个设定的低转速时,VTEC电磁阀断电,切断油路,摇臂内的液压也随之降低,活塞在回位弹簧作用下退回原位,3根摇臂再次分离,独立工作。

发动机控制单元(ECU)根据转速传感器、车速传感器、冷却液温度传感器、负荷传感器等的信号进行判断,输出相应的控制信号,通过电磁阀3调节摇臂内活塞液压系统,使发动机在不同的工况下由不同的凸轮控制,从而使进气门的开度和正时处于较佳状态。VTEC电磁阀开启后,控制系统通过压力开关2反馈一信号给ECU,以监控系统工作(图3-32)。

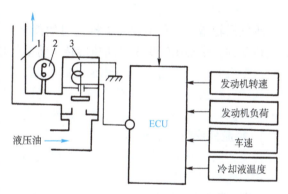

图3-32 VTEC控制系统
1—液压油道 2—压力开关 3—电磁阀

3.5 发动机废气涡轮增压

3.5.1 增压基本概念

增压就是将空气预先压缩后再供入气缸,以提高进气密度、增加进气量的一项技术。

由于进气量的增加,可相应地增加循环供油量,从而增加发动机的功率,一般可增加功率10%～60%,有的甚至成倍增长;增压还可以改善燃油经济性,降低有害气体排放,其

CO 和 HC 的排放仅为非增压发动机的 1/3 ~ 1/2。

进气增压程度常用以下两个参数衡量：

(1) 增压度 增压度 φ 是指发动机增压后增长的功率与增压前的功率之比，即

$$\varphi = \frac{P_{ek} - P_{e0}}{P_{e0}} = \frac{P_{ek}}{P_{e0}} - 1$$

式中 P_{ek}——发动机增压后的有效功率；

P_{e0}——发动机增压前的有效功率。

多数车用发动机的增压度在 0.1 ~ 0.6，而高增压柴油机的增压度可达 3 以上。

(2) 增压比 增压比 π_b 是指增压后空气压力 p_b 与增压前空气压力 p_0 之比。

$$\pi_b = \frac{p_b}{p_0}$$

增压发动机按增压比的大小可分为：低增压（$\pi_b < 1.5$）、中增压（$1.5 < \pi_b \leq 2.5$）、高增压（$2.5 < \pi_b \leq 3.5$）和超高增压（$\pi_b > 3.5$）。

进气增压的方法有废气涡轮增压、机械增压、气波增压等，其中以废气涡轮增压技术最为成熟，其效率高，应用最广。

3.5.2 废气涡轮增压

1. 基本结构与工作原理

废气涡轮增压是利用发动机排气时的能量，冲击涡轮机 2（图 3-33），使它高速旋转。通过传动轴，带动压气机 3 也高速旋转，将空气增压，再经进气管进入气缸。

涡轮机与压气机通过中间体组装在一起，称为增压器。按废气在涡轮机中的不同流动方向可分为径流式和轴流式两大类，车用发动机多用径流式涡轮增压器。

2. 径流式涡轮增压器

径流式涡轮增压器由离心式压气机（动力涡轮）、径流式涡轮机（增压涡轮）和中间体三部分组成（图 3-34）。增压器轴 5 通过两个浮动轴承支承在中间体内。

(1) 离心式压气机（图 3-35） 离心式压气机由进气道、叶轮 2、叶片式扩压管 3 及蜗壳 4 组成。叶轮包括叶片 1 和轮毂，由增压器轴带动旋转。

当压气机旋转时，空气经进气道轴向进入叶轮 2，在离心力的作用下被压缩并被甩到叶轮外缘。空气从旋转的叶轮处获得能量，使其流速、压力和温度均有较大的提高，然后进入叶片式扩压管 3。扩压管是一个断面渐扩的通道，空气流过扩压管时流速降低，压力和温度均升高，气流将在叶轮中得到的动能大部分转变为压力能。

扩压管分为叶片式和无叶式两种。无叶式扩压管实际上是由蜗壳和中间体侧壁所形成的环形空间。无叶式扩压管构造简单，工况变化时对压气机的效率影响较小，适于车用增压

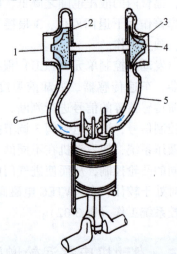

图 3-33 废气涡轮增压示意图
1—排气口 2—涡轮机 3—压气机
4—进气口 5—进气管 6—排气管

第3章 发动机换气系统

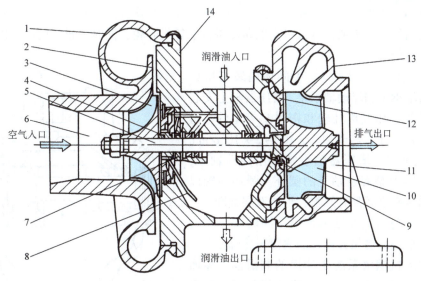

图3-34 径流式涡轮增压器

1—压气机蜗壳 2—无叶式扩压管 3—压气机叶轮 4—密封套 5—增压器轴
6—进气道 7—推力轴承 8—挡油板 9—浮动轴承 10—涡轮机叶轮
11—出气道 12—隔热板 13—涡轮机蜗壳 14—中间体

器。叶片式扩压管是由相邻叶片构成的流道,其扩压比大,效率高,但结构复杂,工况变化时对压气机效率影响较大。蜗壳4收集从扩压器流出的空气,并继续将动能转变为压力能,引向压气机的出口。

(2) 径流式涡轮机(图3-36) 径流式涡轮机是将发动机排气能量转变为机械功的装置。由蜗壳4、叶片式喷管3、叶轮1和出气道等组成。

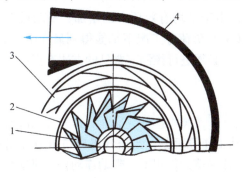 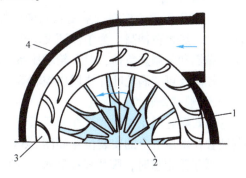

图3-35 离心式压气机示意图　　　　图3-36 径流式涡轮机示意图
1—压气机叶片 2—叶轮　　　　　　1—叶轮 2—叶片 3—叶片式喷管 4—蜗壳
3—叶片式扩压管 4—蜗壳

蜗壳4的进口与发动机的排气管相连,发动机排气经蜗壳引导进入叶片式喷管3。喷管是相邻叶片构成的渐缩形流道。排气流过喷管时降压、降温、增速、膨胀,使排气的压力转变为动能。由喷管喷出的高速气流冲击叶轮1,并在叶片2所形成的流道中继续膨胀做功,推动叶轮旋转。

涡轮机的喷管也有叶片式和无叶式两种。现代车用径流式涡轮机多采用无叶式喷管。涡轮机的蜗壳引导发动机的排气以一定的角度进入涡轮机叶轮，同时将排气的压力能和热能部分地转变为动能。

(3) 中间体（图3-37）　中间体内装有增压器轴及推力轴承1和浮动轴承4。增压器轴上安装有涡轮机叶轮、压气机叶轮和密封套等零件，组成涡轮增压器转子，转子以 $1\times 10^5 \sim 2\times 10^5$ r/min 的速度高速旋转。增压器轴承常采用浮动轴承，浮动轴承实际上是套在轴上的圆环。圆环与轴以及圆环与轴承座之间都有间隙，形成双层油膜。

增压器轴与增压器轴承是车用涡轮增压器可靠性的关键部位，要保证良好的润滑与冷却。

来自发动机润滑系统主油道的润滑油，经增压器中间体上的润滑油入口2进入增压器，润滑和冷却增压器轴和轴承。然后经中间体上的润滑油出口返回发动机油底壳。在增压器轴上装有油封，用来防止润滑油窜入压气机或涡轮机蜗壳内。如油封损坏，将导致润滑油消耗量增加和排气冒蓝烟。

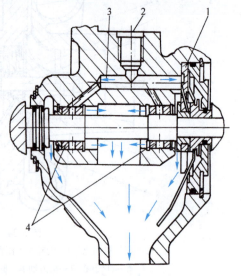

图3-37　中间体
1—推力轴承　2—润滑油入口
3—润滑油道　4—浮动轴承

由于汽油机增压器的热负荷大，因此在增压器中间体的涡轮机侧设置冷却水套，并用软管与发动机的冷却系连通。冷却液从中间体上的冷却液进口流入冷却水套，从冷却液出口流回发动机冷却系。冷却液在中间体的冷却水套中循环，对增压器轴及增压器轴承进行冷却。

3. 增压系统的控制

(1) 增压压力的控制　采用涡轮增压技术后，由于平均有效压力的增加，发动机爆燃倾向增大，热负荷偏高。为了保证发动机在不同转速及负荷等工况下都能得到最佳增压值，并防止爆燃和限制热负荷，对涡轮增压系统增压压力必须进行控制。常见的方式有旁通式涡轮增压控制及可变涡轮叶片式增压控制等。

1) 旁通式涡轮增压控制。

旁通式涡轮增压控制通常在增压系统中设有进气旁通阀或排气旁通阀。 排气旁通阀及其控制装置在增压器上的安装位置如图3-38所示。其工作原理是，当压气机出口压力（增压压力）低于限定值时，膜片式控制阀1的膜片在膜片弹簧的作用下，带动连动杆2使排气旁通阀保持关闭状态。当增压压力超过限定值时，增压压力克服膜片弹簧力，推动膜片并带动连动杆将排气旁通阀打开，使部分排气不经过涡轮机直接排放到大气中，从而达到控制增压压力及涡轮转速的目的。

进气旁通阀的工作原理与排气旁通阀类似。

现代电控汽油机中，排气旁通阀通常由ECU控制。 图3-39所示为ECU控制增压压力系统原理。在ECU存储器中，存储着发动机增压压力特性图的有关数据。在发动机工作时，ECU根据增压压力等传感器输入的信息，确定当时的实际进气增压压力，并与理论压力值进行比较。若实际增压压力值与理论压力值不符，ECU就输出控制信号，通过对增压压力电磁阀6进行控制,改变膜片式控制阀7上的压力,使旁通阀5动作,改变实际增压压力。即当实际进气压力低于理论值时,旁通阀关闭;当进气压力高于理论值时,旁通阀打开。

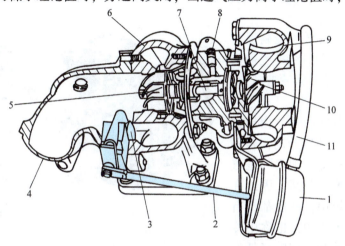

图 3-38 排气旁通阀的安装位置

1—膜片式控制阀 2—连动杆 3—排气旁通阀 4—排气管 5—涡轮机叶轮
6—涡轮机蜗壳 7—增压器轴 8—中间体 9—压气机蜗壳
10—压气机叶轮 11—连通管

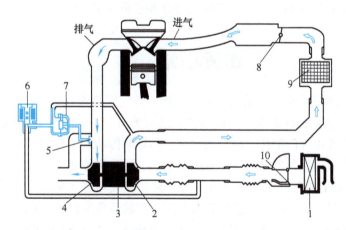

图 3-39 ECU 控制增压压力系统原理

1—空气滤清器 2—压气机 3—涡轮增压器 4—涡轮机 5—旁通阀
6—增压压力电磁阀 7—膜片式控制阀 8—节气门
9—冷却器 10—空气流量计

2)可变涡轮叶片式增压控制。

可变涡轮叶片式增压控制在涡轮的外侧加了一环可通过电子系统控制角度的叶片,把发动机排出的废气导向到排气侧的涡轮叶片上(图3-40a)。

当发动机的转速较低时,废气压力较低,导流叶片打开角度较小,根据流体力学原理,在导向叶片出口处的气流速度会增加,到达涡轮排气侧叶片上的气体压强会增大,从而能够提高发动机低转速下涡轮的转速,减轻"涡轮延迟"现象(图3-40b)。

随着发动机的转速的提高，导向叶片的角度逐渐变大。当发动机达到最大负荷时，导向叶片完全打开，与排气侧主体涡轮形成一个更大的叶片，达到大涡轮的输出效果（图3-40c）。

可变涡轮叶片式增压控制通过导向叶片改变废气作用在排气侧涡轮叶片上的压力，控制涡轮的转速，从而控制涡轮的增压压力。

(2) 增压空气的冷却　由于进气增压，空气温度必然升高，若不对增压空气进行冷却，则实际进气充量减少，影响增压效果。因此在废气涡轮增压系统中，一般都带有冷却器9（参见图3-39，也称中冷器）对进气进行冷却，同时降低发动机的热负荷和排气温度以提高充气效率。试验证明，增压空气温度每降低10℃，柴油机的循环平均温度可降低25～30℃，在压缩比为1.5～2时，供气量能比不用中冷器时提高10%～18%，发动机的动力性和经济性都会得到改善。

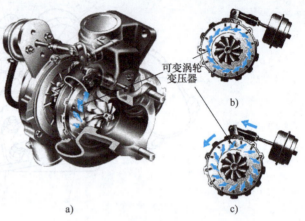

图3-40　可变涡轮叶片增压控制
a) 可变涡轮叶片增压器　b) 低速时　c) 高速时

本章小结

1. 发动机换气系统由进气管装置、配气机构、排气管装置等组成。

2. 配气机构的作用是根据发动机的需要，适时地开启和关闭各缸的进、排气门，进行进气和排气。它主要由气门组件、凸轮轴组件、凸轮轴传动组件和气门驱动组件组成。现代乘用车发动机较多采用顶置多气门、上置凸轮轴式、同步带传动式结构。

3. 四冲程发动机的换气过程含自由排气、强制排气和进气阶段。在换气过程中，进、排气门均早开和迟闭。进、排气门实际开闭时刻用曲轴转角来表示，称为配气相位。

4. 充气效率是评价发动机换气过程完善程度的指标，它是指每循环实际进入气缸的充量与进气状态下充满气缸工作容积的理论充量的比值。影响充气效率 η_v 的因素有进气终了的气缸压力和温度、残余废气量、压缩比及配气正时等。正确安装并定时检查调整配气相位，定时检查调整气门间隙，定时清洁维护空气滤清器对提高充气效率影响极大。

5. 可变进气管控制系统可根据发动机转速等参数的变化，自动调节进气管长度和流通截面，利用气流的波动效应来增加进气量，提高充气效率。

6. 可变气门控制系统能根据发动机的运行状况而改变气门升程和气门开启的时间，使发动机在所有工作转速下都能获得较佳的配气相位和气门升程，提高发动机的动力性能和经济性能。

7. 增压是提高发动机功率，降低燃料消耗，减少排气污染的有效途径之一。废气涡轮增压是利用发动机排出的具有一定能量的废气，通过增压器，对进气进行增压。它主要由涡

第 3 章 发动机换气系统

轮增压器、增压压力控制阀及冷却器等组成。为保证发动机在不同转速及负荷等工况下都能得到最佳增压值，现代发动机常采用 ECU 控制增压压力。常见的方式有旁通式涡轮增压控制及可变涡轮叶片式增压控制。

思考题

1. 名词解释：进气提前角、进气滞后角、排气提前角、排气滞后角、气门重叠角、配气相位、充气效率、气门间隙、发动机增压、增压度、增压比。
2. 配气机构的作用是什么？主要由哪些部件组成？
3. 气门间隙过大、过小对发动机工作性能有哪些影响？一般的调整数值范围是多少？如何进行调整？
4. 分析提高充气效率的措施有哪些？配气相位不当会造成什么后果？如何正确安装与检查调整配气相位？
5. 分析本田 VTEC 系统的基本结构和工作原理。
6. 废气涡轮增压对提高发动机性能有何作用？
7. 叙述废气涡轮增压的基本结构与工作原理。

第 4 章 汽油机燃料供给系统

本章内容架构

```
第4章  汽油机燃料供给系统
    ├── 4.1 汽油机燃烧基础
    ├── 4.2 汽油燃料供给系统构造与工作原理
    └── 4.3 稀薄燃烧与缸内直喷电子控制技术
```

教学目标要求、重点与难点

序号	教学目标要求	教学重点	教学难点
1	掌握汽油机对燃料供给系的基本要求	✓	
2	掌握电控燃油喷射的基本组成与工作原理	✓	
3	掌握电控燃油喷射主要装置的构造原理	✓	✓
4	掌握稀薄燃烧和缸内直喷电子控制技术基本原理	✓	
5	能够识别不同类型的汽油喷射装置及其零部件	✓	

第4章 汽油机燃料供给系统

4.1 汽油机燃烧基础

4.1.1 汽油机工况及其对混合气的要求

1. 发动机工况与混合气

（1）发动机工况　发动机的工作状况简称工况，通常用发动机的转速和负荷来表示。

（2）发动机负荷　发动机负荷是指发动机的外部载荷。发动机输出的动力随外部载荷而变化。

（3）混合气　混合气是指进入发动机的汽油与空气的混合气体。发动机在不同的工况下工作要求供给不同浓度的混合气。

混合气的浓度通常用空燃比 α 来表示，空燃比是每工作循环充入气缸的空气量与燃油量的质量比（$α=A/F$）。根据化学反应，理论上可燃混合气完全燃烧时，其空燃比为14.7。

混合气的浓度也可以用过量空气系数来表示，过量空气系数是气缸内的实际空气量与喷入气缸内的燃料完全燃烧所需的理论空气量的质量比，常用符号 ϕ_a 来表示。$\phi_a=1$ 为理论混合气，$\phi_a<1$ 为浓混合气，$\phi_a>1$ 为稀混合气。$1.05<\phi_a<1.15$ 为经济混合气，因为这时候汽油机工作燃油消耗最小；$0.85<\phi_a<0.95$ 为功率混合气，因为此时燃烧速度最高，汽油机发出的功率最大。当混合气加浓到 $\phi_a<0.4$ 时，由于燃烧过程中严重缺氧，将使火焰无法传播，此 ϕ_a 值称为火焰传播上限；当混合气过稀到 $\phi_a>1.4$ 时，燃料分子之间的距离将增大到火焰不能传播的程度，此 ϕ_a 值称为火焰传播下限。

2. 汽油机对混合气的要求

（1）冷起动工况　起动是指发动机由静止到正常运转的过程。当熄火时间较长、发动机温度已下降至环境温度时的起动称为冷起动。冷起动时，发动机温度低，汽油蒸发困难，只有供给极浓的混合气（$\phi_a=0.2\sim0.6$），才能保证进入气缸内的混合气中有足够的汽油蒸气，以利于发动机起动。

（2）暖机工况　暖机一般是指冷起动后，发动机的温度逐渐升高到正常工作温度的过程。在暖机过程中，混合气的浓度应随温度升高而减小，从起动时的极浓减小到稳定怠速运转所要求的浓度为止。

（3）怠速工况　怠速是指发动机不对外输出动力，做功行程产生的动力只用来克服发动机的内部阻力，维持发动机以最低稳定转速运转。汽油机怠速转速一般为 700~900r/min。

在怠速工况下，进入气缸内的混合气很少，气缸内残余废气对混合气稀释严重，而且转速低，空气流速小，汽油雾化和蒸发不良，混合气形成不均匀。因此，要求供给 $\phi_a=0.6\sim0.8$ 的少量浓混合气。

（4）小负荷工况　发动机负荷在25%以下时称为小负荷。由于小负荷时，混合气的数量比怠速时有所提高，废气对混合气的稀释作用也有所减弱，因而混合气浓度可以适当减小，一般 $\phi_a=0.75\sim0.9$。

（5）中等负荷工况　发动机负荷在25%~85%之间称为中等负荷。由于进入气缸的混合气数量增多，此时燃烧条件较好。此外，汽车发动机大部分的时间处于中等负荷下工作，为提高其经济性，应供给较稀的经济混合气，一般 $\phi_a=1.0\sim1.15$。

（6）大负荷和全负荷工况　发动机负荷在85%以上时称为大负荷，负荷为100%时称为全负荷。此时，为了克服较大的外部阻力，要求发动机发出尽可能大的功率。因此，应供给较浓、量多的功率混合气，一般$\phi_a = 0.85 \sim 0.95$。

（7）加速工况　加速是指发动机负荷迅速增加的过程。急加速时（如超车），节气门迅速开大，要求发动机的动力迅速提高，因此必须额外供油，加浓混合气，以满足发动机急加速的要求。

汽油机各工况对可燃混合气的要求见表4-1。

表4-1　汽油机各工况对可燃混合气的要求

汽油机工况	空燃比（A/F）（过量空气系数ϕ_a）	汽油机工况	空燃比（A/F）（过量空气系数ϕ_a）
起动（0℃）	约2（$\phi_a = 0.2$）	小负荷	12～13（$\phi_a = 0.75 \sim 0.9$）
起动（20℃）	约5（$\phi_a = 0.4$）	中等负荷(经济车速)	15～18（$\phi_a = 1.0 \sim 1.15$）
暖机	6～11（$\phi_a = 0.5 \sim 0.6$）	大负荷	12～13（$\phi_a = 0.85 \sim 0.95$）
急速	约11（$\phi_a = 0.6 \sim 0.8$）	加速	约8（$\phi_a = 0.4 \sim 0.6$）

> **找一找**　汽油的牌号有哪些？如何选用汽油？

4.1.2　汽油机燃料的燃烧过程

汽油机工作的好坏，不仅与混合气的浓度有关，而且与汽油机的燃烧过程紧密相关。

1. 汽油机的正常燃烧

根据正常燃烧过程中气缸压力的变化，可将燃烧过程分为三个阶段（图4-1）。

（1）着火延迟期　从点火开始（1点）到火焰核心形成（2点）的这段时期，称为着火延迟期。这一时期主要进行物理、化学准备，它约占全部燃烧时间的15%。

由于可燃混合气存在着火延迟，必须使点火提早到上止点前进行，使缸内压力在上止点附近达到最大值。火花塞在跳火瞬时到活塞行至上止点时所转过的曲轴转角，称为点火提前角θ，它对发动机的动力性、经济性和排放性能影响极大。

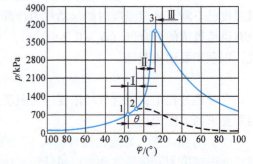

图4-1　汽油机正常燃烧过程
Ⅰ—着火延迟期　Ⅱ—速燃期　Ⅲ—后燃期
1—开始点火　2—形成火焰核心　3—最高压力点

点火提前角过大（点火过早），会使最高燃烧压力出现在压缩行程的上止点以前，最高压力及压力升高率过大，活塞上行消耗的压缩功增加，发动机容易过热，有效功率下降，工作粗暴程度增加。

点火提前角过小（点火过迟），燃烧开始时活塞已向下止点移动相当一段距离，使混合气的燃烧在较大容积下进行，炽热的燃气与缸壁接触面积大，散热损失增多，最高压力降低，且膨胀不充分，使排气温度过高，发动机过热，功率下降，耗油量增多。有时还会造成进气管道"回火"或排气管"放炮"现象，排气污染变大。

使发动机运转平稳、功率大、油耗低、排污低的点火提前角称为最佳点火提前角。发动机应保持在最佳点火提前角下工作。

(2) **速燃期** 从火焰核心形成（2 点）开始，到气缸内出现最高压力点（3 点）为止，这段时间称为速燃期（又称火焰传播时期）。在此时期内，火焰由中心迅速向外传播，直到烧遍整个燃烧室。燃料热能的绝大部分在此时期放出，使气缸内的压力、温度迅速上升。这一时期是燃烧过程的主要阶段。

最高压力点 3 的到达时刻，对发动机的动力性、经济性、排放性及压力升高率等都有重大影响。3 点的位置可以用点火提前角 θ 来调整。

(3) **后燃期** 从速燃期终了到燃料基本燃烧完的这一段时期称为后燃期。后燃期活塞下行，气缸容积变大，废气增多，燃烧条件恶化，容易产生冒黑烟现象，应尽量缩短。

2. 汽油机的非正常燃烧

汽油机的非正常燃烧现象主要有爆燃和表面点火。

(1) **爆燃** 当火花塞点火后，正常火焰传来之前，末端混合气即自燃并急速燃烧，产生爆炸性冲击波和尖锐的金属敲击声的现象称为爆燃。

汽油机爆燃时有以下外部特征：气缸内有金属撞击声（敲缸）；发动机过热（冷却液温度表显示温度过高）；在轻微爆燃时，发动机功率略有增加。强烈爆燃时，发动机功率下降，油耗上升；缸内压力线出现锯齿形爆燃波（图 4-2）。

汽油机发生爆燃的原因主要是：末端混合气受到不正常的热辐射或压缩等原因，使本身的温度不断升高，出现一个或数个火焰中心，以 100 ~ 300m/s（轻微爆燃）直到 800 ~ 1500m/s 或以上（强烈爆燃）的速度传播火焰，产生高频冲击波多次撞击燃烧室，发出尖锐金属敲击声。

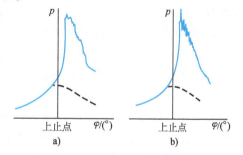

图 4-2 爆燃时的 p-φ 图
a) 弱爆燃 b) 强爆燃

点火提前角过大或负荷增大，爆燃倾向增加。在这种情况下，只要适当减小点火提前角或放松加速踏板，就可以临时消除爆燃。

高压缩比发动机选用低牌号汽油，也容易产生爆燃。

气缸直径过大、压缩比过高，爆燃倾向也增加，所以汽油机的缸径通常在 100mm 以下，压缩比在 10 左右。

(2) **表面点火** 由燃烧室内炽热部分（排气门盘端面、火花塞电极、金属突出点或积炭等）点燃混合气的现象称为表面点火或炽热点火。

表面点火发生在火花塞点火之前的现象称为早火。由于它提前点火而且热点表面比火花塞大，使燃烧速度加快，气缸压力、温度增高，发动机工作粗暴，并且压缩功增大，向缸壁传热增加，致使发动机功率下降，火花塞、活塞等零件过热。

后火是指表面点火发生在火花塞点火之后的现象。在炽热点的温度比较低时，电火花点燃混合气后，在火焰传播的过程中，炽热点点燃其余混合气，这种现象可在发动机断火以后发现，这时发动机仍像有电火花一样继续运转，直到炽热点温度下降以后，发动机才停车。

发动机燃烧不良，气缸积炭过多，容易造成表面点火，应及时检查原因，清除积炭。

> **想一想** 如何识别爆燃？如何改进或处理爆燃？

4.2 汽油燃料供给系统构造与工作原理

4.2.1 概述

1. 汽油燃料供给系统的发展

汽油机燃料供给系统经历了化油器和电子控制喷射两大阶段。1892年，美国人杜里埃发明喉管形喷雾化油器（图4-3），成为其后上百年使用化油器的先河。

1967年，德国Bosch（博世）公司推出电控燃油喷射装置（Electronic Fuel Injection，EFI），成为内燃机发展史上的又一重大突破。本章主要介绍电控燃油喷射装置的构造与工作原理。

2. 电控汽油喷射系统的基本组成与工作原理

（1）基本组成 电控汽油喷射系统（EFI）的基本组成如图4-4所示，主要由燃油供给系统（电动燃油泵、燃油滤清器、燃油压力调节器、喷油器等）、空气供给系统（空气流量计、节气门体、怠速空气控制装置等）和电子控制系统（各种传感器、执行器和控制器ECU等）三大部分组成。其结构认识参见《汽车构造与原理实训》项目4.1及其光盘。

图4-3　喉管形喷雾化油器

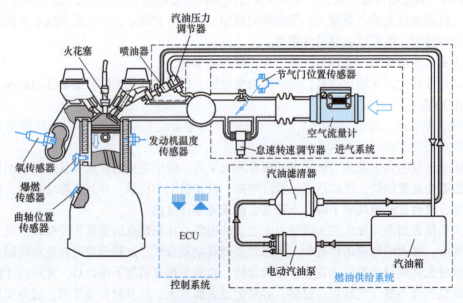

图4-4　电控汽油喷射系统（EFI）的基本组成

第4章 汽油机燃料供给系统

(2) **基本工作原理** ECU 根据空气流量计、发动机转速传感器、节气门位置传感器等输入的信号,确定在该状态下发动机所需的喷油量、喷油正时和最佳点火提前角,并向燃油泵、喷油器、点火装置等发出执行指令,保证发动机正常运转。

3. 电控汽油喷射的类型

(1) **按喷油器数量分** 有多点汽油喷射系统(MPI)和单点汽油喷射系统(SPI)(图4-5)。

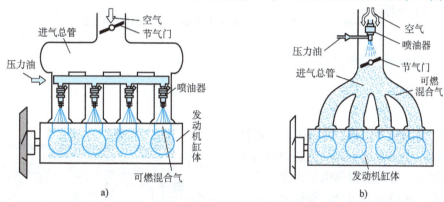

图4-5 多点汽油喷射系统和单点汽油喷射系统
a) 多点汽油喷射系统(MPI) b) 单点汽油喷射系统(SPI)

多点汽油喷射系统在每一个气缸的进气门附近装有一个喷油器,汽油和空气在进气门附近形成可燃混合气,在进气行程时被吸入气缸。它能精确地控制空燃比,保证各缸混合气的均匀性,目前已广泛应用在各种电控汽油喷射发动机上。

单点汽油喷射系统是在节气门体上安装一个或两个喷油器,向进气总管中喷油,再由进气歧管分配到各个气缸。其结构虽然简单,但汽油分配均匀性不好,已经逐步淘汰。

(2) **按汽油喷射方式分** 可分为连续喷射系统和间歇喷射系统两种。

1) 连续喷射系统在发动机运转期间连续不断地喷油。这种方式多用于早期的汽油喷射系统中,现在基本淘汰。

2) 间歇喷射是在发动机运转期间间断喷油。按照喷油时序的不同又可分为顺序喷射、分组喷射和同时喷射(图4-6)。

①同时喷射(图4-6a)。将各气缸的喷油器并联,所有的喷油器由 ECU 的同一个指令控制,同时断油,同时喷油。

②分组喷射(图4-6b)。将各气缸的喷油器分成几组,同一组喷油器同时断油或喷油。

③顺序喷射(图4-6c)。各喷油器由 ECU 分别控制,按发动机各气缸的工作顺序喷油。

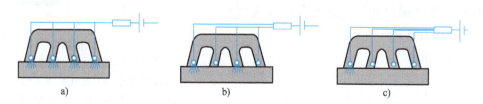

图4-6 间歇喷射方式
a) 同时喷射 b) 分组喷射 c) 顺序喷射

（3）按喷射装置的控制方式分　可分为机械控制式（K型）、机电结合控制式（KE型）和电子控制式（EFI型）。现代汽车广泛采用的是电子控制式汽油喷射系统。

（4）按进气量的检测方法分　分为流量型（L型）和压力型（D型）两种（详见4.2.3）。

> **找一找**　哪些汽车发动机采用多点喷射系统？有什么特点？

4.2.2　汽油供给系统结构原理

汽油供给系统主要由汽油箱、电动汽油泵、汽油滤清器、汽油压力调节器、汽油压力脉动阻尼器、喷油器等组成（图4-7）。

电动汽油泵将汽油自油箱内吸出，经滤清器过滤后，由压力调节器调压，通过油管输送给喷油器，喷油器根据电脑指令向进气管喷油。汽油泵供给的多余汽油经低压回油管流回油箱。

1. 汽油箱

汽油箱用以储存汽油。普通汽车只有一个汽油箱，越野车则常有两个油箱，以适应特殊要求。一般汽车油箱的续航里程（一次性加满汽油可连续行驶的里程）为200~600km。

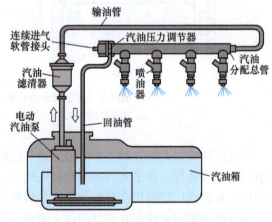

图4-7　汽油供给系统

汽油箱（图4-8）常用薄钢板或工程塑料制成，为防止油液面由于行车振荡而外溢，在油箱内部装有隔板10。油箱上表面装有液面传感器4，底部有辅助油箱7，内有汽油泵9。为了便于排除箱内的杂质，在底部装有放油螺塞8。油箱加油口用带阀门的油箱盖1封闭。

油箱盖用于防止汽油的溅出及减少汽油挥发，它由空气阀和蒸气阀组成（图4-9）。空气阀弹簧较蒸汽阀弹簧软，当油箱内汽油减少，压力下降到预定值（约98kPa）时，大气推开空气阀进入油箱内；当油箱内油蒸气压力增大到120kPa时，蒸气阀打开，汽油蒸气泄入大气，保持油箱内压力正常。

2. 电动汽油泵

电动汽油泵的作用是给电控汽油喷射系统提供具有一定压力（0.3~0.5MPa）的汽油。

电动汽油泵根据泵体结构不同可以分为滚柱泵、齿轮泵和涡轮泵等。

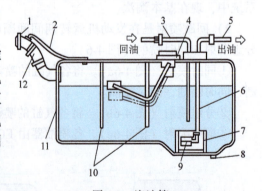

图4-8　汽油箱

1—油箱盖　2—通气软管　3—回油管
4—液面传感器　5—出油管　6—汽油连接管　7—辅助油箱　8—放油螺塞
9—汽油泵　10—隔板　11—油箱体
12—汽油进口软管

(1) 滚柱泵 滚柱泵是电动汽油泵中最常用的结构形式,它主要由电动机转子、滚柱、限压阀、单向阀和油泵壳体等组成(图4-10)。

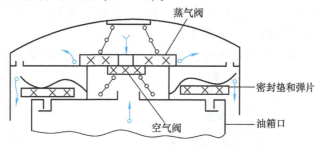

图4-9 双腔油箱盖原理图

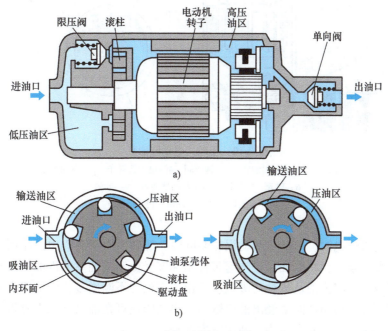

图4-10 滚柱泵结构及工作原理
a)滚柱泵结构 b)滚柱泵工作原理

装有滚柱的转子偏心安装在泵壳内,当永磁直流电动机转子通电转动时,使滚柱在离心力的作用下压靠在泵壳的内表面上,起到密封的作用,在相邻两个滚柱之间形成一个密封油腔。滚柱之间的油腔容积在转子转动时不断发生变化。在进油口时,油腔容积增大,形成一定的真空度,将汽油吸入泵内;在出油口时,油腔容积减小,滚柱之间的油压升高,高压油从出油口输出。

(2) 齿轮泵(图4-11) 齿轮泵主要由带外齿的主动齿轮、带内齿的从动

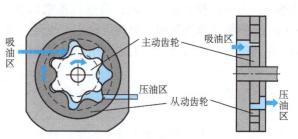

图4-11 齿轮泵结构及泵油过程

齿轮和油泵壳体等组成。

主动齿轮偏心安装，由电动机带动旋转，从而带动从动齿轮一起转动。在齿轮的啮合过程中，由内外齿轮所密封的腔室容积不断发生变化，在容积增大处设置进油口，在容积减小处设置出油口，即可将燃油以一定压力泵出。

(3) 涡轮泵　涡轮泵主要由电动机、涡轮泵、出油阀、卸压阀等组成（图4-12）。

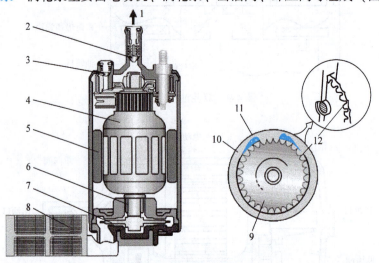

图4-12　涡轮式电动汽油泵
1—出油口　2—单向出油阀　3—卸压阀　4—电动机转子　5—电动机定子
6—轴承　7—叶轮　8—汽油滤清器　9—叶轮
10—泵壳体　11—进油口　12—叶片

汽油泵电动机通电时，电动机驱动涡轮泵叶轮7旋转，由于离心力的作用，使叶轮周围小槽内的叶片贴紧泵壳，将汽油从进油室带往出油室。由于进油室的汽油不断被带走，所以形成一定的真空度，将汽油从进油口吸入；而出油室汽油不断增多，汽油压力升高，当达到一定值时，则顶开单向出油阀2经出油口输出。出油阀还可在油泵不工作时阻止汽油流回油箱，保持油路中有一定的残余压力，便于下次起动。

卸压阀的作用是当油泵中的汽油压力超过规定值（一般为320kPa）时，油压克服泵体上卸压阀弹簧的压力，将卸压阀顶开，部分汽油返回到进油口一侧，使油压不致过高而损坏油泵。

(4) 双级泵　由于汽油泵工作时温度升高，使燃油容易汽化，从而使泵油量减少，导致输油压力不足和波动。因此，有些汽油机的燃油供给系统采用双级泵，如图4-13所示，采用一个侧槽式输油泵和一个内齿轮式主油泵，两者安装在一根轴上，由一个电动机驱动。输油泵用于分离汽油蒸气，主油泵用于提高油压。

3. 汽油滤清器

汽油滤清器安装在汽油箱与汽油泵之间，用以滤除汽油中的水分和杂质。

目前汽车发动机上采用的汽油滤清器主要有两种，一种是货车和客车上常用的可拆式汽油滤清器，另一种是乘用车上常用的不可拆式汽油滤清器。

(1) 可拆式汽油滤清器（图4-14）　主要由滤清器盖1、沉淀杯9、纸滤芯5等组成。

第 4 章　汽油机燃料供给系统

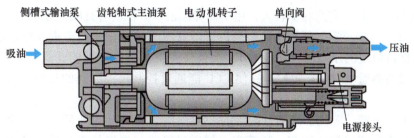

图 4-13　双级电动汽油泵

发动机工作时，汽油泵将油箱内的汽油吸出后，经进油管接头 12 进入沉淀杯 9 中，水分和较重的杂质沉入杯底，较轻的杂质随汽油流向滤芯外腔，经滤芯滤清后的清洁汽油从出油管接头 2 流至汽油泵。沉淀杯中的水分和杂质可通过滤清器底部的放油螺塞 10 放出，使用一定时间应清洗或更换滤芯。安装时，为防止进出油管接反，影响滤清效果，一般有方向或文字标记。

(2) 不可拆式汽油滤清器（图 4-15）　主要由中央多孔筒、纸质滤芯、多孔滤纸外筒及滤清器壳体组成。此类滤清器，在使用中不需清洗，且滤清效果好，使用一定时间后应整体更换。

汽油滤清器的滤芯形式除纸质滤芯外，还有金属片缝隙式滤芯和多孔陶瓷滤芯。陶瓷滤芯结构简单，节省金属，滤清效能高，但滤芯不易洗净，使用寿命不长。金属片缝隙式工作可靠，使用寿命长，但滤清效率低，结构复杂，制造和清洗不便。因此，目前它们的应用都较少。

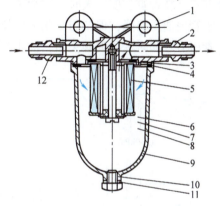

图 4-14　可拆式汽油滤清器

1—滤清器盖　2—出油管接头　3—密封圈
4—沉淀杯密封垫　5—纸滤芯　6—滤芯密
封垫　7—平垫圈　8—滤芯螺栓　9—沉淀杯
10—放油螺塞　11—放油螺塞密封垫
12—进油管接头

4. 汽油分配管组件

汽油分配管组件（图 4-16）含汽油分配管、汽油压力调节器和汽油压力脉动阻尼器等。

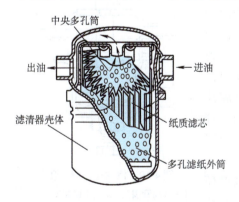

图 4-15　不可拆式汽油滤清器

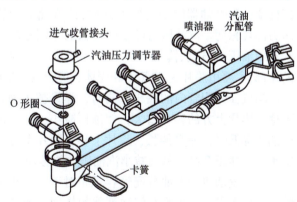

图 4-16　汽油分配管组件

(1) **汽油分配管** 它的容积较大，用于储存燃油，并供应各缸喷油器。

(2) **汽油压力调节器** 其作用是根据进气歧管压力的变化来调节进入喷油器的汽油压力，使两者保持恒定的压力差（图4-17），而且任意工况下喷油器的针阀升程一定，这样，喷油量只由喷油器通电时间长短控制，使ECU能通过控制喷油时间的长短来精确地控制喷油量。

汽油压力调节器一般位于汽油分配管的一端，其结构如图4-18所示，膜片把金属壳体组成的内腔分为弹簧室和汽油室。弹簧室一侧通过管路与进气歧管相通。膜片下方承受油压，膜片上方为歧管负压与弹簧压力之和。当输入的汽油压力高于弹簧预紧力与进气歧管压力之和时，汽油推动膜片向上压缩弹簧，打开回油阀，使部分汽油流回油箱，油路中的油压降低；当歧管真空度增大时，膜片进一步上移，使阀门开度增大，回油量增加，从而使汽油分配管内油压略降，保持与变化了的歧管压力差值恒定；当汽油压力低于弹簧预紧力和进气歧管压力之和时，回油阀关闭，油压升高。

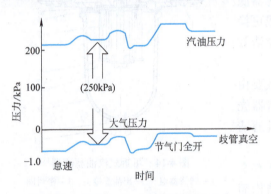

图4-17 汽油压力与进气歧管压力关系

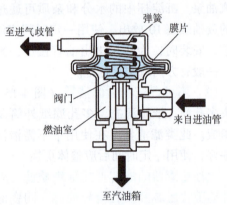

图4-18 汽油压力调节器

有些车型（如丰田3VZ-FE等发动机）的汽油压力调节器的真空管路由真空电磁阀（VSV）控制，其作用是在发动机热车起动时，切断汽油压力调节器和进气歧管之间通气管的气路，以增大汽油压力，防止油路中的汽油因温度过高而产生气阻。

(3) **汽油压力脉动阻尼器** 由于汽油泵输出压力周期性变化和喷油器喷油是脉冲式的，使汽油分配管内的压力出现脉动。汽油压力脉动阻尼器的作用是减小汽油管路中油压的波动，降低噪声。它一般位于汽油分配管的端部，主要由膜片3、弹簧4和壳体5等组成（图4-19）。

当汽油分配管内的油压升高时，弹簧被压缩，膜片下移，膜片上方的容积增大，使油压减小；当汽油总管的油压降低时，弹簧伸长，膜片上移，膜片上方的容积减小，使油压升高。从而减小汽油压力的脉动。

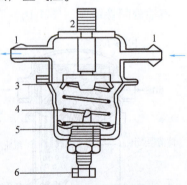

图4-19 汽油压力脉动阻尼器
1—汽油管接头 2—固定螺纹 3—膜片
4—弹簧 5—壳体 6—调节螺钉

有些发动机的汽油分配管容积相对于发动机的循环喷油量要大得多，也具有储油蓄能的作用，能减小汽油压力的脉动。

第4章 汽油机燃料供给系统

5. 电磁喷油器

电磁喷油器是电控燃油喷射系统的一个重要执行器，它根据 ECU 发来的喷油脉冲信号，精确地计量燃油喷射量。

电磁喷油器分类方法很多，图 4-20 所示，按喷油器结构形式可分为轴针式、球阀式和片阀式三种；按电磁线圈阻值的不同可分为电流驱动式（低阻式）、电压驱动式（高阻式）两种。

（1）轴针式电磁喷油器　如图 4-21 所示，它主要由阀针、阀体、电磁线圈、铁心、回位弹簧、滤网和接线座等组成。当电磁线圈中无电流通过时，喷油器阀针在弹簧力的作用下紧压在锥形密封阀座上；当电磁线圈通电时，产生磁场力将衔铁连同阀针向上吸起，喷油口打开，燃油喷出。为了使燃油充分雾化，阀针前端磨出一段喷油轴针，它的抗污染能力强，自洁性能好。

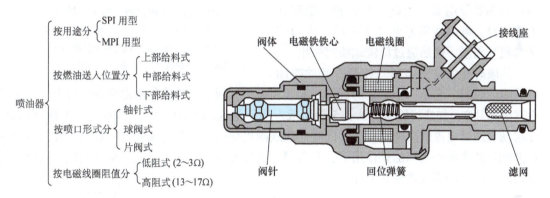

图 4-20　电磁喷油器的分类　　　　图 4-21　轴针式电磁喷油器

（2）球阀式电磁喷油器（图 4-22）　它与轴针式喷油器的主要区别在于阀针的结构。球阀的阀针是由钢球、导杆和衔铁用激光焊接成的整体结构，其质量只有普通轴针式电磁喷油器的一半。为了保证密封性能，轴针必须有较长的导向杆，而球阀具有自定心作用，无须较长的导向杆。所以球阀式电磁喷油器的阀针质量轻，动态响应快，且密封性能好。

（3）片阀式电磁喷油器（图 4-23）　它在结构上采用质量轻的片阀和孔式阀座，具有动态流量范围大、抗堵塞能力强等特点。

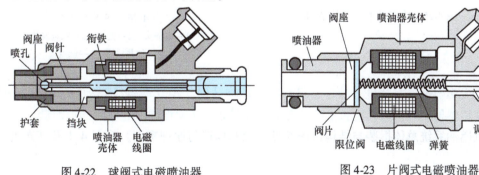

图 4-22　球阀式电磁喷油器　　　　图 4-23　片阀式电磁喷油器

如图 4-24 所示，当喷油脉冲信号通过喷油器电磁线圈时，磁场力克服弹簧力和油压力，将阀片吸起离开阀座上的密封环（图4-24b），燃油从阀座上的计量孔喷出。当喷油脉冲信号结束后，喷油器电磁线圈的电流被切断，电磁力迅速消失，片阀在弹簧力和油压力的作用下紧压在阀座上，阀门关闭，喷油器停止喷油（图4-24a）。

6. 冷起动喷油器

发动机在低温冷起动时，需要额外地喷入一定量的燃油，这部分额外的燃油由冷起动喷油器喷入进气总管中。冷起动喷油器的开启持续时间取决于发动机的温度，由热限时开关控制。

冷起动喷油器的结构如图4-25所示，它主要由电磁线圈、磁铁心（与阀针制成一体）和弹簧等组成。当点火开关和热限时开关接通时，电磁线圈通电产生磁场，将阀门吸起离开阀座，燃油通过旋流式喷嘴喷出。

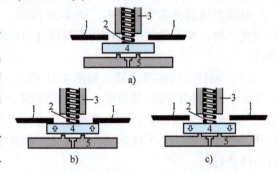

图4-24　片阀式喷油器工作过程
a）阀片静止在阀座上　b）阀片抬高阀座直至抵住挡圈　c）阀片离开挡圈落座
1—挡圈　2—弹簧　3—阀套　4—阀片　5—阀座

热限时开关（图4-26）控制冷起动喷油器的喷油时间。它是一个中空的螺钉，安装在能感受到发动机冷却液温度的位置上。它主要由双金属片3、加热线圈4、触点5等组成。当低温起动发动机时，热限时开关触点闭合，冷起动喷油器电磁线圈电路导通，同时加热线圈也导通，对双金属片进行加热。在发动机冷却液和加热线圈的共同加热作用下，双金属片变形使触点分开，冷起动喷油器电磁线圈电路被切断，冷起动喷油器停止喷油。

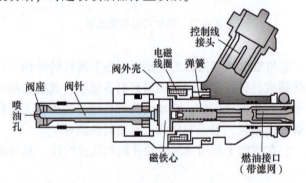

图4-25　冷起动喷油器的结构

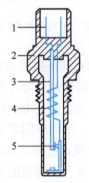

图4-26　热限时开关
1—电插头　2—壳体　3—双金属片
4—加热线圈　5—触点

现在，大多数电喷发动机上没有专门的冷起动喷油器。在发动机冷起动时，ECU根据冷却液温度传感器信号，适当延长主喷油器的喷油时间，从而增加冷起动时的喷油量。

汽油机燃油系统总体拆装与结构认识参见《汽车构造与原理实训》项目4.1及其光盘。

> **想一想**　电动汽油泵输出压力不足，有可能是什么原因？

4.2.3 空气供给系统结构原理

空气供给系统主要由空气滤清器、空气流量计或进气歧管绝对压力传感器、节气门、进气总管、进气歧管和怠速空气控制装置等组成（图4-27）。

1. 空气计量装置

进气量是电控汽油发动机的一个关键参数，精确计量空气量对准确控制喷油量和点火正时十分重要。空气量的计量方法有进气歧管绝对压力传感器式间接测量法和空气流量计式直接测量法两类，后者又可分为体积流量型和质量流量型，体积流量型有叶片式和卡门旋涡式，质量流量型有热线式和热膜式。

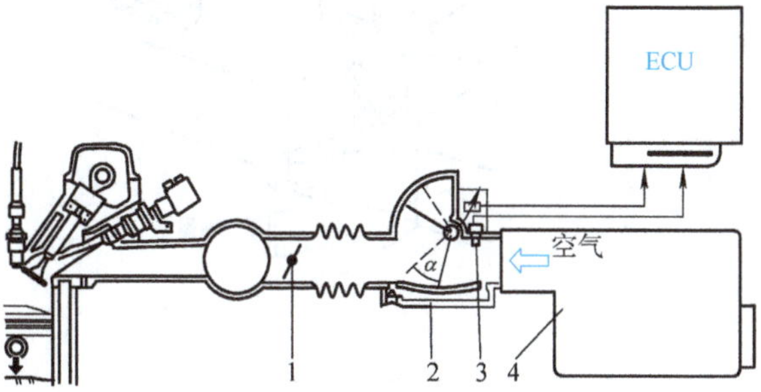

(1) 叶片式空气流量计（图4-28）

叶片式空气流量计安装在空气滤清器与节气门体之间，主要由测量叶片、补偿板、电位计、回位弹簧（扭簧）、旁通气道、怠速调整螺钉、油泵开关及进气温度传感器等组成。为了使叶片在吸入空气量急剧变化和气流脉动时以及外部机械振动时，仍能平稳转动，在空气流量计上设置了与叶片制成一体的补偿板和阻尼室。

图4-27 空气供给系统
1—节气门 2—空气流量计 3—进气温度传感器 4—空气滤清器

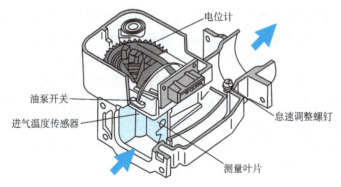

图4-28 叶片式空气流量计

叶片式空气流量计是利用力学原理对发动机进气量进行测量的，其工作原理如图4-29所示。发动机工作时，来自空气滤清器的空气通过空气流量计，使测量叶片在流动空气的推动力矩和回位弹簧复位力矩的共同作用下绕轴偏转一定的角度，该角度被同轴连接的电位计转变为电压信号输入控制器ECU中。ECU给电位计电阻提供一个电源电压U_B，由于进气流推动测量叶片转动，同时带动电位计滑动触点转动，使电位计触点（信号端子V_S）与电源端子V_C之间的电阻发生变化，电压U_S也发生变化。当进气压力与测量叶片回位弹簧的弹力平衡时，测量叶片和电位计即停止在某一位置，电压U_S也有一个相应的固定值，电位计将此位置产生的电压信号U_S输送给ECU，ECU根据U_S/U_B来确定发动机进气量的大小。

采用电压比U_S/U_B作为空气流量计的输出信号的优点是当电源电压U_B发生变化时，信

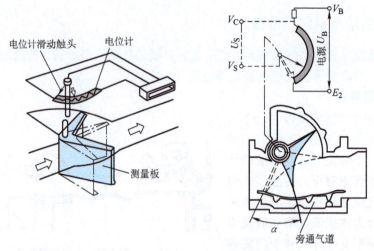

图4-29 叶片式空气流量计工作原理

号 U_S 与 U_B 成比例变化,所以 U_S/U_B 保持不变,即 U_S/U_B 不受电源电压变化的影响,从而提高了测量结果的准确度。

对于汽油泵开关控制的汽油泵控制电路,油泵开关装在空气流量计内,只有在发动机运转、空气流量计叶片转动时,油泵开关才闭合。只要发动机停止运转,油泵开关便处于断开状态,即使点火开关闭合,油泵也不工作。

进气温度传感器将测得的进气温度信号送给ECU,以便ECU发出指令,根据进气温度修正喷油量。叶片式空气流量计导线插接器一般有7个端子(图4-30),但也有将电位计内部的电动汽油泵控制触点开关取消后,变为5个端子或3个端子的。

在旁通空气道上设有怠速调整螺钉,调整该螺钉可以改变怠速时的混合气浓度,以改变排放气中CO的含量,所以又称CO调整螺钉。当怠速调整螺钉向外旋出时,旁通气道截面积加大,而叶片与活动板的间隙减小,故流经叶片的空气量减少,喷油量也减少,但由于进入气缸的空气总量不变(旁通气道截面积和叶片与活动板的间隙截面积之和不变),所以混合气变稀。反之,将调整螺钉旋入,混合气变浓。

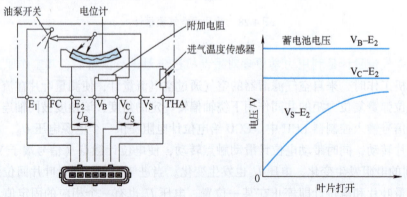

图4-30 叶片式空气流量计电路原理

第4章 汽油机燃料供给系统

(2) 卡门旋涡式空气流量计 卡门旋涡式空气流量计是在进气管中央设置一个锥体形涡流发生器（图4-31），当空气流过涡流发生器时，在涡流发生器的后面会不断产生旋涡（卡门旋涡），测出卡门旋涡的频率 f，按下式可计算出空气流速 U 的大小：

$$f = S_t \frac{U}{d}$$

式中 S_t——斯特罗巴系数；
   d——涡流发生器外径。

根据进气管道的有效面积，就能确定实际进入气缸的空气量。按照检测方式的不同，卡门旋涡式空气流量计分为反光镜检测式和超声波检测式两种。

反光镜检测方式的卡门旋涡式空气流量计（图4-31）主要有卡门漩涡发生器、反光镜、板簧、发光二极管（LED）、光敏晶体管和导压孔等组成。它是把涡流发生器两侧的压力变化，通过导压孔8引向薄金属制成的反光镜6表面，使反光镜产生振动，反光镜振动时将发光二极管产生的光反射到光敏晶体管4上，光敏晶体管导通。反之，光敏晶体管截止，光敏晶体管产生的脉冲信号反映了旋涡的频率。

超声波检测方式的卡门旋涡式空气流量计（图4-32）主要由旋涡发生器4、超声波信号发射器1、超声波发生器3和超声波信号接收器8等组成。在空气流动方向安装超声波发射器，在其对面安装超声波接收器。从信号发射器发出的超声波因受卡门旋涡造成的空气密度变化的影响，到达接收器时其相位发生变化，将接收器信号进行整形、放大后的矩形波脉冲频率就是卡门旋涡的频率。

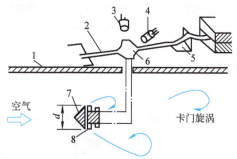

图4-31 卡门旋涡式空气流量计
（反光镜检测方式）
1—进气歧管 2—压力感应板 3—发光二极管
4—光敏晶体管 5—板簧 6—反光镜
7—涡流发生器 8—导压孔

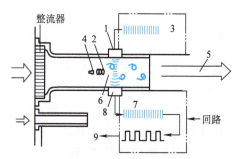

图4-32 卡门旋涡式空气流量计
（超声波检测方式）
1—超声波信号发射器 2—涡流稳定板 3—超声
波发生器 4—涡流发生器 5—流向发动机
6—卡门旋涡 7—受旋涡影响后的疏密波
8—超声波信号接收器 9—接计算机

(3) 热线式空气流量计 热线式空气流量计的结构如图4-33所示，主要由感知空气流量的白金热线、温度补偿电阻（也称为冷线）、精密电阻、混合电路、采样管、保护网、插接座等组成。

热线式空气流量计的工作原理如图4-34所示，设置在进气管道中的白金热线 R_H、温度补偿电阻 R_K 和精密电阻 R_A、电桥电阻 R_B 组成惠斯顿电桥。控制电路A使热线温度与进气温度之差保持在约100℃，流经热线的空气质量流量越大，被带走的热量就越多，要保持热线温度与进气温度之间的温差恒定,必须增加通过热线的电流,热线式空气流量计就是利用热线与空气之间的这种热交换传递现象进行空气流量测量的,它所测量的是空气质量,不需要进行温度和压力修正。为了清除白金热线上的污物,提高进气量测量的准确度,热线式空气流量计还具有自洁功能,在每次停机后,ECU给白金热线加高温(约1000℃)1~2s。

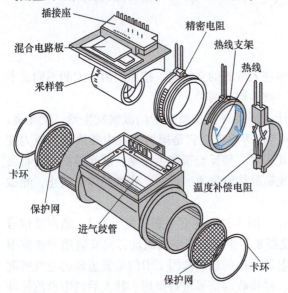

图4-33 热线式空气流量计的结构

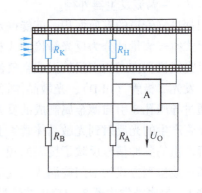

图4-34 热线式空气流量计的工作原理
A—控制电路 R_H—热线电阻 R_K—温度补偿电阻
R_A—精密电阻 R_B—电桥电阻

热线式空气流量计结构简单、进气阻力小、温度响应快、无需进行进气温度和压力修正,所以应用日益广泛。

(4) **热膜式空气流量计** 热膜式空气流量计的结构如图4-35所示,其结构和工作原理与热线式空气流量计基本相同,它是将热线改成热膜,热膜是由发热金属铂固定在薄的树脂膜上制成的,其工作可靠性和使用寿命比热线式空气流量计更高。

(5) **进气歧管绝对压力传感器** 进气歧管绝对压力与节气门开度和发动机转速有关,节气门开度越大,进气歧管压力越高(真空度越低),当节气门全开时,进气歧管压力接近大气压力,因此进气歧管绝对压力反映了发动机负荷,通过测量进气歧管绝对压力和发动机转速信号可以间接确定进入气缸的空气量。

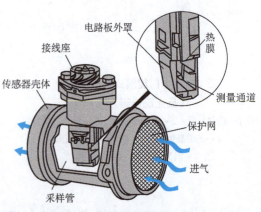

图4-35 热膜式空气流量计的结构

进气歧管绝对压力传感器根据其信号产生原理可以分为半导体压敏电阻式或电阻应变片式、电容式、可变电感式、表面弹性波可变电阻式等多种类型,它们都是利用膜片把气室分

第4章 汽油机燃料供给系统

隔成两部分，一部分通大气或抽成真空，另一部分与进气管连通，当进气管绝对压力发生变化时，膜片产生变形。

利用膜片变形引起半导体压敏电阻或电阻应变片的阻值变化，把4个压敏电阻或应变片电阻接成惠斯顿电桥（图4-36），就可以将膜片变形（即进气歧管绝对压力）转换成电信号输送给ECU。

如果利用膜片变形产生的位移改变电容器极板间的距离，电容量发生变化，把电容连接到振荡器电路中，振荡器输出信号的频率就随进气歧管绝对压力变化，也就是把进气歧管绝对压力变化转化成电信号频率的变化，输入到ECU进行处理，可以确定进气量。

同样，利用膜片变形带动感应线圈或铁心产生移动，使线圈电感发生变化，产生感应电动势，感应线圈产生的这个电压信号随进气歧管绝对压力变化而变化，这样把进气歧管绝对压力转换成电压信号输入ECU用于计算进气量。

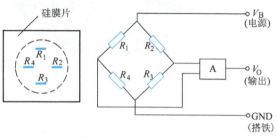

图4-36 压敏电阻或应变片电阻式进气压力传感器

2. 怠速控制系统

怠速控制系统除了稳定发动机的怠速转速外，还能根据发动机怠速时负荷的变化情况（如冷起动后的暖机、空调开机、动力转向开关接通、自动变速器切换到D位等）自动调节发动机怠速转速，使发动机处在最佳的怠速状态（既保证怠速转速的稳定，又尽可能降低燃油消耗和排放污染）。

电控汽油喷射发动机的怠速控制方式可以分为两类，一类是控制节气门关闭位置的节气门直动式，另一类是控制节气门旁通气道空气量的旁通空气式。

（1）节气门直动式怠速控制 如图4-37所示，桑塔纳2000GSi汽车AJR型发动机的怠速控制就是采用节气门直动式，它采用怠速控制电动机3，通过齿轮传动机构来操作节气门开度。节气门位置传感器将节气门开度信号输送给发动机ECU，发动机ECU根据传感器检测到的发动机工况信息，确定目标转速，并与发动机实际转速进行比较，再根据差值确定相应的控制量，对怠速控制电动机进行控制，保证发动机维持在最佳怠速。

怠速控制装置因故断电，应急弹簧2将节气门定位在预先设定的怠速应急运行位置，不影响驾驶人对节气门的调节。

（2）旁通空气式怠速控制 旁通空气式怠速控制装置种类较多，常用的主要有双金属片式、石蜡式、电磁阀式和步进电机式等。

1）双金属片式怠速控制装置（图4-38）。在发动机低温起动时和暖机过程中，使旁通空气通道打开，增加空气量的一种快怠速机构。它主要由电热丝6、双金属片7、空气通道遮门8等组成。

当发动机温度较低时，双金属片下弯遮门打开，额外的空气从旁通空气通道流入气缸，发动机处于快怠速状态。当发动机起动后，电热丝通电，使双金属片受热上翻，带动遮门慢慢关闭旁通空气通道，发动机处于正常怠速状态。

2）石蜡式怠速控制装置（图4-39）。它根据发动机冷却液温度来控制旁通空气通道流

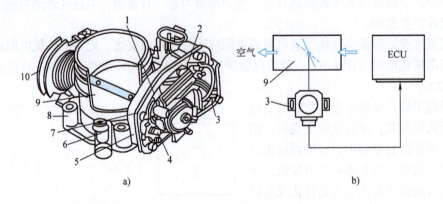

图 4-37　节气门直动式怠速控制
a) 结构（桑塔纳 2000GSi 汽车 AJR 型发动机）　b) 工作原理
1—怠速节气门位置传感器　2—应急弹簧　3—怠速控制电动机　4—节气门位置传感器
5—整体式怠速调节装置　6—热水进口　7—怠速开关
8—热水出口　9—节气门　10—节气门调节机构

道的截面积，从而控制发动机怠速。它主要由石蜡体 4、控制活塞 5、平衡弹簧 6 等组成，安装在发动机的水套上。石蜡直接感受发动机冷却液的温度，当冷却液温度较低时，石蜡收缩，在弹簧力的作用下，控制活塞右移，旁通空气通道开大，怠速转速升高；当冷却液温度升高时，石蜡受热膨胀，推动控制活塞左移，将旁通空气通道关小，甚至完全关闭，怠速转速降低。

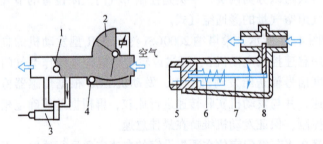

图 4-38　双金属片式怠速控制装置
1—节气门　2—叶片式空气流量计　3—怠速空气
控制阀　4—怠速调节螺钉　5—电插头
6—电热丝　7—双金属片
8—空气通道遮门

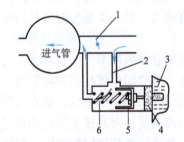

图 4-39　石蜡式怠速调节控制装置
1—节气门　2—软管　3—水套　4—石腊体
5—控制活塞　6—平衡弹簧

3）**电磁阀式怠速控制装置**。它实际上是一个调节空气流通截面积大小的比例电磁阀。阀门的开度由流过电磁线圈的电流产生的电磁力与弹簧力的平衡位置所决定，有直线型和旋转型两种。直线型电磁阀（图 4-40a）是以改变阀的轴向位置来调节通道截面积的，而旋转电磁阀（图 4-40b）则是通过改变阀的角度位置来调节通道截面积的。电磁阀式怠速控制装置响应速度快。

第4章 汽油机燃料供给系统

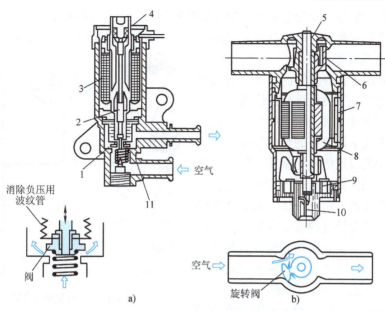

图4-40 电磁阀式怠速控制装置
a) 直线型 b) 旋转型
1—阀 2—阀杆 3—线圈 4、9—弹簧 5—旋转阀杆 6—旋转阀
7—永久磁铁 8—电枢 10—电插头 11—壳体

4) 步进电机式怠速控制装置（图4-41）。它主要由步进电机、进给丝杆、阀座、阀芯等组成。步进电机可以正反转，通过进给丝杆5把电机的旋转运动转变成阀芯7的直线运动，以调节旁通空气通道的截面积，改变进气量的大小。

步进电机把转子转动一周分成若干个步级进行，每一周的步级越多，控制精度越高（如将一圈分成32个步级，则每个步级对应转角为11.25°）。

步进电机式怠速控制精度高。当发动机停机时，点火开关转到"OFF"位置，怠速控制阀自动回复到全开位置，以便于发动机下一次的起动。

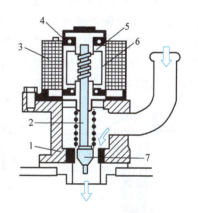

图4-41 步进电机式怠速控制装置
1—阀座 2—阀轴 3—定子绕组 4—轴承
5—进给丝杆 6—转子 7—阀芯

找一找 查阅相关资料，列出5个以上典型汽车发动机空气供给系统的主要传感器。

4.2.4 电子控制系统

电子控制系统主要由各种传感器、执行器和控制器三大部分组成（图4-42）。传感器将发动机的工作状态信息转变为电信号,输送给控制器(ECU),控制器对传感器信号进行分析、处理、运算和判断后,向执行器发出控制指令,实现对发动机运行的最佳控制。

1. 发动机主要传感器

前面已经介绍了各种空气流量计和进气歧管绝对压力传感器,下面介绍其他传感器。

(1) **发动机转速与曲轴位置传感器** 它们是发动机电控系统中最重要的传感器之一,其作用是提供发动机转速信号和曲轴位置(活塞上止点)信号,是控制点火时刻和喷油时刻的重要信号源,二者通常制成一体,安装在曲轴前端、飞轮上、凸轮轴前端或分电器内。根据工作原理不同,发动机转速与曲轴位置传感器可分为电磁感应式、霍尔效应式和光电效应式三大类,其中电磁感应式应用最广。

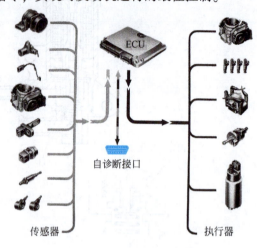

图4-42 发动机电子控制系统

1) **电磁感应式**(图4-43)。是一种安装在曲轴上的电磁感应式曲轴位置传感器。它主要由永久磁铁、感应线圈和信号齿盘等组成。信号齿盘由曲轴带动旋转,利用轮齿靠近和离开感应线圈5时,通过感应线圈的磁通量变化,从而在线圈中产生感应电动势。信号齿盘不停旋转,在感应线圈中就产生交变电压信号,发动机ECU可以从电压交变的变化频率来计算出发动机的转速。另外在信号齿盘上缺两个齿,用于识别曲轴位置(第一缸上止点位置),作为点火正时信号的参考基准。

图4-44所示是一种安装在分电器内的电磁感应式曲轴位置传感器。它主要由信号线圈、转子和永久磁铁等组成。曲轴位置传感器转子2和转速传感器转子3固定在分电器轴4上,与分电器轴一起转动,各信号线圈(1、7、5)固定在分电器壳体6上。

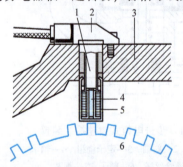

图4-43 电磁感应式曲轴位置传感器
(安装在曲轴上)
1—永久磁铁 2—接头 3—发动机壳体
4—铁心 5—感应线圈 6—信号齿盘

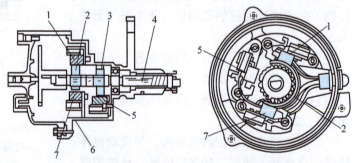

图4-44 电磁感应式发动机转速和曲轴位置传感器
(安装在分电器内)
1、7—曲轴位置信号线圈 2—曲轴位置传感器转子
3—转速传感器转子 4—分电器轴
5—转速信号线圈 6—分电器壳体

当分电器轴转动时,带动只有一个凸齿的曲转位置传感器转子一起转动,它与两个曲轴位置信号线圈间的间隙不断变化,分电器轴每转一圈,两个信号线圈各产生一个电压脉冲(图4-45)。为了精确地检测曲轴转角和发动机转速,设置了凸齿数较多的转速传感器转子

(图4-46a),转子上的凸齿数因车而异。图4-46a所示转子上有24个凸齿,转速信号波形如图4-46b所示。转子每两个齿间隙15°分电器转角,即30°曲轴转角。分电器轴转动一周,在转速信号线圈中产生出与凸齿数相等的脉冲电压信号,将这些信号输入发动机ECU,通过计算单位时间内的脉冲数量,就能确定发动机的转速。

2) 霍尔效应式。它是利用霍尔效应原理,产生与曲轴转角相对应的电压脉冲信号进行工作。如图4-47所示,当电流I通过放在磁场中的半导体基片(霍尔元件)且电流方向与磁场方向垂直时,电荷在洛伦兹力的作用下向一侧偏移,在垂直于电流与磁通的霍尔元件的横向侧面上会产生一个与电流和磁场强度成正比的霍尔电压U_H。

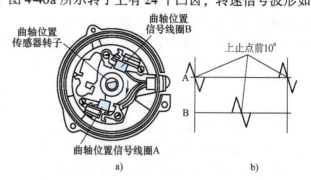

图4-45 曲轴位置信号发生器的结构及输出信号波形
a) 结构 b) 输出信号波形

$$U_H = R_H IB/d$$

式中 R_H——霍尔系数,其单位为m^3/c;
      I——电流强度,其单位为A;
      B——磁感应强度,其单位为T;
      d——基片厚度,其单位为mm。

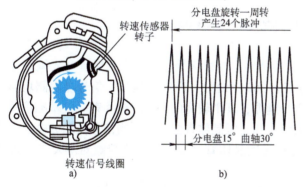

图4-46 转速传感器信号发生器的结构及输出信号波形
a) 结构 b) 输出信号波形

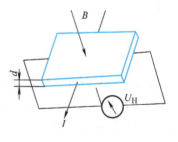

图4-47 霍尔效应工作原理
I—电流强度 B—磁感应强度 U_H—霍尔电压

由上式可见,当结构一定且电流强度I为定值时,霍尔电压U_H与磁感应强度B成正比。霍尔效应式曲轴位置传感器就是通过改变霍尔元件的磁感应强度,从而使霍尔元件产生脉冲的电压信号,经放大整形后即为曲轴位置传感器的输出信号。

美国通用公司所采用的一种霍尔效应式曲轴位置传感器的信号触发叶轮结构如图4-48所示。它包括内、外两个信号触发叶轮,外信号触发叶轮外缘上均匀分布着18个触发叶片和18个缺口,每个触发叶片和缺口的宽度均为10°弧长;内信号触发叶轮外缘上设有3个触发叶片和3个缺口,3个触发叶片的宽度不同,分别为100°、90°和110°弧长,3个缺口宽度也不同,分别为20°、30°和10°弧长。

信号触发叶轮安装在发动机曲轴带轮前端，安装相位关系使内信号轮上宽度为100°弧长的触发叶片前沿位于1、4缸上止点前75°，90°弧长的触发叶片前沿位于6、3缸上止点前75°，110°弧长的触发叶片前沿位于5、2缸上止点前75°。

在内、外信号轮侧面各设有一个霍尔信号发生器。霍尔信号发生器主要由永久磁铁、导磁板和霍尔集成电路等组成。信号轮转动时，每当叶片进入永久磁铁与霍尔元件之间的空气隙中时，磁场被触发叶片所旁路，霍尔元件不受磁场的作用，此时没有霍尔电压；当触发叶片转过空气隙、缺口对着永久磁铁和霍尔元件时，磁场作用到霍尔元件上，产生霍尔电压。霍尔元件间歇产生的霍尔电压信号，经霍尔集成电路放大整形后，送到ECU作为曲轴转角和曲轴位置信号，如图4-49所示。

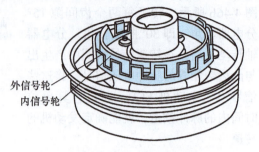

图4-48 霍尔效应式曲轴位置传感器的信号触发叶轮结构

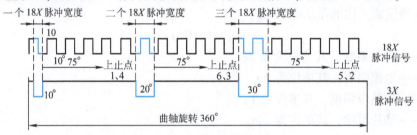

图4-49 霍尔效应式曲轴位置传感器的输出信号

3) 光电效应式。光电效应式曲轴位置传感器主要由信号盘、发光二极管和光敏晶体管等组成（图4-50）。信号盘6外侧均匀分布有360条缝隙，产生1°信号；信号盘内侧均匀分布有与发动机缸数相同的缝隙，图中为六个缝隙，其中较宽的一条缝隙为第一缸基准信号缝隙。光敏装置由两组相对安装的发光二极管3和光敏晶体管2组成。当信号盘随分电器轴或曲轴、凸轮轴转动时，转盘从发光二极管和光敏晶体管之间穿过。当缝隙对准发光二极管

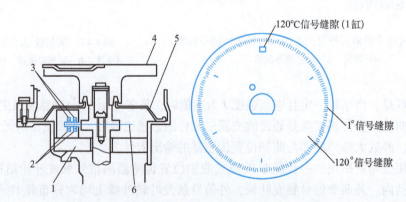

图4-50 光电效应式发动机转速和曲轴位置传感器
1—控制电路 2—光敏晶体管 3—发光二极管
4—分火头 5—密封盖 6—信号盘

时，光线穿过缝隙照射到光敏晶体管上，光敏晶体管导通，有电压信号输出给 ECU；当缝隙转过发光二极管时，光线被遮挡住，光敏晶体管截止，此时没有电压信号输出。转盘转动一圈，外侧缝隙触发外侧光敏装置导通和截止 360 次，该脉冲信号作为发动机转速信号输送给 ECU；内侧缝隙触发内侧光敏装置导通和截止 6 次，该信号作为曲轴位置信号输送给 ECU，其中较宽的缝隙产生的较宽电压脉冲信号作为第一缸基准位置信号，ECU 以此为基准控制点火正时和喷油正时。

(2) 冷却液温度传感器　它被用来检测发动机的热状态。其信号输入 ECU，用来对基本喷油量进行修正。在怠速时，其信号是 ECU 控制怠速转速的主要信号源。常见的冷却液温度传感器是半导体热敏电阻式（图 4-51）。它是利用半导体材料的电阻随温度变化而变化的特性制成的。其灵敏度高，有负温度特性和正温度特性两种。负温度特性是指温度升高时，电阻值降低；正温度特性是指电阻值随温度升高而增加。

(3) 进气温度传感器　进气温度传感器也常采用高灵敏度的热敏电阻，安装在进气歧管处，其外形及安装位置如图 4-52 所示。进气温度传感器是一个负温度系数（NTC）的热敏电阻，进气温度上升时电阻下降。ECU 通过电阻信号识别温度，从而修正喷油量和点火提前角。

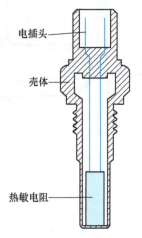

图 4-51　半导体热敏电阻式
冷却液温度传感器

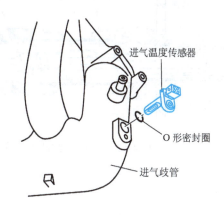

图 4-52　进气温度传感器的
外形与安装位置

(4) 氧传感器　电控燃油喷射发动机上广泛采用三元催化转化器对发动机尾气进行净化处理，三元催化转化器的转化效率与混合气的空燃比有关，只有当空燃比在理论空燃比的附近区域时，三种有害气体的转化效率才同时较高。所以在装有三元催化转化器的发动机上，普遍采用氧传感器进行空燃比闭环控制。氧传感器一般安装在排气管内三元催化转化器之前，用来检测排气中的氧气含量，以确定空燃比是浓还是稀，向发动机 ECU 发出反馈信号，发动机根据此信号调节喷油量，把空燃比控制在目标空燃比的范围内。有的发动机有两个氧传感器，另一个安装在三元催化转化器后，用以检测其催化转化效率。目前使用的氧传感器主要有氧化锆式和氧化钛式两种。

1) 氧化锆式氧传感器。该传感器的基本元件是专用陶瓷体，即氧化锆（ZrO_2）固体电解质（图 4-53）。陶瓷体制成的锆管，固定在带有安装螺纹的固定套中，其内表面与大气相通，外表面与排气接触。锆管内外表面都覆盖着一层多孔性的铂膜作为电极。为了防止废气中的杂质腐蚀铂膜，在锆管外表的铂膜上覆盖有一层多孔的陶瓷层，并且还加装了一个防护套管，套管上开有槽口。氧传感器的接线端有一个金属护套，其上开有一孔，用于锆管内表面与大气相通，电线将锆管内表面铂极经绝缘套从传感器引出。锆管的陶瓷体是多孔的，允许氧渗入该固体电解质内，温度较高时，氧气发生电离。若陶瓷体内（大气）、外（废气）侧氧含量不一致，即存在着浓度差时，在固体电解质内部氧离子从大气一侧向排气一侧扩散，结果，锆管元件成了一个微电池，在锆管两铂极间产生电压（图4-54）。当混合气稀时，排气中氧含量大，两侧氧浓度差小，只产生小的电压；而当混合气浓时，排气中氧含量小，同时伴有较多的未完全燃烧的产物 CO、HC 等，这些成份在锆管外表面铂的催化作用下，与氧气发生反应，消耗排气中残余的氧，使锆管外表面氧气浓度变成零，这样就使得两侧氧浓度差突然增大，两极间产生的电压便突然增大。因此，氧传感器产生的电压将在过量空气系数 $\phi_a=1$ 时产生突变；$\phi_a>1$ 时，氧传感器输出电压几乎为零；$\phi_a<1$ 时，氧传感器输出电压接近1V（图4-55a）。在发动机空燃比闭环控制的过程中，氧传感器相当于一个浓稀开关，根据混合气空燃比的变化向 ECU 输送脉冲宽度变化的电压脉冲信号（图4-55b）。

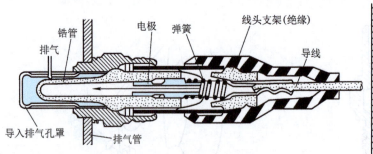

图4-53 氧化锆式氧传感器的结构

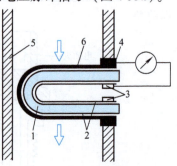

图4-54 氧化锆式氧传感器
在排气管中的安装
1—氧化锆陶瓷体 2—铂电极
3—内接线点 4—外接线点
5—排气管 6—陶瓷防护层

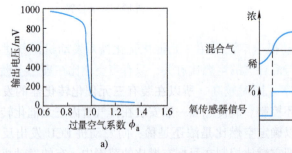

图4-55 氧化锆式氧传感器输出特性
a) 输出特性 b) 输出信号波形

2) **氧化钛式氧传感器**。氧化钛式氧传感器是利用二氧化钛（TiO_2）材料的电阻值随排气中氧含量的变化而变化的特性制成的，故又称为电阻型氧传感器。二氧化钛是在室温下具有很高电阻的半导体。但当排气中氧含量少（混合气浓）时，氧分子将脱离，使其晶体出现缺陷，便有更多的电子可用来传送电流，材料的电阻也随之降低。此种现象与温度和氧含量有关，因此，欲使二氧化钛在300～900℃的排气温度下能连续使用，必须做温度补偿。二氧化钛式氧传感器内部带有一个电加热器，以使二氧化钛氧传感器在发动机工作过程中保持恒定不变的温度。

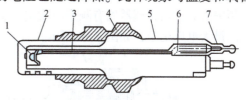

图4-56 氧化钛式氧传感器的结构
1—二氧化钛元件 2—金属保护管
3—导线 4—金属外壳 5—陶瓷绝
缘材料 6—陶瓷元件 7—接线头

图4-56所示为氧化钛式氧传感器的结构，它具有两个二氧化钛元件，一个具有多孔性，用来感测排气中氧含量的二氧化钛陶瓷，另一个则为实心二氧化钛陶瓷，用作加热调节、补偿温度的误差。该传感器外端以具有孔槽的金属管作为防护套，一方面让废气可以进出，另一方面防止里面的二氧化钛元件受到外物撞击。传感器接线端以橡胶作为密封材料，防止外界气体渗入。它一般安装于排气歧管或尾管上，同时可借助排气高温将传感器加热至适当的工作温度。

ECU将恒定的1V电压加在二氧化钛氧传感器的正极，并将传感器负极上的电压降与ECU控制程序中设定的参考电压相比较（图4-57a）。发动机混合气浓度变化时，排气中氧含量也发生变化，氧传感器的电阻随之改变，使得与ECU连接的氧传感器负极上的电压降也产生变化。当氧传感器负极上的电压高于参考电压时，ECU判定混合气过浓，于是就控制喷油器逐渐减少喷油量；当氧传感器负极上的电压低于参考电压时，ECU判定混合气过稀，控制喷油器逐渐增大喷油量。通过这样的反馈控制，使混合气的浓度保持在理论空燃比附近的狭小范围内。

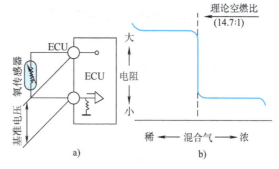

图4-57 氧化钛式氧传感器的工作原理
a) 电路 b) 氧传感器电阻值与混合气浓度的关系

实际上，在反馈控制过程中，二氧化钛式氧传感器负极输给ECU的电压也是在0.1～0.9V之间不断变化的。电压高，表示混合气较浓；电压低，表示混合气较稀。这一点与氧化锆式氧传感器是相似的（图4-57b）。

(5) 爆燃传感器　其功用是检测发动机有无爆燃现象，并将信号送入ECU。

发动机爆燃的检测方法有以下三种：气缸压力法、发动机机体振动法和燃烧噪声法。气缸压力检测法的检测精度最高，但存在着传感器的耐久性差和难以安装的问题。燃烧噪声检测法是非接触式的，其耐久性很好，但检测精度和灵敏度偏低。目前，最常用的方法是检测发动机机体的振动。

采用发动机机体振动检测法的爆燃传感器有磁致伸缩式和压电式两种类型，压电式又分共振型和非共振型的结构。

1) 磁致伸缩式爆燃传感器。它一般安装在发动机机体上，图4-58所示是该传感器的结构,由高镍合金组成的磁心3外侧设有永久磁铁5,在其周围缠绕着感应线圈,磁心受振偏移使感应线圈内磁力线发生变化,根据电磁感应原理,通过线圈的磁通变化时,线圈将产生感应电动势,此电动势即为爆燃传感器的输出电压信号。输出电压信号的大小与发动机振动的频率有关,当传感器固有频率与设定爆燃强度时发动机的振动频率产生谐振时,传感器将输出最大电压信号,如图4-59所示。

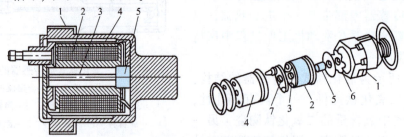

图4-58 磁致伸缩式爆燃传感器的结构
1—外壳 2—感应线圈 3—磁心 4—网盖
5—永久磁铁 6—弹簧 7—绝缘体

2) 非共振型压电式爆燃传感器。非共振型压电式爆燃传感器是以接收加速度信号的形式,来判别爆燃是否产生。这种传感器(图4-60)由两个压电元件同极性相反对接,配重将加速度变换成作用于压电元件上的压力,所用的配重由一根螺钉固定于壳体上,输出电压由这两个压电元件的中央取出,构造简单,制造时不需调整。

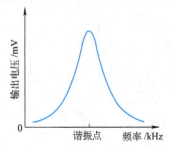

图4-59 磁致伸缩式爆燃传感器的输出特性

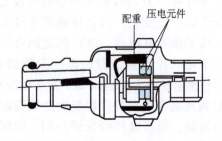

图4-60 非共振型压电式爆燃传感器的结构

发动机振动时,安装在发动机缸体上的爆燃传感器内部配重因受振动的影响而产生加速度,因此在压电元件上就会受到加速时惯性力的作用而产生电压信号。在爆燃发生时的频率及其附近,此种传感器产生的输出电压不会很大,具有平的输出特性(图4-61),因此,必须将反应发动机振动频率的输出电压信号送至识别爆燃的滤波器中,判别是否有爆燃信号产生。用于不同发动机上时,只需将滤波器的过滤频率调整即可使用,而不需

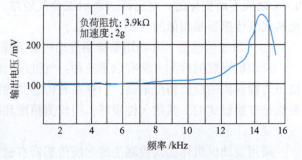

图4-61 非共振型压电式爆燃传感器
输出电压与频率的关系

第4章 汽油机燃料供给系统

更换传感器,这是它的突出优点。

3) **共振型压电式爆燃传感器**。它是利用产生爆燃时的发动机振动频率,与传感器本身的固有频率相符合而产生共振现象,来检测爆燃是否发生。该传感器在爆燃时的输出电压比非共振(无爆燃)时的输出电压高得多,因此无须使用滤波器,即可判别有无爆燃发生。

该传感器(图4-62)的压电元件8紧密地贴合在振荡片7上,振荡片则固定在传感器的基座6上。振荡片随发动机振动而振荡,波及压电元件,使其变形而产生电压信号。当发动机爆燃时的振动频率与振荡片的固有频率相符合时,振荡片产生共振,此时压电元件将产生最大的电压信号(图4-63)。

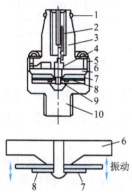

图4-62 共振型压电式爆燃传感器的结构
1、5—o形环 2—插头 3—插接器 4—密封剂
6—基座 7—振荡片 8—压电元件
9—引线端子 10—外壳

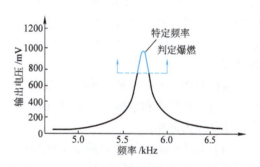

图4-63 共振型压电式爆燃传感器
输出电压与频率的关系

(6) 开关信号

1) **起动信号**。发动机起动时,由于温度低、混合气在进气管内流速慢,燃油雾化差。为了改善起动性能,ECU依据收到的起动信号,对喷油量进行起动加浓。

2) **空档起动开关信号**:当自动变速器由P/N(停车或空档)换入行驶档位时,发动机负荷将有所增加。ECU根据档位开关信号判别是停车状态还是行驶状态,及时修正喷油量和点火提前角。空档起动开关信号主要用于怠速控制,也作为ECU安全控制依据,防止不在P/N档时发动机的起动。

3) **空调开关信号**:ECU根据空调开关信号来监测空调压缩机是否投入工作。当空调压缩机投入工作时,发电机负荷加大,空调开关向ECU输送高电平信号,ECU以此信号调整喷油量和怠速转速。

4) **动力转向开关信号**:装有动力转向装置的汽车在转向时,动力转向油泵负荷使发动机负荷加大。此时动力转向开关向ECU输入增加负荷信号,ECU会修正喷油量和点火提前角。

2. 电子控制器(ECU)

电子控制器又称电子控制单元(Electronic Control Unit,简称ECU)是发动机电控系统的核心。它主要由中央处理器(CPU)、随机存取存储器(RAM)、只读存储器(ROM)、输入和输出接口电路、驱动电路和固化在ROM中的发动机控制程序和原始数据等组成(图

4-64)。

（1）输入回路　它对各种输入信号进行预处理，一般包括除去杂波、把正弦波转换成矩形波及电平转换等。

（2）A/D 转换器　数字计算机只能处理数字信号，A/D 转换器将模拟信号转换成数字信号，再输入给微机进行处理。

（3）微机　微机是发动机电控系统的神经中枢，它主要由中央处理器（CPU）、随机存储器（RAM）、只读存储器（ROM）、输入/输出接口（I/O）等组成。

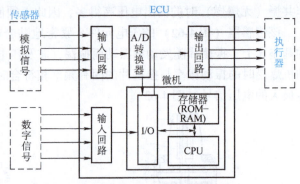

图 4-64　发动机电子控制器的组成框图

微机根据需要把各种传感器送来的信号用内存的程序和数据进行运算处理，并把处理结果（如喷油脉冲信号、点火控制信号等）送往输出回路。

（4）输出回路　输出电路是微机与执行器之间的连接部分，它将微机发出的控制指令，转变成控制信号来驱动执行器工作，起着控制信号生成和放大等作用。微机输出的是数字信号，而且输出信号很小，用这种信号一般不能直接驱动执行器工作，需要输出电路将其转换成可以驱动执行器工作的控制信号，如喷油器驱动信号、点火控制信号、燃油泵控制信号等。如图 4-65 所示是喷油器驱动信号输出电路示意图。

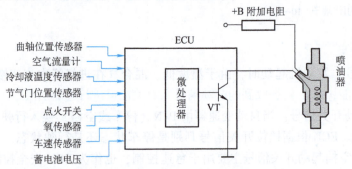

图 4-65　喷油器驱动信号输出电路示意图

3. 故障自诊断系统

发动机电子控制系统除了具有控制燃油喷射和点火正时等基本功能外，还有故障自诊断功能。汽车正常运行时，电子控制系统输入和输出信号的电压（或电流）值都有一定的正常变化范围，当控制电路信号的电压（或电流）出现异常且超出了这一范围，且该现象在设定时间内不会消失，ECU 则判定为这一部分出现故障，并把这一故障以代码的形式存入内部随机存储器，同时点亮警告灯，以显示故障信息，为维修人员诊断故障原因提供参考。

一般在仪表板下方或发动机舱内设有一个专用接口，即故障诊断接口，该接口直接与 ECU 相连。将解码器或检测设备插入此专用接口，便可将故障码或诊断的传感器、执行器等信号的数据流由此读出，以便在控制系统出现故障时，能及时、快速地查找和排除。

第4章 汽油机燃料供给系统

早期的故障自诊断系统是各个汽车制造厂商根据车型自行设计的诊断插座和自定义故障码的系统,缺乏统一标准,给故障检修人员带来很多不便。因此,美国汽车工程师学会(SAE)、美国环保署(EPA)和加利福尼亚州大气资源局(CARB)于20世纪80年代末期倡导提出了标准化和规范化的汽车排放控制装置故障诊断系统,采用统一的故障诊断插座及故障码,称为随车诊断系统(On-Board Diagnostic,OBD)。最初OBD主要是对汽车排放控制装置进行的故障自诊断,现在已扩展到具有对汽车全方位故障诊断信息以及数据流传输等功能。目前广泛应用的是第二代随车诊断系统OBD-II,它对故障诊断测试模式、故障码、诊断接口、诊断仪器等有关诊断系统的内容进行了标准化和规范化。

与以前的随车故障诊断相比,OBD-II系统具有以下特点:

1)具有统一的16针故障诊断插座(Data Link Connector,DLC),均安装在驾驶室驾驶人一侧仪表板下方。

2)具有数值分析和资料传输功能。

3)具有统一的故障码含义。需要说明的是,除了SAE规定的故障码外,还允许生产厂商自定义的故障码,但必须与OBD-II兼容。

4)具有重新行驶记忆故障码的功能。

5)具有行车记录器功能。

6)具有可由仪器直接消除故障码的功能。

OBD-II故障诊断插座的形状及引脚编号如图4-66所示。SAE还对诊断座中每个引脚的功能进行了详细的规定,详见表4-2。

图4-66 OBD-II故障诊断插座的形状及引脚编号

表4-2 诊断插座各引脚功能

引脚编号	引脚功能	引脚编号	引脚功能
1	为制造商预留	9	为制造商预留
2	SAE-J1850 总线正极	10	SAE-J1850 总线负极
3	为制造商预留	11	为制造商预留
4	车身搭铁	12	为制造商预留
5	信号搭铁	13	为制造商预留
6	高速 CAN	14	低速 CAN
7	ISO-9141-2 K 线	15	ISO-9141-2 L 线
8	为制造商预留	16	汽车蓄电池正极

4. 安全保险功能和后备系统

(1)安全保险功能 安全保险功能又称为故障保险功能,它是ECU检测出故障后采取的一种保险措施。当某个传感器或执行器出现故障时,如果ECU仍然按照正常方式继续控制发动机运转,就有可能使发动机或有关部件出现更严重的问题。例如冷却液温度传感器信号电路发生断路或短路故障时,则ECU检测出冷却液温度低于-30℃或高于139℃,如果此时误认为冷却液温度传感器的信号正确并继续按照正常方式进行修正,必将引起空燃比太浓或太稀,结果导致发动机失速或工作粗暴,甚至无法正常运转。又如,点火系统中点火器发生故障,当ECU接收不到点火器的反馈信号(IGf)时,如果喷油器继续喷油,大量未燃的

107

可燃混合气就会排放到催化转化器，使其温度迅速升高，超过其许用温度，导致其损坏。为了避免上述情况发生，必需具备安全保险功能。具有故障自诊断功能的发动机电控系统一般都同时具有安全保险功能。

安全保险功能主要依靠ECU内的软件来实现。当系统诊断出有故障出现时，一方面发出故障警告信号、存储故障码，另一方面ECU会自动启用安全保险功能，按照存储器内设定的程序和数据，使控制系统继续工作或强制停机。如系统检测出冷却液温度信号电路出现故障，ECU会采用预先设置在存储器中的代用值，来代替冷却液温度信号，使发动机继续运行。而当点火器出现故障时，ECU连续多次检测不到点火反馈信号（IGf），则会采取强制措施，停止喷油器喷油。

(2) 后备系统　后备系统又称为后备功能，它是当ECU内控制程序出现故障时，ECU把燃油喷射和点火正时控制在预定水平上，作为一种备用功能使车辆仍能继续慢速行驶，回到修理厂，所以也称为回家（go home）模式。

如图4-67所示是发动机ECU后备系统的工作原理框图。其后备系统为一专用后备电路，由集成电路组成。监视回路中装有监视计数器，正常工作情况下，微机定时进行清零。出现异常情况时，例行程序不能正常运行。如果这时计数器的定期清零工作不能进行，微机显示溢出。当监视器发现微机溢出，就能检测出异常情况。当监视器监测出微机出现异常情况而满足启用后备系统的条件时，首先点亮"发动机故

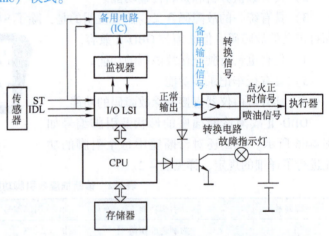

图4-67　ECU后备系统工作原理框图

障灯"，提示驾驶人发动机已出现故障，需要进行维修；与此同时，ECU自动转换成简易控制的后备功能。

后备系统只是简易控制，只能维持基本功能，使车辆能够慢速行驶，而不能保证发动机运行在最佳状态，不宜在"后备"状态下行驶，应及时检查修理。

电控汽油喷射系统传感器结构认识参见《汽车构造与原理实训》项目4.2及其光盘。
电控汽油喷射系统执行器结构认识参见《汽车构造与原理实训》项目4.3及其光盘。

想一想　发动机转速的测试可以从哪里提取信号？

4.3　稀薄燃烧与缸内直喷电子控制技术

随着汽车工业的飞速发展以及世界能源的日益枯竭，对汽车节能减排的要求越来越高。如何降低发动机的排放污染，提高其燃油经济性，已成为汽车行业研究的主要课题。由于汽

第4章 汽油机燃料供给系统

油机的燃油经济性能比柴油机差,所以降低汽油机的能耗显得更为迫切。

4.3.1 稀薄燃烧技术

稀薄燃烧技术是提高汽油机燃油经济性和降低排放的重要手段。稀薄燃烧是指空燃比达到20以上时的燃烧。目前,稀薄燃烧技术主要有均质稀薄点燃、缸内直喷稀薄燃烧(GDI)、均质稀薄压燃(HCCI)等几种。

1. 均质稀薄点燃

普通的电子控制燃油喷射汽油机为了正常点火并使三元催化转化器发挥出最大效率,一般将空燃比控制在14.7(即理论空燃比)左右。然而,从理论上说,完全燃烧是不可能真正实现的,只有在提供过量空气的情况下,才可能使燃料与空气充分混合,使进入燃烧室的燃料充分燃烧,从而大大地减少尾气中的CO和HC含量。均质稀薄点燃技术在提高了空燃比,使用稀薄混合气燃烧后,必须提高压缩比,增大等熵指数,并在结构上进行一些改进。

(1) 采用高压缩比燃烧室

1) 火球高压缩比燃烧室。这种燃烧室的压缩比为16,空燃比可达26。燃烧室主要位于气缸盖上凹入的排气门下方,结构紧凑,能形成较强的挤气紊流,其耗油量比分隔式柴油机还低。但是,采用这种燃烧室必须使用高辛烷值的汽油,且对缸内积炭比较敏感。

2) 卡多HRCC燃烧室。这种燃烧室在使用辛烷值(研究法)为97的汽油时,其压缩比为13,经济空燃比为21.5。这种燃烧室结构紧凑,火焰传播距离较短,挤气面积大,紊流强,火花塞位于凹坑内。

(2) 采用四气门 高性能乘用车的汽油机大多采用四气门结构,在此基础上再进一步发展稀薄燃烧。四气门发动机的两个进气道分别通向两个进气门,一个是平滑的直进气道,其上装有控制进气的控制阀,另一个是产生涡流的涡流进气道,采用切向进气方式。也可以采用在进气道中设置突起或隔板等方式产生涡流,两进气道之间有通道相连。在控制阀后面装有一只双孔喷油器,两股油束深深贯穿入两进气道内。

在发动机部分负荷工况下,控制阀关闭直进气道,进气只通过涡流进气道进入,高速涡流使喷入的燃料雾化和混合。在发动机高速工况时,控制阀打开直进气道,两个进气道同时进气,可改善高速运转时混合气的形成与燃烧。

(3) 采用可变配气相位机构 采用可变配气相位机构,可根据发动机转速和负荷的变化调整气门的开闭时刻,以满足稀薄混合气在不同工况和不同转速下的进、排气效应,从而保证汽油机在各种工况下都能稳定地工作。

(4) 加装燃烧压力传感器 加装燃烧压力传感器,可以精确检测燃烧压力的变动,然后调节各缸的供油量,使空燃比接近燃烧界限。另外,由于提高了压缩比,汽油机易产生爆燃,加装燃烧压力传感器后,可使燃烧室内的燃烧状态及时地反馈到ECU,ECU根据预先设定的数据对喷油及点火进行调整,使汽油机各项性能指标均保持在最佳状态。

(5) 采用稀薄混合气传感器 普通电控汽油机氧传感器的突变空燃比为14.7,稀薄燃烧系统在排气管中安装了稀薄混合气传感器,用以取代氧传感器来检测稀燃界限,使发动机尽可能地接近稀燃极限运行。

2. 缸内直喷(GDI)稀薄燃烧

GDI(Gasoline Direct-Injection)即汽油直接喷射,其结构如图4-68所示。近年来,国外各大汽车厂商都在积极研究开发缸内直喷分层稀薄燃烧技术。德国大众公司于 2000 年向市场投放了 FSI 型缸内直喷汽油机，2001 年标致雪铁龙公司开发了 HPI 缸内直喷系统，丰田公司则推出了 D-4 型直喷式火花点火发动机等。采用缸内直喷分层稀燃技术的汽油机，中小负荷时，在压缩行程的后期开始喷油，通过与燃烧系统的合理配合，在火花塞附近形成较浓的可燃混合气，在远离火花塞的区域，形成稀薄分层混合气。在发动机大负荷及全负荷时，在早期进气行程中将燃油喷入气缸，使燃油有足够的时间与空气混合，形成完全均质的混合气进行燃烧。另外，也有采用分段喷射技术的分层混合气，即在进气早期开始喷油，使燃油在气缸中均匀分布，在进气后期再次喷油，最终在火花塞附近形成较浓的可燃混合气，将一个循环的喷油量分作两次喷入气缸，可以很好地实现混合气的分层。

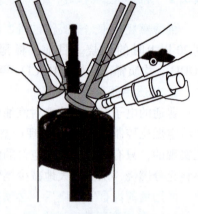

图 4-68　汽油直接喷射发动机（GDI）

如图 4-69 所示为 GDI 发动机的系统布置，图中的控制系统由各种传感器得到所需的实际工况参数，经过 ECU 的运算判断后，通过各种驱动机构对喷油器和火花塞等进行实时控制。

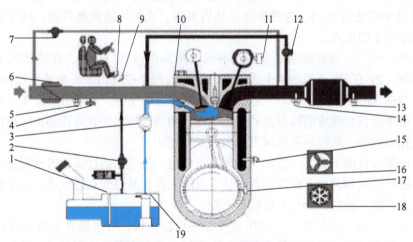

图 4-69　GDI 发动机的系统布置

1—油位传感器　2—汽油滤清器　3—高压泵　4—压力传感器　5—进气温度传感器
6—电动节气门　7—二次进气门　8—加速踏板　9—制动踏板　10—撞击传感器
11—凸轮轴位置传感器　12—EGR　13—前氧传感器　14—后氧传感器
15—冷却液温度传感器　16—冷地风扇　17—曲轴位置传感器
18—空调　19—油泵

GDI 发动机的优点是在适当的曲轴转角将汽油直接喷入气缸中，因此兼有热效率高和升功率大的优点，同时解决了冷起动时 HC 排放量高的问题，发动机的燃油经济性随之改善。采用分层稀薄燃烧技术的 GDI 发动机虽然大幅度地提高了部分负荷下发动机的燃油经济性，但还存在着中、小负荷时 HC 排放较多、NO_x 排放较高、颗粒排放增加等缺点。

3. 均质稀薄压燃（HCCI）

HCCI（Homogeneous Charge Compression Ignition）即均质充气压缩点燃。

早在20世纪30年代，人们就认识到在汽油机上存在均质混合气压缩自燃的燃烧方式，HCCI燃烧方式的出现，有效地解决了传统均质稀薄点燃燃烧速度慢的缺点，是有别于传统汽油机的均质点燃预混燃烧、柴油机的非均质压缩扩散燃烧和GDI发动机的分层稀薄燃烧的第四种燃烧方式。HCCI发动机利用的是均质混合气，通过提高压缩比，采用废气再循环、进气加温和增压等手段，提高气缸内混合气的温度和压力，促使混合气进行压缩自燃，在气缸内形成多点火核，有效维持了着火的稳定性，并减少了火焰传播的距离。

1996年，丰田汽车公司研究的HCCI汽油机，其压缩比高达17.4，空燃比为33～44，热效率高，同时保持了较高的动力性和经济性，并降低了NO_x和碳烟的排放。虽然HCCI发动机有很多优点，但也并非没有缺点。据资料记载，HCCI发动机燃烧高稀释度的空气-燃油混合气，限制了燃烧强度，使发动机难以采用涡轮增压。另外，较低的排气温度对催化转化器来说也是一个问题，因为需要相当高的温度才能引起氧化、还原反应。HCCI发动机还处于研究阶段，目前还没有用于生产。

4.3.2 缸内直喷式汽油机的工作原理

缸内直喷式汽油机的工作原理如图4-70所示。

(1) 气缸内涡流的运动　在进气过程中，通过直立式进气管，在气缸吸力的作用下，产生强大的下降气流，使充气效率得到提高。又在顶面弯曲活塞的作用下，形成比传统汽油机更强大的滚动涡流。这个滚动涡流，将压缩后期喷射出的旋转油雾，带到燃烧室中央的火花塞附近，然后及时点火燃烧。

(2) 高压旋转油雾的产生　高压旋流喷油器，在压缩行程的后期（此时气缸内压力为0.6～1.5 MPa），以5～5.5 MPa的高压喷射出旋转的油雾，卷入滚动涡流中，迅速吸热汽化，以层状混合状态被卷到火花塞附近。此时，火花塞附近为高浓度混合气，极易点燃。气缸内的燃气呈"稀包浓"状态（氧分子包围HC分子），形成了一个绝热层，提高了热效率，使功率提高，油耗降低。

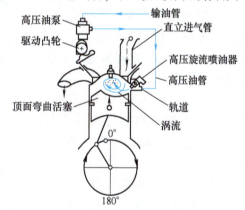

图4-70　缸内直喷式汽油机工作原理

(3) 高速强燃烧涡流的产生　"稀包浓"的强燃烧涡流，因未燃物和已燃物温度、密度和离心力的差异，在旋转中逐层的换位和剥离（未燃物温度低、密度大和离心力大，向外移动；已燃物温度高、密度小和离心力小，向内移动），并从内向外稳定地、彻底地分层燃烧（图4-71）。"稀包浓"状态的燃气涡流，与气缸壁间产生绝热层，从而提高了热效率。因高压缩比和高速强涡流及涡流分层高效率燃烧的结果，即进气涡流、压缩涡流、燃烧涡流（图4-72a、b、c）的综合效果，与传统的电喷汽油机相比，输出功率P_e和输出转矩M_e提高了10%。超稀薄的混合气，空燃比可达30～40，与传统的汽油机相比，因燃烧过程和燃烧温度控制的合理，节油率可达40%，可使排气中的CO、HC、NO_x等有害物质大幅度降低。

(4) 起动性能的提高 因燃油直接喷入气缸，无燃油的黏结损耗，又因火花塞处为高浓度混合气，与传统的均质混合方式相比，起动性能得到提高，发动机在一两个循环即可起动运转。而传统的均质混合发动机，需要十几个循环才能起动运转。

(5) 中小负荷工况时的喷油特点 乘用车在市内行驶占有的时间为75%～85%，多在中、小负荷工况下工作，应在压缩行程后期喷油，以经济超稀薄混合气成分为主，为分层燃烧的混合气。

(6) 大负荷工况时的喷油特点
为了获得大负荷时的功率值（包括其他工况），应加浓可燃混合气，以动力性为主，采用两次喷油方式（图4-73）。第1次是在进气行程，喷入适量燃油，形成均质燃烧混合气，此为补救功能。此时，还可利用燃油的汽化热，来降低进气温度，提高充气效率。

第2次是在压缩行程的后期喷油，形成浓稀不均的层状混合气，再点火燃烧。因此，在大负荷工况时，一个工作循环中喷油器发生两次脉冲信号，脉冲宽度各不相同。注意两次喷油的功能也会在起动工况、急加速工况时出现，用来调节空燃比的大小（图4-74），改善使用性能。

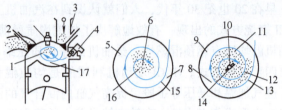

图4-71 分层燃烧过程

1、14、16—浓区 2—火花塞 3—直立进气管 4—高压旋流传感器 5、9—稀区 6—火花 7、8—绝热层 10—火焰 11—未燃物（离心力大） 12—已燃物（离心力小） 13、15—涡流 17—旋转涡流

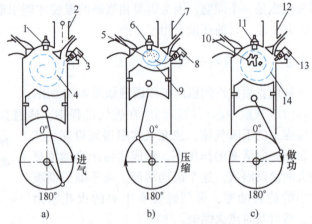

图4-72 三种涡流的产生
a）进气涡流 b）压缩涡流 c）燃烧涡流
1、6、11—火花塞 2、7、12—直立进气管 3、8、13—高压旋流喷油器 4—进气涡流 5—浓区 9—压缩涡流 10—火焰 14—燃烧涡流

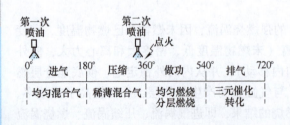

图4-73 两次喷油方式

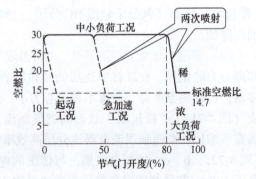

图4-74 空燃比（A/F）变化特性

第4章　汽油机燃料供给系统

（7）高压缩比的实现　要提高汽油机的功率输出，一是加大进气量，二是提高压缩比，三是控制燃烧过程。传统的电控喷射系统，因燃油质量的制约，压缩比已难突破10∶1的大关，还需要使用97号汽油。而缸内直喷式汽油机却能突破这个界限值，使压缩比提高到12~13，对汽油的辛烷值无过高要求，究其原因如下：

1）吸入气缸内的空气量大幅度增加，进气冷却效果较好，因而对爆燃的抑制作用加大。

2）直接喷入气缸内的超稀薄混合气燃料的汽化热可降低气体温度和增大空气密度，因而不易产生爆燃。

3）缸内直喷本来就具有不易产生爆燃的特性，又在压缩行程后期喷油，燃油在燃烧室内滞留时间极短，使大幅度提高压缩比（12~13）成为可能。传统汽油机爆燃的产生是燃油滞留在气缸内的时间较长，已燃部分的可燃气体对未燃部分的可燃气体挤压和辐射造成的，即未燃部分的可燃气体，产生大量的极不稳定的过氧化物，不等火焰传到，即自行不正常地急速燃烧。而缸内直喷方式，只对点火早晚敏感，不存在过氧化物的问题。

因为采用超稀薄混合气分层燃烧，使有害物 NO_x 生成量加大，故净化应使用存储式双级三元催化转换器，使尾气在三元催化转换器中有较长的滞留时间（2s），从而使尾气中的CO、HC、NO_x 转化还原为无害气体 CO_2、H_2O、N_2，并加装温度传感器进行监控。在中小负荷工况，使EGR系统投入工作，并采用较大的EGR率（传统式电控系统为5%~15%，而GDI系统为20%），再加上专门的存储式双级三元催化转换器，进行废气净化处理。

增装废气涡轮增压系统（如奥迪A6L 2.0T FSI 等乘用车），充气效率将进一步提高，空气密度加大，氧含量提高，燃烧条件进一步改善，动力性、经济性和净化性将明显提高。

本章小结

1. 电控汽油喷射系统由汽油供给、空气供给和电子控制三部分组成。

2. 燃油供给系统由电动汽油泵、汽油滤清器、汽油压力脉动阻尼器、汽油压力调节器、喷油器和汽油管路等组成。

3. 空气供给系统由空气滤清器、空气流量计或进气歧管绝对压力传感器、节气门、进气总管、进气歧管和怠速空气控制系统等组成。

4. 电子控制装置由传感器、电子控制单元（ECU）和执行器组成。传感器将发动机的工作状态信息转变为电信号，输送给电子控制单元（ECU），电子控制单元对传感器信号进行分析、处理、运算和判断后，向执行器发出控制指令，实现对发动机运行的最佳控制。

5. 发动机常用的传感器有转速与曲轴位置传感器（电磁感应式、霍尔效应式、光电效应式）、冷却液温度传感器、进气温度传感器、氧传感器（氧化锆式、氧化钛式）、爆燃传感器、车速传感器、节气门位置传感器等。

6. 电控汽油喷射发动机一般都设有故障自诊断系统，具有安全保险功能和后备系统，以备发动机故障的自检测诊断和应急处理。

7. 稀薄燃烧技术主要有均质稀薄点燃、缸内直喷（GDI）稀薄燃烧、均质稀薄压燃（HCCI）3种。

思考题

1. 名词解释：单点汽油喷射、多点汽油喷射、同时喷射、顺序喷射、分组喷射、故障自诊断、安全保险功能。
2. 电控汽油喷射系统有哪些类型？
3. 试说明电控汽油喷射系统的组成、作用及工作原理。
4. 电控汽油喷射系统的空气供给系统主要由哪些部件组成？
5. 空气流量计主要有哪些类型？简述热线式空气流量计的工作原理。
6. 发动机怠速控制装置主要有哪几种？步进电动机式怠速控制阀是如何工作的？
7. 电控汽油喷射系统的汽油供给系统主要由哪些部件组成？
8. 简述汽油压力调节器的功用和工作原理。
9. 简述电磁式喷油器的基本结构与工作原理。
10. 发动机转速和曲轴位置传感器的作用是什么？常见的类型有哪些？
11. 冷却液温度传感器的作用是什么？简述其基本结构与工作原理。
12. 氧传感器的作用是什么？简述氧化锆（或氧化钛）式的氧传感器的结构与工作原理及对空燃比控制系统的影响。
13. 爆燃传感器的作用是什么？有几种类型？简述其基本工作原理。
14. ECU 由哪几部分组成，各起什么作用？
15. 故障自诊断系统、安全保险功能和后备系统的功用各是什么？
16. 简述缸内直喷汽油发动机的工作原理。

第 5 章 柴油机燃料供给系统

本章内容架构

```
第 5 章  柴油机燃料供给系统
    │
    ├── 5.1 柴油机混合气的形成与燃烧
    ├── 5.2 电控柴油喷射系统结构与原理
    └── 5.3 机械式柴油喷射系统简介
```

教学目标要求、重点与难点

序号	教学目标要求	教学重点	教学难点
1	理解柴油机混合气的形成、燃烧室与燃烧过程	√	
2	掌握电控柴油喷射系统总体组成与原理	√	
3	掌握电控柴油机燃油系统的组成与工作原理	√	√
4	掌握电控柴油机控制系统的组成与工作原理	√	√
5	掌握机械式柴油喷射系统的总体组成与原理	√	
6	理解柱塞式喷油泵和分配式喷油泵的基本结构与工作原理		√
7	能够识别不同类型的柴油喷射装置及其零部件	√	

5.1 柴油机混合气的形成与燃烧

5.1.1 柴油机混合气的形成

1. 混合气的形成特点

柴油机使用的燃料是柴油,由于其蒸发性和流动性比汽油差,而自燃点又比汽油低,所以只能采用在压缩上止点前直接喷入气缸,靠压缩着火燃烧。

由于柴油机混合气形成时间极短,只占 15°~35° 曲轴转角(按发动机转速 3000r/min 计,只占 $8.3 \times 10^{-4} \sim 1.9 \times 10^{-3}$ s),可燃混合气形成十分困难;而且边燃烧边喷油,气缸内各处混合气浓度很不均匀,极易造成燃烧不完全,排气冒黑烟,动力经济性能下降等不良后果。

为此,现代柴油机除采用前面所述的高压燃油喷射外,还需要组织空气在气缸中高速流动,同时设计出各种燃烧室,促进可燃混合气的形成和快速燃烧。

2. 柴油机混合气的形成方式

根据柴油机混合气的形成特点,可以分为空间雾化混合和油膜蒸发混合两种基本方式。

空间雾化混合是将柴油高压喷向燃烧室空间,形成雾状,与空气进行混合。为了使混合均匀,要求喷出的燃油与燃烧室形状相配合,并充分利用燃烧室中空气的运动。

油膜蒸发混合是将大部分柴油喷射到燃烧室壁面上,形成一层油膜,受热蒸发,在燃烧室中强烈的旋转气流作用下,燃料蒸气与空气形成均匀的可燃混合气。

在柴油实际喷射中,很难保证燃料完全喷到燃烧室空间或燃烧室壁面,所以两种混合方式都兼有,只是多少、主次有所不同。

为了促进柴油与空气更好混合,一般都要组织适当的空气涡流,常见的有以下三种:

(1) 进气涡流　进气涡流是指在进气行程中,使进入气缸的空气形成绕气缸中心高速旋转的气流。它一直持续到燃烧膨胀过程。

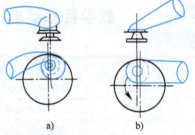

图 5-1　螺旋形进气道和切向进气道
a) 螺旋形进气道　b) 切向进气道

产生进气涡流的方法一般是将进气道设计成螺旋形进气道(图 5-1a)或切向进气道(图 5-1b)。切向进气道在气门座前强烈收缩,引导气流以单边切线方向进入气缸,造成进气涡流。螺旋形进气道是在气门座上方的气门腔里制成螺旋形,使气流在螺旋气道内就形成一定强度的旋转,造成较强的进气涡流,涡流速度可以达到曲轴转速的 6~10 倍。

(2) 挤压涡流　挤压涡流(挤流)是指在压缩过程中形成的空气运动。当活塞接近压缩上止点时,活塞顶上部的环形空间中的气体被挤入活塞顶部的凹坑内(图 5-2a),形成了气体的运动。当活塞下行时,活塞顶部凹坑内的气体向外流到环形空间(图 5-2b),称为逆挤流。挤压涡流的产生与活塞顶凹坑(燃烧室)的设计

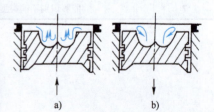

图 5-2　挤压涡流
a) 挤流　b) 逆挤流

第 5 章 柴油机燃料供给系统

有很大关系,柴油机活塞顶凹坑形状很多,目的都是促进燃油与空气的混合与燃烧。

(3) 燃烧涡紊流　燃烧涡紊流是指利用柴油燃烧的能量,冲击未燃的混合气,造成混合气涡流或紊流。其目的也是进一步促进燃油与空气的混合与燃烧。燃烧涡紊流的程度与柴油机燃烧室的形状密切相关。

5.1.2 柴油机燃烧室

燃烧室是柴油机的燃烧场所。它对燃烧有重要影响,其结构形状很多,基本分为直喷式燃烧室和分隔式燃烧室两大类(图5-3)。

1. 直喷式燃烧室

直喷式燃烧室的结构特点是只有一个燃烧室,位于活塞顶面和气缸盖底平面之间,燃料直接喷入该燃烧室中与空气进行混合燃烧。

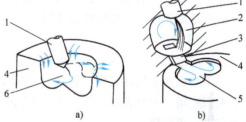

直喷式燃烧室的活塞顶设计极具独创性(图5-4),不同的涡流凹坑,产生不同的气体运动,混合气形成也不同,导致发动机性能的差异。

图 5-3　柴油机燃烧室
a) 直喷式燃烧室　b) 分隔式燃烧室
1—喷油器　2—副燃烧室　3—连接通道　4—活塞
5—双涡流凹坑　6—凹坑

如图 5-4a 所示的浅盆形燃烧室凹坑较浅、底部较平、空气压缩涡流小,主要靠喷油器高压喷油到燃烧室空间与空气混合,属于空间雾化混合方式。这种燃烧室结构简单、紧凑,由于空间小,传热少,动力性、经济性与起动性都较好。但对喷油系统要求高,需要较高的喷油压力,喷油器的喷孔也要求小而多,工作起来也比较粗暴。

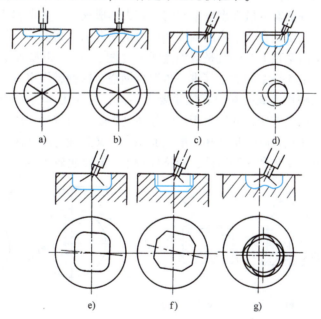

图 5-4　不同直喷式燃烧室
a) 浅盆形燃烧室　b) 浅ω形燃烧室　c) 球形燃烧室　d) U形燃烧室
e) 四角形燃烧室　f) 八角形燃烧室　g) 花瓣形燃烧室

117

如图 5-4c 所示的球形燃烧室凹坑呈球状、较深、空气涡流较强，喷油器顺气流喷射，在强涡流气流的带动下，燃油被涂布到球形燃烧室壁面上，形成一层油膜。只有一小部分从油束中分散出来的燃油以油雾分散在燃烧室空间，在炽热的空气中，首先完成着火准备，形成火源。然后靠此火源点燃从壁面已蒸发出来并和空气混合的可燃混合气。随着燃烧进行，产生大量热量，辐射在油膜上，又使油膜加速蒸发，不断地和室壁附近高速旋转的气流混合，达到迅速燃烧。所以这种燃烧方式属于油膜蒸发混合方式。由于空气的强烈涡流，空气利用率较高；燃料燃烧是逐层蒸发燃烧，所以工作起来比较柔和。它对燃油系统要求不高，可以使用单喷孔喷油器，喷油压力也较低。但它的起动性能不好，因为起动时机体温度低，油膜较难蒸发燃烧，低速性能也不好。

2. 分隔式燃烧室

分隔式燃烧室的结构特点是燃烧室被分隔为主、副两个燃烧室，二者用一个或数个通道相通。副燃烧室在气缸盖内，容积占总压缩容积的 50%～80%，主燃烧室在缸盖底平面与活塞顶面之间。燃料先喷入气缸盖中的副燃烧室进行预燃烧，再经过通道喷到活塞顶上的主燃烧室进一步燃烧。

分隔式燃烧室根据结构的不同分为涡流室式和预燃室式两种。涡流室式燃烧室的副燃烧室有球形（图 5-5a）、吊钟形（图 5-5b）和组合形（图 5-5c 由一段球形、一段柱形和一段锥形组成）等形状，主燃烧室的活塞顶也有不同凹坑，如双涡流凹坑（图 5-6a）、铲击形凹坑（图 5-6b）等。

不同的燃烧室结构，其工作情况也不同。如图 5-5c 所示为组合形副燃烧室，在压缩过程中，气缸中的空气被活塞挤压，经过通道流入涡流室形成有组织的强烈涡流。接近压缩上止点时，喷油器开始顺气流喷油，在强涡流气流带动下，燃油被涂布到燃烧室壁面上，形成油膜。同时，有少部分油雾分散在燃烧室空间，着火形成火源，并点燃从壁面蒸发出来的可燃混合气，迅速燃烧，使副燃烧室内的温度和压力迅速升高，高温、高压气体经通道喷入主燃烧室。若主燃烧室活塞顶上的凹坑是双涡流凹坑（图 5-6a），则喷入主燃烧室的混合气就会形成二次涡流，与主燃烧室内的空气进一步混合燃烧。这种燃烧室由于采取强烈有组织的气体二次涡流，空气利用率高，对喷雾质量要求不高，可采用单喷孔喷油器，喷油压力较低，喷油器故障少，调整方便，同时由于燃烧先在副燃烧室内进行，使主燃烧室压力升高趋缓，工作比较柔和。缺点是副燃烧室相对散热面积大，又直接与冷却液接触，加上主、副燃烧室之间的通道节流，使热利用率减低，经济性较差，起动也较困难。

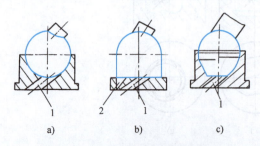

图 5-5 涡流室式燃烧室的副燃烧室
a）球形 b）吊钟形 c）组合形
1—主通道 2—副喷孔

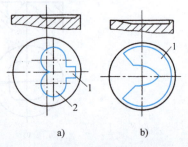

图 5-6 涡流室式燃烧室的主燃烧室
a）双涡流凹坑 b）铲击形凹坑
1—导流槽 2—双涡流凹坑

第5章 柴油机燃料供给系统

为了改善起动性能，有的增加了副喷孔（起动喷孔），使得在起动时由于空气涡流不强，从喷油器喷出的燃油可通过副喷孔，直接喷入活塞顶的主燃烧室温度较高处，燃料容易着火燃烧。

预燃室式燃烧室（图5-7）的副燃烧室与主燃烧室的通道截面较小，而且方向与喷油方向相对。压缩时，空气经通道被压向副燃烧室，形成强烈的紊流，燃料逆气流方向喷射，与空气相撞混合，并着火预燃烧，所以副燃烧室也称预燃室。随后不完全燃烧的混合气经通道到主燃烧室，与主燃烧室内的空气进一步混合燃烧。这种燃烧室工作比涡流室式燃烧室更柔和，而且可以燃用多种燃料，但它的节流损失比涡流室式更大，所以经济性能较差。

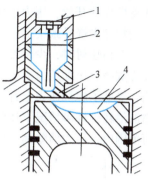

图5-7 预燃室式燃烧室
1—喷油器　2—副燃烧室
3—通道　4—主燃烧室

5.1.3 柴油机的燃油喷射

1. 喷雾特性

喷雾特性是指与燃料喷散雾化有关的特性，一般以燃油喷散的细度、均匀度、油束射程、偏转角和喷雾锥角等来表示。

喷散的细度可以用油束中油粒的平均直径来表示，喷散得越细、越均匀，说明雾化质量越好；油束射程表示油束的贯穿距离（图5-8）；喷雾锥角表示喷油时燃油离开喷孔后所形成的燃油束的锥角。不同柴油机，对喷雾特性都有不同要求，必须与燃烧室相互匹配，并非喷散得越细越好。

2. 喷油规律

喷油规律是指单位时间喷油器喷入燃烧室的油量随时间的变化关系。以图形表示的喷油规律称为喷油规律图，如图5-9所示。从喷油规律图中可以方便地看出喷油器开始喷油和结束喷油的时间以及喷油量变化的情况，可以检查喷油器是否有不正常喷射。

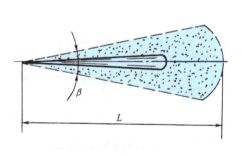

图5-8 喷油油束
L—油束射程　β—喷雾锥角

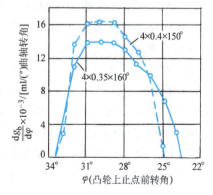

图5-9 喷油规律

在传统的机械式喷油系统中，只有主喷射而没有预喷射和后喷射，而在高压共轨喷油系统中，可实现主喷射、预喷射和后喷射。

无预喷射的压力特性曲线（图5-10）中，在上止点前的范围内，压力上升较平缓，但随着燃烧的开始,压力迅速上升,达到压力最大值时,形成一个较陡的尖峰。压力上升幅度的增加和尖峰导致柴油机的燃烧噪声明显提高。

有预喷射时,少量燃油($1\sim4mm^3$)喷入气缸,促使燃烧室产生"预调节",从而改善燃烧效率。压缩压力由于预反应或局部燃烧而略有提高,因此缩短了主喷油量的着火延迟期,降低了燃烧压力上升幅度和燃烧压力峰值,燃烧较为柔和。这种效果减小了燃烧噪声和燃油消耗,许多情况下还降低了排放。有预喷射的压力特性曲线(图 5-11)中,在上止点前范围内,压力值略高,但燃烧压力的上升变缓。

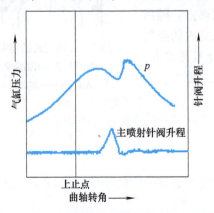

图 5-10 无预喷射的喷油器针阀升程和压力特性曲线

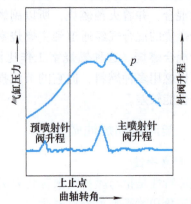

图 5-11 有预喷射的喷油器针阀升程和压力特性曲线

与预喷射和主喷射不同,后喷射在主喷射之后的做功行程或排气行程中进行,燃油在气缸中不会燃烧,而是在废气剩余热量的作用下蒸发,带入 NO_x 催化器中作为 NO_x 的还原剂,以降低废气中 NO_x 的含量。

后喷可分为早后喷和次后喷(图 5-12)。早后喷非常靠近主喷,可燃烧并能产生转矩,主要用于燃烧掉燃烧室残余的炭烟颗粒,炭烟排放可因此进一步减少 20%~70%。次后喷则相对远离主喷,一般在上止点后 20°曲轴转角范围内喷射,喷出的燃油不燃烧(即不产生转矩),但会被排气余热蒸发,主要用于为柴油机氧化催化器提供 HC,被氧化后发生放热反应以增加排温;

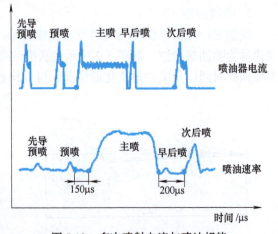

图 5-12 多次喷射电流与喷油规律

亦可用于后处理系统中的再生反应,如颗粒捕集器(DPF)和 NO 储存催化器(NSC)。

3. 不正常喷射

常见的不正常喷射有二次喷射、隔次喷射和其他不规则喷射。

二次喷射是指喷油器下一个工作循环开始之前又出现一次不需要的燃油喷射现象,其针阀升程如图 5-13a 所示。二次喷射将使整个喷射延续期拉长,后燃现象严重,柴油机经济性能下降,热负荷增加。不正确换用高压油管等将导致二次喷射。

第5章 柴油机燃料供给系统

隔次喷射是指喷油泵两次供油喷油器才有一次喷射的现象（图5-13b）。当喷油嘴偶件磨损严重时，常会引起隔次喷射。

不规则喷射是指喷油时间、喷油压力、喷油量不断变化的喷射（图5-13c）。喷油嘴偶件针阀磨损阻滞等会引起不规则喷射。

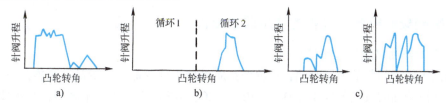

图5-13 不正常喷射

a）二次喷射 b）隔次喷射 c）不规则喷射

5.1.4 柴油机的燃烧过程

根据柴油机燃烧过程进展的实际特征，可以将其分为以下四个阶段：

1. 着火延迟期

着火延迟期是指从喷油开始（A点）到柴油开始着火（B点）的时期，如图5-14中的Ⅰ所示。

这个时期主要进行柴油着火前的物理化学准备过程（雾化、吸热、扩散、蒸发、氧化、分解）；同时，燃料不断喷入，占循环喷油量的30%~40%。

着火延迟期时间虽短（约0.0007~0.003s），但对整个燃烧过程影响很大。

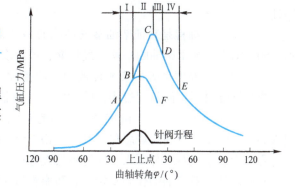

图5-14 柴油机燃烧过程

若着火延迟期长，则喷出的油量多，导致速燃期压力急剧升高，柴油机工作粗暴；但着火延迟期过短，又会导致可燃混合气形成困难，柴油机动力性及经济性能恶化。

2. 速燃期

速燃期是指从柴油开始着火（B点）到气缸内最高压力点（C点）的时期，如图5-14中的Ⅱ所示。

速燃期燃料燃烧非常迅速，气缸压力和温度急剧增加，是对外做功的关键时期；在这个时期，针阀仍然开启，燃料继续喷入，燃烧条件变差，所以要控制该时期的喷油量和加强气缸内气体的流动。

3. 缓燃期

缓燃期是指从最高压力点（C点）到最高温度点（D点）的时期，如图5-14中的Ⅲ所示。

缓燃期由于活塞下行，气缸容积变大，氧气变少，废气增多，所以混合气燃烧速度减缓，气缸内压力增加不显著，而温度却继续上升；若此时喷油还在继续，则会由于燃烧恶化，燃料易裂解成黑烟排出。

4. 后燃期

后燃期是指从缓燃期终点（D点）到燃料基本燃烧完为止（E点）的时期，如图5-14

中的Ⅳ所示。

后燃期气缸内未燃的油料继续燃烧，由于燃烧条件恶化，使燃烧不完全，排气冒黑烟，放出的热无法做功而传给机体，使发动机过热，所以应尽量减少后燃，并加强这个时期气缸内气体的流动。

5.1.5 影响柴油机燃烧过程的使用因素分析

1. 燃料对柴油机燃烧过程的影响

柴油汽车使用的柴油为轻柴油，我国按其质量分为优等品、一等品和合格品三个等级，每个等级又按柴油的凝点分为 10、0、-10、-20、-35 和 -50 六个牌号，其主要指标如下：

(1) 十六烷值（$C_{16}H_{34}$） 它是评价柴油着火难易的一个重要指标。十六烷值小，着火变难，着火延迟期变长，柴油机工作粗暴。汽车柴油机要求柴油十六烷值不小于 45。

(2) 凝点 凝点是指柴油失去流动性开始凝固时的温度。汽车轻柴油的牌号就是按凝点分为各种牌号。选用柴油时，应该根据当时当地的气温确定，要求柴油的凝点低于气温 5℃以上。

(3) 馏程 馏程是表征柴油蒸发性能的一个指标。以某一馏出容积百分数下的温度表示。50% 馏程表征了柴油的平均蒸发性能，该温度越低，说明柴油蒸发性越好。

(4) 黏度 黏度是表征柴油稀稠的一项指标。黏度过大，柴油喷雾困难，雾化质量变差，影响燃烧过程；而黏度过小，喷油泵及喷油器中的精密偶件润滑不良，容易磨损。

(5) 机械杂质和水分 机械杂质会引起喷油嘴的喷孔堵塞，加剧喷油泵、喷油嘴精密偶件磨损；而水分会使燃烧恶化，都应严格控制。尤其是柴油的输运和添加等环节，注意防止外界灰尘、杂质及水分混入，应进行沉淀和严格过滤。

除此之外，对柴油的化学安定性、防腐性等也都有要求。

2. 供油提前角对燃烧过程的影响

供油提前角是指喷油泵开始供油瞬时到活塞行至上止点所转过的曲轴转角。它是影响柴油机动力性能、经济性能、运转性能和排放性能的一个重要而且敏感的因素。

若供油提前角过大，则此时气缸温度较低，导致燃烧的着火延迟期长，柴油机工作粗暴，常出现"敲缸"现象。同时还使上行的活塞受阻，起动困难，压缩负功增加，动力性及经济性能下降。

相反，若供油提前角过小，燃料不能在上止点附近迅速燃烧完全，后燃期延长，导致柴油机排气冒黑烟，冷却液温度过高，机体过热，动力性及经济性能下降。

柴油机在使用中，由于精密偶件、各传动部件、油量控制部件、喷油提前器等的磨损或松动，都会使供油提前角产生变化，应经常进行检查调整。

5.2 电控柴油喷射系统结构与原理

5.2.1 电控柴油喷射系统概述

柴油机电控燃油喷射系统的研究开发始于 20 世纪 70 年代，20 世纪 80 年代进入应用阶

第 5 章 柴油机燃料供给系统

段,20 世纪 90 年代得到迅速发展。历经位置控制、时间控制、高压共轨综合控制三代变化,它对提高柴油机的动力性能、经济性能、运转性能和排放性能都产生了极大的影响。

传统的柴油喷射系统是采用机械方式进行喷油量和喷油时间调节和控制,由于机械运动的滞后性,调节时间长,精度差,喷油速率、喷油压力和喷油时间难于准确控制,导致柴油机动力经济性能不能充分发挥,排放超标。与传统的机械方式比较,电控柴油喷射系统具有如下优点:

1) 对喷油定时的控制精度高(高于 0.5°曲轴转角),反应速度快。
2) 对喷油量的控制精确、灵活、快速,喷油量可随意调节,可实现预喷射和后喷射,改变喷油规律。
3) 喷油压力高(高压共轨电控喷油系统高达 200MPa),不受发动机转速影响,优化了燃烧过程。
4) 无零部件磨损,长期工作稳定性好。
5) 结构简单,可靠性好,适用性强,可以在新老发动机上应用。

5.2.2 电控柴油喷射系统总体组成与原理

以高压共轨电控柴油喷射系统为例,其总体组成如图 5-15 所示,它主要由燃油供给系统和电子控制系统两大部分组成。高压共轨电控柴油喷射系统构造原理及拆装实训参见《汽车构造与原理实训》项目 5.1 及其光盘。

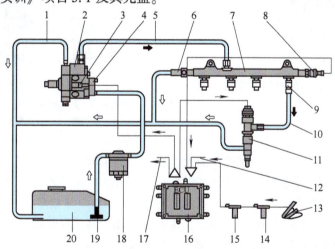

图 5-15 高压共轨电控柴油喷射系统的总体组成

1—回油管 2—高压泵 3—电磁阀 4—机械输油泵 5、10—高压油管 6—限压阀
7—高压存储器(共轨管) 8—共轨压力传感器 9—流量限制器 11—电控喷油器
12—其他传感器 13—加速踏板传感器 14—凸轮轴位置传感器 15—曲轴转速传感器
16—ECU 17—其他执行器 18—柴油滤清器 19—电动输油泵 20—油箱

1. 燃油供给系统

燃油供给系统由低压油路和高压油路两部分组成。

(1) 低压油路 低压油路由油箱 20、电动输油泵 19、机械输油泵 4 和柴油滤清器 18 等组成,其作用是产生低压柴油,输往高压泵。它的油箱、电动输油泵与汽油机燃料系统类似,不再赘述。

1) 机械输油泵。机械输油泵的作用是将柴油从油箱中吸出。它安装装在高压泵外侧,基本构件是2个互相啮合反向转动的齿轮(图5-16),驱动齿轮由油泵凸轮轴驱动,带动另一齿轮转动,将柴油从吸油端送往压油端,其输油量与发动机转速成正比,输油量的调节借助于吸油端的节流调节阀或压油端的溢流阀进行。

2) 柴油滤清器。柴油滤清器将进入高压泵前的柴油滤清净化和排除柴油中的水分,从而防止高压泵和喷油器等精密零部件过早磨损和损坏。

柴油滤清器结构如图5-17所示。工作时柴油从进油口2进入,经纸质滤芯3过滤,干净的柴油从出油口7流出。

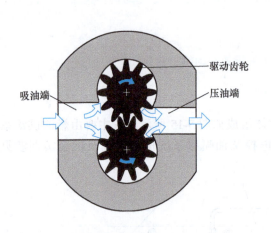

图5-16 齿轮泵结构与工作原理

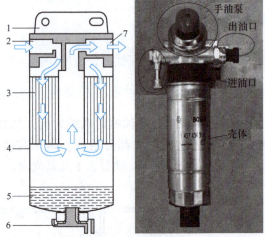

图5-17 柴油滤清器
1—滤清器盖 2—进油口 3—纸质滤芯 4—外壳
5—集水槽 6—放水螺塞 7—出油口

如果柴油中有水,由于水的密度比油大,在流经滤清器时,水会沉入底部集水槽5中,打开放水螺塞6即可将水放掉。现代汽车大部分设有自动水报警装置,当滤清器内的水到一定高度时,警告灯就会闪亮,提醒驾驶人及时将水排出。

(2) 高压油路 高压油路由高压泵2、高压油管10、高压存储器(共轨管)7和电控喷油器11等组成(图5-15),其基本作用是产生高压柴油。

1) 高压泵(图5-18)。其作用是产生高压油。它采用三个径向布置的柱塞泵油元件9,相互错开120°,由偏心凸轮8驱动。

工作时,从输油泵来的柴油流过单向阀5,一部分经节流小孔流向偏心凸轮室供润滑冷却用,另一部分经低压油路6进入柱塞室10。当偏心凸轮8转动导致柱塞9下行时,进油阀11打开,柴油被吸入柱塞室10;当偏心凸轮被顶起时,进油阀关闭,柴油被压缩,压力剧增,达到共轨压力时,顶开出油阀1,高压油被送去共轨管。

在怠速或小负荷时,输出油量有剩余,可以经调压阀3流回油箱。还可以通过控制电路使电磁阀12通电,使电枢上的销子下移,顶开进油阀,切断某缸柱塞供油,以减少供油量和功率损耗。

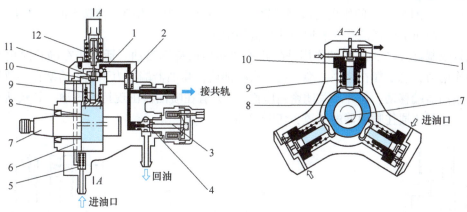

图 5-18 高压泵
1—出油阀 2—密封件 3—调压阀 4—球阀 5—单向阀 6—低压油路 7—驱动轴
8—偏心凸轮 9—柱塞泵油元件 10—柱塞室 11—进油阀 12—电磁阀

2）调压阀（图 5-19）。它被安装在高压泵旁边或共轨管上。其作用是根据发动机负荷状况调整和保持共轨管中的压力。

当调压阀不工作时，电磁线圈 4 不带电，高压泵出口压力大于弹簧 2 的弹力，阀门 6 被顶开。根据输油量的不同，调节阀门打开的程度。

当需要提高共轨管中的压力时，电磁线圈 4 带电，给电枢 3 一个附加作用力，压紧阀门 6，使共轨管中的压力升高到与其平衡为止，然后调节阀门停留在一定开启位置，保持压力不变。

3）高压存储器（共轨管）。其作用是存储高压油，保持压力稳定。其结构如图 5-20 所示，共轨管上安装有共轨压力传感器 2、限压阀 3 和流量限制器 4。

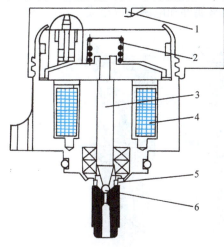

图 5-19 调压阀
1—电气插头 2—弹簧 3—电枢
4—电磁线圈 5—回油孔 6—阀门

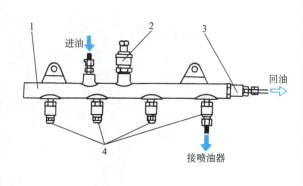

图 5-20 高压存储器（共轨）
1—共轨管 2—共轨压力传感器
3—限压阀 4—流量限制器

共轨压力传感器（图 5-21）用固定螺纹 6 紧固在共轨管上，其内部的压力传感膜片 4 感受共轨压力，通过分析电路，把压力信号转换成电信号传至 ECU 进行控制。

限压阀（图5-22）的作用是限制共轨管中的压力。当压力超过弹簧5的弹力时，阀门2打开卸压，高压油经通流孔3和回油孔8流回油箱。

流量限制器（图5-23）的作用是防止喷油器出现持续喷油。活塞2在静止时由于受弹簧4的作用力，总是靠在堵头1端。在一次喷油后，喷油器端压力下降，活塞在共轨压力作用下向喷油器端移动，但并不关闭密封座面6。只有在喷油器出现持续喷油，导致活塞下移量大时，才封闭通往喷油器的通道，切断供油。

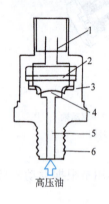
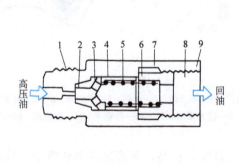

图5-21 共轨压力传感器
1—电气插头 2—分析电路
3—外壳 4—压力传感膜片
5—油道 6—固定螺纹

图5-22 限压阀
1—固定螺纹 2—阀门 3—通流孔
4—活塞 5—弹簧 6—限位件 7—阀座
8—回油孔 9—外壳

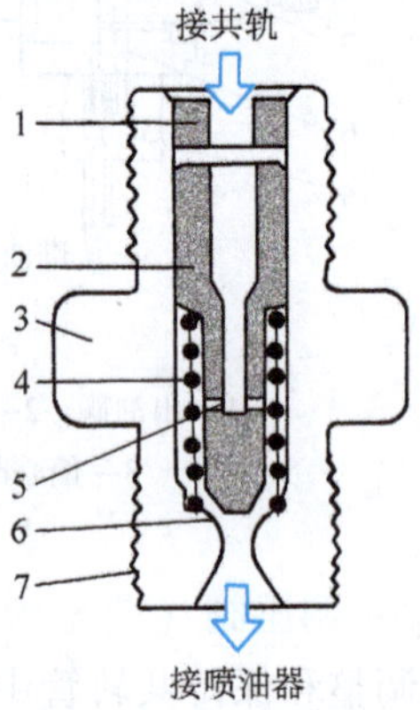

图5-23 流量限制器
1—堵头 2—活塞 3—外壳
4—弹簧 5—节流孔
6—密封座面 7—螺纹

4）电控喷油器。电控喷油器是共轨柴油喷射系统的核心部件，其作用是准确控制向气缸的喷油时间、喷油量和喷油规律。

电控喷油器的结构如图5-24所示，主要由喷油嘴偶件和电磁阀等组成。

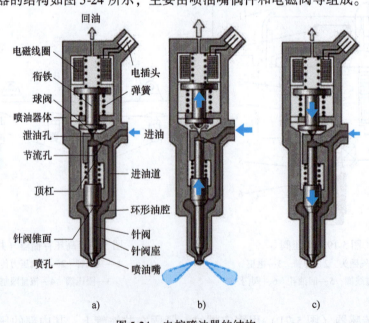

图5-24 电控喷油器的结构
a）蓄压 b）喷油 c）结束

由共轨管来的高压油进入喷油器体内部油道,有一部分高压油经节流孔作用在顶杠上,压向喷油嘴偶件的针阀,使其压紧在针阀座的密封锥面上,停止喷油;另有一部分高压油经喷油器体的斜油道进入环形油腔,力图顶开针阀喷油。

在电磁线圈不通电时,针阀处于关闭状态,喷油停止。

当电磁线圈通电时,衔铁受电磁力的作用上升,球阀打开,顶杠上方的高压油从泄油孔排出,使顶杠上方的液压力小于喷油器针阀承压锥面的向上分力,使针阀升起,喷油器喷油。喷油量的大小取决于喷油嘴开启的持续时间(即ECU输出脉宽)、喷油压力及针阀升程等。

找一找 检索资料,查看电控柴油机喷油器是否有其他形式?

2. 电子控制系统

电子控制系统由传感器、电子控制单元(ECU)和执行机构三部分组成(图5-25)。

图5-25 电控柴油机电子控制系统

(1)**传感器** 高压共轨柴油机喷油器的喷油量、喷油时间和喷油规律除了取决于柴油机的转速、负荷外,还跟众多因素有关,如进气流量、进气温度、冷却液温度、燃油温度、增压压力、电源电压、凸轮轴位置、废气排放等,所以必须采用相应传感器,采集相关数据。有关传感器的结构和工作原理与汽油机的电控汽油喷射系统的传感器基本相同。

(2)**电子控制单元(ECU)** 由各种传感器采集的数据都被送入ECU,并与存储在里面的大量经过试验得到的最佳喷油量、喷油时间和喷油规律的数据进行比较、分析,计算出当前状态的最佳参数,其运算速度达2000万次/s。

（3）**执行机构** 通过 ECU 计算出的最佳参数，再返回去通过执行机构（电磁阀等），控制电控喷油器、高压油泵等机构工作，使喷油器按最佳的喷油量、喷油时间、喷雾特性和喷油规律进行喷油。

5.3　机械式柴油喷射系统简介

传统机械式喷射系统由于性能落后，导致柴油机动力性能和经济性能不能充分发挥，排放超标。但其结构简单，工作可靠，价格低廉，目前仍在一些轻型货车和农用运输车上使用。依照其使用高压喷油泵类型的不同，主要有柱塞式和分配式柴油喷射系统两大类。

5.3.1　柱塞式柴油喷射系统结构原理

1. 总体组成与工作原理

柱塞式喷油泵柴油喷射系统总体组成如图 5-26 所示。其拆装与结构原理实训参见《汽车构造与原理实训》项目 5.2 及其光盘。

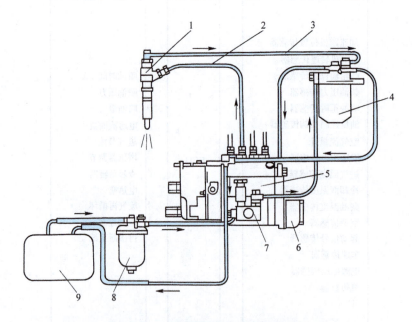

图 5-26　柱塞式喷油泵柴油喷射系统
1—喷油器　2—高压油管　3—回油管　4—柴油滤清器　5—柱塞式喷油泵
6—柱塞式喷油泵提前器　7—输油泵　8—油水分离器　9—柴油箱

工作时，在输油泵 7 的作用下，柴油从柴油箱 9 被吸出，经过油水分离器 8 分离去除柴油中的水分，再压向柴油滤清器 4 过滤，干净的柴油进入柱塞式喷油泵 5，提高压力，再经高压油管 2，送到喷油器 1 喷入燃烧室。多余的柴油从回油管 3 流回柴油滤清器。

2. 主要部件结构原理

（1）**活塞式输油泵** 活塞式轴油泵安装在柱塞式喷油泵的侧面，并由喷油泵凸轮轴上的偏心轮驱动。其基本结构原理如图 5-27 所示。

当喷油泵凸轮轴18旋转时,在偏心轮19和输油泵活塞弹簧9的共同作用下,输油泵活塞10在输油泵体8的活塞腔内做往复运动。

当输油泵活塞10由下向上运动时,A腔容积增大产生真空度,使进油阀6开启,柴油经进油口7被吸入A腔;与此同时,B腔容积缩小,其中的柴油压力升高,出油阀11关闭,柴油被送往滤清器。

当输油泵活塞10由上向下运动时,A腔容积减小,油压升高,进油阀6关闭,出油阀11开启;与此同时,B腔容积增大,柴油就从A腔流入B腔。

若柴油机负荷减小,需要的柴油量减少或柴油滤清器堵塞,油道阻力增加时,会使输油泵B腔油压增高。当此油压与输油泵活塞弹簧的弹力相平衡时,活塞往B腔的运动便停止,活塞的移动行程减小,造成输油泵的输出油量减少,实现了输油量的自动调节,而输油压力则基本稳定。

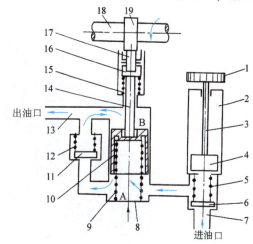

图 5-27 活塞式输油泵基本结构原理
1—手压泵拉钮 2—手压泵体 3—手压泵杆 4—手压泵活塞
5—进油阀弹簧 6—进油阀 7—进油口 8—输油泵体
9—输油泵活塞弹簧 10—输油泵活塞 11—出油阀
12—出油阀弹簧 13—出油口 14—推杆 15—推杆弹簧
16—挺柱 17—滚轮 18—喷油泵凸轮轴 19—偏心轮

当柴油机燃料供给系中有空气进入时,柴油机便无法起动和正常运转,这时可利用手压泵拉钮1排除空气。方法是先将柴油滤清器和喷油泵的放气螺钉旋松,再将手压泵拉扭1旋开,上下反复拉动手压泵活塞4,使柴油自进油口吸入,经出油阀压出,并充满柴油滤清器和喷油泵前的所有低压油路,将其中的空气驱除干净。空气排除完毕,应重新拧紧放气螺钉,旋进手压泵拉扭。

(2) 柱塞式喷油泵 喷油泵也称高压油泵,其基本作用是定时定量地产生高压柴油,它是柴油机燃料供给系中最重要的部件,被称为柴油机的心脏。柱塞式喷油泵种类繁多,下面以A型喷油泵为例,介绍其基本结构与工作原理。

A型喷油泵的总体组成如图5-28所示。从滤清器过来的干净柴油从喷油泵进油螺钉2进入,产生高压后从出油阀压紧座4流出。

1) 泵体。泵体是喷油泵的骨架,支承着喷油泵的所有零部件以及活塞式输油泵和调速器等,内部还有许多油道。

2) 泵油机构。泵油机构(图5-29)是喷油泵的核心,每缸有一组泵油机构,它主要由柱塞偶件(柱塞7和柱塞套5)、出油阀偶件(出油阀3和出油阀座4)、出油阀弹簧2、柱塞弹簧11等组成。

柱塞偶件(图5-30)由柱塞5和柱塞套1组成。柱塞可在柱塞套内做往复运动,两者配合间隙极小,在0.0018～0.003mm,需经精密磨削加工或选配研磨而成,故称它们为偶件。

柱塞套被压紧在泵体上,在其上部开有进、回油孔2。柱塞在柱塞套中做往复运动。其上部圆柱面开有斜切槽4,并通过柱塞中心油道3与柱塞顶相通。

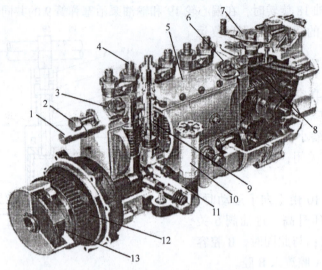

图 5-28　A 型喷油泵的总体组成

1—油量调节机构　2—进油螺钉　3—放气螺钉　4—出油阀压紧座　5—喷油泵体
6—回油螺钉　7—断油手柄　8—调速器　9—泵油机构　10—输油泵手泵杆
11—输油泵　12—传动机构　13—喷油提前器

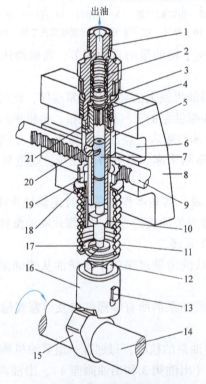

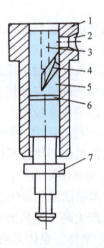

图 5-29　喷油泵的泵油机构

1—出油阀压紧座　2—出油阀弹簧　3—出油阀　4—出油阀座　5—柱塞套
6—低压油腔　7—柱塞　8—喷油泵体　9—油量调节螺杆　10—油量调节
套筒　11—柱塞弹簧　12—供油正时调节螺钉　13—定位滑块　14—凸
轮轴　15—凸轮　16—挺柱体部件　17—柱塞弹簧下座　18—柱塞弹
簧上座　19—齿圈　20—进回油孔　21—密封垫

图 5-30　柱塞偶件

1—柱塞套　2—进、回油孔
3—柱塞中心油道　4—柱塞斜切槽
5—柱塞　6—环形油槽　7—榫舌

第5章 柴油机燃料供给系统

出油阀偶件包括出油阀2和出油阀座1（图5-31），它实际上是一个单向阀，控制油流的单向流动。

出油阀下部为导向部，上部有一圆锥面3，与阀座的圆锥面贴合，形成一个密封环带。密封环带下方有一个小圆柱面4称为减压环带，它可使喷油器断油干脆。

出油阀偶件也是一对精密偶件，出油阀导向面和减压环带与出油阀座内表面径向间隙为0.006~0.016mm，使用中也不允许互换。

出油阀偶件置于柱塞套上端，由出油阀压紧座1（图5-32）压紧在喷油泵体上。为了防止高压柴油泄漏，一般在出油阀压紧座与出油阀座之间装有尼龙或铜制密封垫片6。

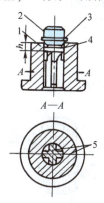

图5-31 出油阀偶件
1—出油阀座 2—出油阀 3—密封锥面
4—减压环带 5—十字切槽

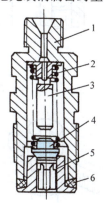

图5-32 出油阀压紧座
1—出油阀压紧座 2—出油阀弹簧 3—减容体
4—出油阀 5—出油阀座 6—密封垫片

泵油原理：当柱塞下行时（图5-33a），柱塞上方的空间容积变大，形成部分真空。当柱塞顶部下行到露出进油孔时，低压油便从泵体上的低压油腔流入柱塞顶部的空间，开始了进油行程，直至柱塞抵达下止点时，完成进油过程。

当柱塞上行时，泵腔中的一部分燃油被挤回泵体油道。当柱塞顶平面将进油孔封闭时，随着柱塞的继续上行，燃油受压（图5-33b），压力急剧升高。当其压力大于出油阀弹簧压力与高压油管中的残余油压之和时，出油阀便被顶离阀座，高压柴油经出油阀向高压油管、喷油器供油。

柱塞继续上行，至其斜切槽与柱塞套的回油孔相通时，柱塞顶部的高压油便经柱塞的中心油道流回泵体低压油腔（图5-33c）。由于柱塞顶部油压急剧下降，在出油阀弹簧作用下，出油阀迅速落座，供油过程结束。此后柱塞虽然继续上行到上止点，但并不能向高压油管供油。可见在柱塞的总行程 h（图5-25d）中，只有一部分行程 h_c 向高压油管供油，这部分行程称为有效行程。

当转动柱塞时，改变了柱塞斜切槽与柱塞套回油孔的相对位置，从而改变了柱塞的有效行程，也就改变了柱塞的供油量。

3）**供油量调节机构**。其作用是根据发动机负荷的变化，通过转动柱塞来改变每循环的供油量。

调节齿杆3（图5-34）与调节齿圈5相啮合，调节齿圈通过紧固螺钉夹紧在控制套筒6上，控制套筒底部开有切槽，喷油泵柱塞4下部的柱塞榫舌7就嵌在该切槽中。

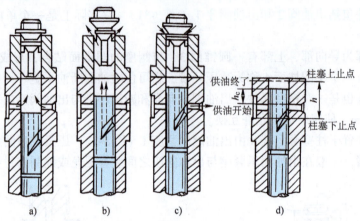

图 5-33 喷油泵的泵油原理
a) 进油 b) 压油 c) 回油 d) 柱塞有效行程

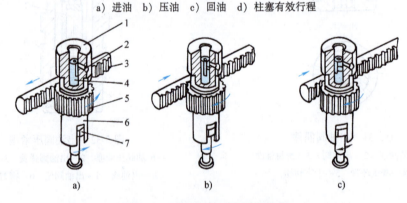

图 5-34 喷油泵供油量调节机构
a) 不供油 b) 部分供油 c) 最大供油
1—柱塞套 2—进、回油孔 3—调节齿杆 4—柱塞 5—调节齿圈 6—控制套筒 7—柱塞榫舌

当调节齿杆被拉动时，便带动调节齿圈转动，从而带动喷油泵柱塞转动，改变柱塞的循环供油量。

有的柴油机喷油泵供油量调节机构是拨叉拉杆式（图5-35）或拉杆衬套式，但基本原理都是通过转动柱塞来改变循环供油量。

4）驱动机构。驱动机构主要由油泵凸轮轴和挺柱体部件组成（图5-29）。

凸轮轴两端通过轴承支承在喷油泵壳体上，轴承外侧安装有油封，以防止泵体内的润滑油外漏。凸轮轴上加工有凸轮和驱动输油泵的偏心轮。

挺柱体部件安装在油泵凸轮轴上方的挺柱体孔中，其作用是将凸轮的运动平稳地传递给柱塞，并且可以适量调整柱塞的供油时间。常见的供油时间调整方式有螺钉调节式和垫块调节式。

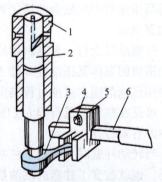

图 5-35 拨叉拉杆式油量调节机构
1—柱塞套 2—柱塞 3—柱塞调节臂
4—拨叉紧固螺钉 5—拨叉
6—供油拉杆

螺钉调节式挺柱体部件如图 5-36 所示。旋松锁紧螺母 2、可以调节螺钉 1 的伸出长度，以改变喷油泵柱塞关闭进油孔的时间，即改变喷油泵供油时间。

垫块调节式挺柱体部件如图 5-37 所示。柱塞弹簧座 1 与挺柱体 3 之间有调整垫片 2，改变调整垫片 2 的厚度，就可以改变挺柱体部件长度，以改变喷油泵柱塞关闭进油孔的时间。

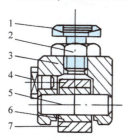

图 5-36　螺钉调节式挺柱体部件
1—调整螺钉　2—锁紧螺母　3—挺柱体　4—导向滑块
5—滚轮销　6—滚轮衬套　7—滚轮

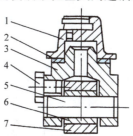

图 5-37　垫块调节式挺柱体部件
1—柱塞弹簧座　2—调整垫片　3—挺柱体
4—导向滑块　5—滚轮销　6—滚轮衬套　7—滚轮

5）喷油提前器与调速器。喷油提前器安装在喷油泵凸轮轴的输入端（图 5-28），其作用是随柴油机转速的变化自动调节喷油泵的供油起始角。调速器安装在喷油泵凸轮轴的另一端，其作用是随柴油机负荷的变化，自动调节喷油泵的喷油量。由于这两部分结构原理比较复杂，这里不作介绍。

6）润滑系统。A 型喷油泵的柱塞偶件和出油阀偶件靠流过的柴油润滑。而驱动机构中的油泵凸轮轴、挺柱体部件、轴承以及油量调节机构，都是靠喷油泵底部的润滑油进行击溅润滑。喷油泵中的润滑油靠油标尺检查，应每天进行，及时添加。

> **找一找**　查阅 A 型喷油泵配套的喷油提前器与调速器的结构与工作原理。

（3）机械式喷油器　喷油器是一种向柴油机燃烧室喷射高压燃油的装置。它根据不同柴油机的要求，定时、定量地将柴油以一定的喷油压力、喷雾细度、喷油规律、射程和喷雾锥角喷入燃烧室特定位置，与空气混合燃烧。

孔式喷油器构造如图 5-38 所示，主要部件是一对喷油嘴精密偶件，由针阀 11 和针阀体 13 组成，其相互配合的滑动圆柱面间隙仅为 0.001～0.0025mm，不同喷油嘴偶件不可互换。

喷油器工作时，来自喷油泵的高压柴油，经进油管接头 15 进入喷油器体上的进油道 14，再进入针阀体中部的环形油腔 12，作用在针阀的承压锥面上，对针阀形成一个向上的轴向推力，此推力一旦大于喷油器调压弹簧 16 的预压力，针阀 11 立即上移，打开喷孔 10，高压柴油随即喷入燃烧室中。喷油泵停止供油时，高压油道内压力迅速下降，针阀在调压弹簧 16 作用下及时回位，将喷孔 10 关闭，停止喷油。

进入环形油腔 12 的少量柴油，经喷油嘴偶件配合表面之间的间隙流到调压弹簧 16 端，进入回油管，流回滤清器，用来润滑喷油嘴偶件。

针阀 11 开启压力（喷油压力）的大小取决于调压弹簧 16 的预紧力。不同的发动机有不同的喷油压力要求，可通过调压螺钉 17 调整，旋入时压力增大，旋出时压力减小。有的喷油器调压弹簧 16 的预紧力，是由调压垫片调整的。

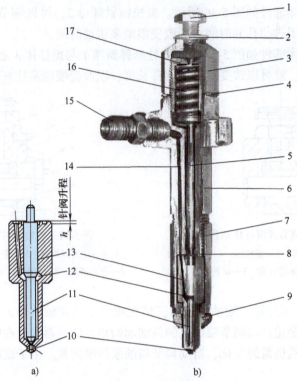

图 5-38 孔式喷油器构造
a) 喷油嘴 b) 喷油器
1—回油管螺钉 2—回油管垫片 3—调压螺钉护帽 4—垫片 5—顶杆 6—喷油器体
7—紧固螺套 8—定位销 9—油嘴垫 10—喷孔 11—针阀 12—环形油腔 13—针阀体
14—进油道 15—进油管接头 16—调压弹簧 17—调压螺钉

上述孔式喷油器结构特点是喷油嘴偶件中的针阀不直接伸出喷孔,喷油嘴头部的喷孔小且多,一般喷孔 1~7 个,直径 0.2~0.5mm。喷油嘴偶件中的针阀伸出喷孔的,称为轴针式喷油器,其特点是喷油嘴偶件中的针阀伸出喷孔,喷孔一般只有一个,直径也较大,可达 1~3mm,工作时轴针在喷孔中上下运动,能自动清除喷孔积炭,可靠性较高,主要用于农用汽车。

5.3.2 分配式柴油喷射系统结构原理

1. 总体组成与工作原理

分配式喷油泵柴油喷射系统总体组成如图 5-39 所示。其拆装与结构原理实训参见《汽车构造与原理实训》项目 5.3 及其光盘。

工作时,在一级输油泵 3 的作用下,柴油从油箱被吸出,油水分离器 2 分离去除柴油中的水分,经柴油滤清器 6 过滤,干净的柴油进入分配式喷油泵 8 内部的二级输油泵 4 增压后,再经高压油管 13 到喷油器 12 喷入燃烧室。多余的柴油从回油管流回柴油滤清器或油箱。

2. 主要部件结构原理

VE 型分配泵主要由泵体、泵盖、滑片式输油泵、泵油机构、断油电磁阀和喷油提前器等组成(图 5-40)。

第 5 章 柴油机燃料供给系统

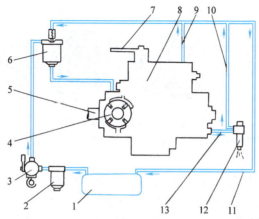

图 5-39 分配式喷油泵柴油喷射系统

1—油箱 2—油水分离器 3—一级输油泵 4—二级输油泵 5—传动轴 6—柴油滤清器
7—调速手柄 8—分配式喷油泵 9、10、11—回油管 12—喷油器 13—高压油管

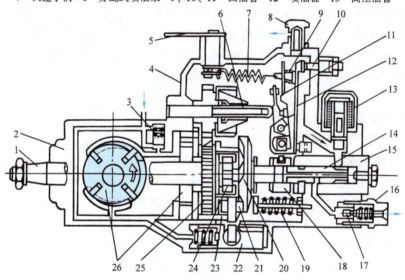

图 5-40 VE 型分配泵结构示意图

1—驱动轴 2—泵体 3—调压阀 4—泵盖 5—调速手柄 6—飞锤 7—调速弹簧 8—回油电磁阀
9—稳定弹簧 10—最大油量调整螺钉 11—张力杆 12—调整杆 13—断油电磁阀 14—柱塞
15—柱塞套 16—出油阀紧座 17—出油阀 18—油量调节套筒 19—柱塞弹簧 20—平面
凸轮盘 21—滚轮 22—喷油提前器活塞 23—滚轮支架 24—十字联轴器
25—调速器驱动齿轮 26—滑片式输油泵

(1) 驱动机构 驱动机构由驱动轴、调速器驱动齿轮、滚轮支架、滚轮、十字联轴器和平面凸轮盘等组成（图 5-41）。

工作时，驱动轴由发动机曲轴通过中间传动装置驱动。传动轴一方面带动滑片式输油泵转动，同时通过调速器驱动齿轮 2 带动调速器工作；另一方面，传动轴右端通过十字联轴器 5 带动平面凸轮盘 6 转动，凸轮盘上的凸轮数与发动机气缸数相同，并紧靠在滚轮 4 上，滚轮支承在滚轮支架 3 上，当平面凸轮盘 6 转动的同时受滚轮 4 的作用，还作左右往复运动，驱动分配泵的柱塞也作转动和往复运动。

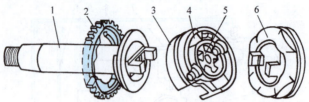

图 5-41 VE 型分配泵驱动机构
1—驱动轴 2—调速器驱动齿轮 3—滚轮支架 4—滚轮 5—十字联轴器 6—平面凸轮盘

(2) 滑片式输油泵　滑片式输油泵 26（图 5-40）安装在 VE 泵入口，由驱动轴 1 驱动，并由调压阀 3 调节压力，用于产生一定压力的燃油，充满整个泵腔，润滑冷却泵体内部的所有运动零件，并为泵油机构提供一定压力的低压柴油。

输油泵转子 6（图 5-42）由分配泵驱动轴 5 驱动，它偏心地安装在输油泵体 8 的内孔中，形成月牙形的工作腔。滑片（4 块）7 分别安装在输油泵转子的 4 个滑片槽内，将月牙形的工作腔分隔成 A、B、C 三个油腔。滑片可以在槽内作径向运动，并随着转子一起旋转。

当分配泵驱动轴 5 旋转时，滑片 7 随之旋转，进油腔 A 容积由小变大，不断吸油，经过渡油腔 B，送往出油腔 C；出油腔容积由大变小，使柴油压力提高。

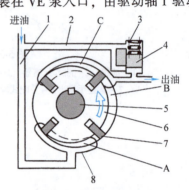

图 5-42 滑片式输油泵
A—进油腔　B—过渡油腔　C—出油腔
1—进油道　2—回油道　3—调压弹簧
4—调压阀　5—分配泵驱动轴　6—输油泵转子　7—滑片　8—输油泵体

为了保持进入分配泵的油压基本稳定，在输油泵出口处（C 腔）设有调压装置，当燃油压力大于调压弹簧 3 的弹力时，调压阀 4 打开，过高压力的燃油经回油道 2 口流回进油腔 A。

(3) 泵油机构　泵油机构是 VE 分配泵的关键部件，用以定时、定量产生高压油。它主要由柱塞、柱塞套、油量调节套筒、柱塞弹簧、出油阀偶件等组成（图 5-43）。

柱塞 10 与柱塞套 3、柱塞 10 与油量调节套筒 9 是两对精密偶件。在柱塞的左端开有定位孔 19（图 5-43c），与平面凸轮盘 11 的定位销 20 相啮合（图 5-43b），平面凸轮盘的运动，带动柱塞作相应的转动和往复运动；柱塞的右端开有 4 条相隔 90°的进油槽 13（图 5-43c），中部开有一个出油孔 15、一条压力平衡槽 16 和泄油孔 18，柱塞还有中心油道与各进、出油孔及泄油孔相通。

柱塞套 3 被固定在泵头 7 上（图 5-43a），其右端有一个进油孔，位置与柱塞的 4 个进油槽相对应，柱塞每旋转一周，进油孔与各进油槽各接通一次；中部开有一个出油孔，柱塞每转一周，柱塞套出油孔分别与柱塞出油孔各相通一次。

油量调节套筒 9 上的凹坑与调速器相连，可在柱塞上左右移动，当柱塞向右运动到露出泄油孔 18 时，柱塞中心油道上的高压油泄压。

现以四缸发动机配用的 VE 型分配泵为例，说明其工作原理（图 5-43a）：

1）进油过程。当平面凸轮盘 11 的下凹部分转到与滚轮 12 接触时，在柱塞弹簧 8 的作用下，转动着的柱塞向左移动接近终点时，泄油孔 18 完全被油量调节套筒 9 所封闭。当柱塞的一个进油槽与柱塞套的进油孔相对时，泵腔中的燃油便进入柱塞中心油道，直至柱塞进油槽与柱塞套的进油孔错开，进油结束。

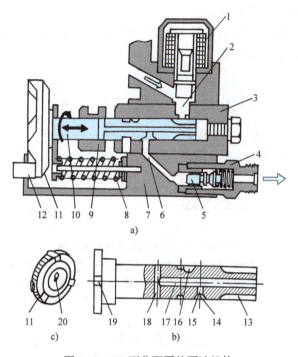

图 5-43　VE 型分配泵的泵油机构
a) 泵油机构　b) 平面凸轮盘　c) 柱塞
1—断油电磁阀　2—进油孔　3—柱塞套　4—出油阀紧座　5—出油阀偶件　6—出油孔
7—泵头　8—柱塞弹簧　9—油量调节套筒　10—柱塞　11—平面凸轮盘　12—滚轮
13—进油槽　14—出油槽　15—出油孔　16—压力平衡槽　17—中心油道
18—泄油孔　19—定位孔　20—定位销

2) 泵油过程。当平面凸轮盘由下凹部分向凸起部分转动到与滚轮接触时，柱塞由左向右运动，此时柱塞中心油道的油压急剧升高，当柱塞的出油槽与柱塞套的一个出油孔相对时，高压燃油便经出油孔、出油阀、高压油管，送到相应缸的喷油器中。

柱塞每转一周，对四缸柴油机，分别进油 4 次，出油 4 次，向每个气缸喷油 1 次。

3) 回油过程。柱塞在平面凸轮盘的作用下继续右移，当柱塞的泄油孔露出，油量调节套筒 9 与泵腔相通时，柱塞中心油道中的高压油便流回泵腔，油压急剧下降，供油结束。

柱塞从出油槽与柱塞套出油孔接通到关闭的行程称为柱塞的有效行程。有效行程越大，向外供油量越多。移动油量调节套筒 9 的位置，即可改变柱塞的有效行程，从而改变 VE 分配泵的供油量。

4) 均压过程。柱塞上加工有压力平衡槽 16，它始终与泵腔相通。当供油结束，柱塞转过 180°时，柱塞上的压力平衡槽 16 便与该缸柱塞套出油孔相通泄压，使与泵腔油压平衡，从而使各缸分配油路内的压力在燃油喷射前趋于均衡，保证各缸喷油量均匀。

(4) 断油电磁阀　VE 型分配泵装有断油电磁阀（图 5-44）。发动机起动时，将起动开关 13 闭合（旋至 ST 位置），从蓄电池 12 来的电流直接流过电磁线圈 1，产生的电磁吸力压缩回位弹簧2把阀门3吸上，使进油孔4打开，燃油进入泵油机构。

发动机起动后，将起动开关旋至ON位置，此时由于电路串入了电阻14，电流减少，但由于有油压的作用，阀门仍保持开启。

发动机需要停止运转时，将起动开关旋至OFF位置，电路断开，阀门在回位弹簧2的作用下落座，切断油路，停止供油。

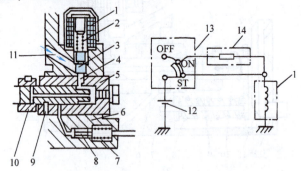

图 5-44　VE型分配泵的断油电磁阀

1—电磁线圈　2—回位弹簧　3—阀门　4—进油孔　5—柱塞套
6—泵头　7—出油阀弹簧　8—出油阀偶件　9—柱塞　10—油量调节套筒
11—进油道　12—蓄电池　13—起动开关　14—电阻

(5) 喷油提前器与调速器　由于这两部分结构原理比较复杂，应用不多，这里不作介绍。

本章小结

1. 柴油机可燃混合气是在气缸内以极短的时间形成的，需要通过柴油的高压喷射和组织空气的适度涡流，并配以合适的燃烧室来完成。混合气形成分空间雾化混合和油膜蒸发混合两种基本方式。燃烧室分直喷式燃烧室和分隔式燃烧室两大类。两者相互匹配，可以有效提高柴油机的动力性、经济性和排放性能。

2. 柴油机燃烧过程分着火延迟期、速燃期、缓燃期和后燃期4个阶段。燃料的性质、供油提前角及喷油规律都对燃烧过程有重要影响。

3. 我国柴油按质量分为优等品、一等品和合格品3个等级，每个等级又按柴油的凝点分为10、0、-10、-20、-35和-50六个牌号。选用柴油时，要求柴油的凝点至少低于气温5℃。

4. 供油提前角是指喷油泵开始供油瞬时到活塞行至上止点时所转过的曲轴转角，它是影响柴油机工作性能重要而敏感的因素。

5. 电控柴油喷射系统主要由燃油供给系统和电子控制系统两大部分组成。燃油供给系统由低压油路（油箱、油水分离器、柴油滤清器、输油泵等）和高压油路（高压泵、电控喷油器、高压油管等）组成。电子控制系统由传感器、ECU和执行机构3部分组成，各种传感器采集柴油机的各种信息，输入ECU并由ECU进行比较、运算，确定最佳运行参数，再通过电控喷油器、高压泵等执行机构对喷油压力、喷油量、喷油时间、喷油规律等进行控制，使柴油机工作状态达到最佳。

6. 机械式柴油喷射系统核心部件是喷油泵和喷油器。喷油泵用于定时、定量产生高压油，有柱塞式和分配式两大类。喷油器的作用是将柴油以一定的喷油压力、喷雾细度、喷油规律、射程和喷雾锥角喷入燃烧室特定位置。由于喷油嘴（精密偶件）工作条件差，容易磨损，应经常进行喷油压力和喷雾质量检查调整。

思考题

1. 名词解译：喷雾特性、喷油规律、二次喷射、隔次喷射、不规则喷射、进气涡流、挤压涡流、燃烧涡紊流、空间雾化混合、油膜蒸发混合、直喷式燃烧室、分隔式燃烧室、供油提前角、喷油提前角。
2. 叙述高压共轨燃油供给系统的基本组成与工作原理。
3. 叙述电控喷油器（电磁式）的结构与工作原理。
4. 分析柴油机的供油提前角对柴油机燃烧和工作的影响。
5. 简述柱塞式喷油泵的泵油机构组成与工作原理。
6. 叙述机械式喷油器的基本结构与工作原理。
7. 简述 VE 分配泵的泵油机构组成与工作原理。

第 6 章 汽油机点火系统

本章内容架构

第6章 汽油机点火系统
- 6.1 汽油机点火系统概述
- 6.2 普通电子点火系统的结构与原理
- 6.3 微机控制点火系统的结构与原理

教学目标要求、重点与难点

序号	教学目标要求	教学重点	教学难点
1	掌握点火系统的功能和类型	✓	
2	掌握汽油机最佳点火提前角及其对发动机性能的影响	✓	✓
3	掌握电子点火系统的分类、组成、结构与工作原理	✓	
4	理解有触点式电子点火系统的构造与工作原理		
5	理解无触点式电子点火系统的构造与工作原理	✓	
6	掌握微机控制电子点火系统的特点、组成与工作原理	✓	✓
7	理解微机控制点火系统的点火提前角控制	✓	✓
8	理解微机控制点火系统的闭合角控制和爆燃控制	✓	

第 6 章 汽油机点火系统

6.1 汽油机点火系统概述

6.1.1 汽油机对点火系统的基本要求

1. 能产生足够高的击穿电压

点火系统通过火花塞电极之间的气体电离产生电弧放电（跳火），使火花塞电极跳火所需的电压称之为击穿电压（或称点火电压），击穿电压的高低与发动机工况及火花塞的状况有关，一般应大于15kV。

2. 要有足够的点火能量

点火能量是电流和电压的函数。点火能量小，火花弱，不能可靠点燃混合气，尤其是燃用稀混合气，有时会产生断火现象。

点火能量对汽油机的动力性能、经济性能和排放性能也有重要影响，图6-1所示是单缸试验机在低速、部分负荷常用工况时火花能量变化对燃料消耗的影响，可见点火能量太小，燃料消耗显著升高；随着点火能量的增大，燃料消耗下降。

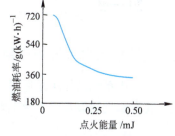

图6-1 点火能量对汽油机燃料消耗的影响

点火能量与火花塞间隙、点火系统各零部件结构参数、发动机运行状况与火花塞积炭等使用因素有关。试验表明，保证发动机在任何恶劣的条件下可靠点火时初级线圈储能应在40mJ以上。

> **想一想** 如何根据火花的颜色来判断点火能量的大小？

3. 要有适当的点火时间

为使发动机气缸内的燃烧最高压力出现在上止点后10°～15°曲轴转角，使混合气的燃烧功率达到最大，就必须在压缩终了前的某个适当时刻点火。某缸火花塞开始跳火到活塞运行至压缩终了上止点的曲轴转角称之为点火提前角。点火提前角过大，压缩行程活塞上行的阻力增大，导致发动机功率下降、油耗增加，且发动机容易产生爆燃；点火提前角过小，混合气燃烧产生的最高压力和温度下降，也会导致发动机功率下降、油耗增加，且容易引起发动机过热、排气管放炮等故障。一般认为，对应于发动机功率最大、油耗最低的点火提前角称为最佳点火提前角。试验证明，最佳点火提前角应能够使汽油机的燃烧临近爆燃（但不产生爆燃）的时刻。对于特殊要求的汽油机，其追求的目标不同，最佳点火提前角也不同，它反映了设计者的一种思想和理念。

最佳点火提前角受众多因素影响，当发动机结构和使用燃料一定的条件

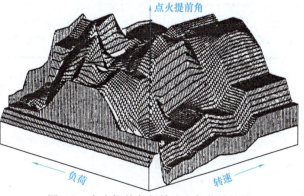

图6-2 点火提前角与转速和负荷的关系

下，主要受转速和负荷影响（图 6-2）。由于发动机每一工况点的最佳点火提前角不同，所以显示出弯曲不平的复杂曲面。

当汽油机转速升高（节气门开度等其他条件不变）时，由于单位时间转过的曲轴转角增大，燃烧的延续角变大，后燃增加，就必须把最佳点火提前角加大。

除此之外，最佳点火提前角还与负荷、混合气浓度、气缸内气流运动、进气温度、冷却液温度、气缸磨损状况、蓄电池存电情况、是否有爆燃产生等众多因素有关，是个复杂的多因素非线性函数关系，应该综合考虑。

> **想一想** 汽油机在不同工况下的最佳点火提前角应该如何变化？

6.1.2 汽油机点火系统的作用

汽油机点火系统的作用是适时地为汽油机气缸内已压缩的可燃性混合气提供足够能量的电火花，使发动机能够及时迅速地燃烧做功。实现上述功能的一整套装置称为汽油机点火系统。

6.1.3 汽油机点火系统的分类

按照点火系统的组成和产生高压电的方法不同，点火系统可以分为传统点火系统、普通电子点火系统、微机控制点火系统和磁电机点火系统，其主要特点见表 6-1。

表 6-1 汽油机点火系统分类与特点

分类	点火电源	升压装置	点火装置	点火时间控制	性能特点	应用
传统点火系统	蓄电池发电机	点火线圈、机械断电器	火花塞	断电器（机械式）	高速点火能量小，点火时间控制精度差，触点易烧蚀	部分汽车（乘用车不用）
电子点火系统	蓄电池发电机	点火线圈、电子控制器	火花塞	晶体管（电子）	点火能量大，点火时间控制精度低	部分汽车
微机控制点火系统	蓄电池发电机	点火线圈、微机控制	火花塞	微机	点火能量大，点火时间控制准确，能根据转速、负荷、冷却液温度等综合控制	现代汽车
磁电机点火系统	磁电机	电磁线圈	火花塞	断电触点（机械式）	电压随发动机转速改变，低速电压过低	摩托车，小型汽油机赛车

传统点火系统由于性能落后，已经基本淘汰，本章主要介绍广泛应用的普通电子点火系统和微机控制点火系统。

> **找一找** 比较各种点火系统的特点并讨论现代汽车汽油发动机点火系统的发展趋势。

6.2 普通电子点火系统的结构与原理

普通电子点火系统按点火提前角的控制方法分为触点式和无触点式两类。触点式由于触电间隙的不断变化,影响点火正时,需要经常调整,现已很少使用。本节主要介绍无触点式。无触点式电子点火系统根据信号发生器形式不同,分为磁电式、霍尔式、光电式和电磁振荡式几种。

6.2.1 磁电式电子点火系统

磁电式电子点火系统主要由电源、点火线圈、火花塞、分电器、磁电式信号发生器和点火控制器等组成(图6-3)。

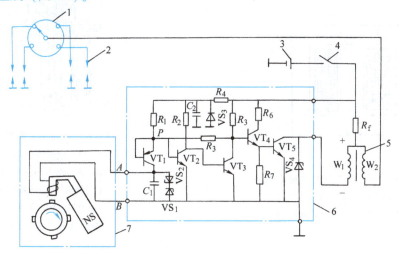

图6-3 磁电式电子点火系统
1—分电器 2—火花塞 3—蓄电池 4—点火开关 5—点火线圈
6—点火控制器 7—磁电式信号发生器

1. 电源

电源提供点火所需的能量,由蓄电池和发电机两个电源并联向点火系统供电(其结构原理详见下册第18章 汽车电源系统)。

2. 点火线圈

点火线圈相当于一个自耦变压器,能将12V的低压直流电变换成15～20kV的高压直流电。按磁路的结构形式不同,点火线圈可以分为开磁路式和闭磁路式两种。电子点火系统中广泛采用闭磁路式。

闭磁路式点火线圈(图6-4)采用"日"字形铁心,初级线圈绕在里面,次级线圈绕在初级线圈的外面,其磁路如图6-5所示,磁力线经铁心形成闭合磁路(为了减小磁滞现象,常设有一个很微小的间隙)。

3. 火花塞

(1) 火花塞的作用 用来将高压电引入燃烧室,产生电火花,点燃混合气。

（2）火花塞的结构 火花塞由中心电极、侧电极、接线螺杆、绝缘体、外壳等组成。它有多种形式，普通型火花塞结构如图 6-6 所示。

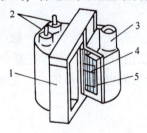

图 6-4 闭磁路式点火线圈
1—"日"字形铁心 2—初级线圈接线柱
3—高压接线柱 4—初级线圈 5—次级线圈

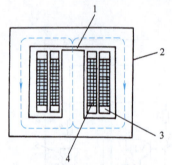

图 6-5 闭磁路式点火线圈的磁路
1—空气隙 2—"日"字形铁心
3—初级线圈 4—次级线圈

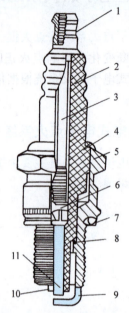

图 6-6 普通型火花塞
1—接线螺母 2—绝缘体 3—接线螺杆
4—垫圈 5—壳体 6—密封剂
7—密封垫圈 8—纯铜垫圈
9—侧电极 10—绝缘体
裙部 11—中心电极

火花塞中心电极和侧电极之间的间隙称为火花塞间隙。它对火花塞工作有很大的影响。间隙过小，则火花较弱，且容易因积炭产生漏电；间隙过大，所需的击穿电压高，起动困难，且高速时易发生"缺火"现象。电子点火系统火花塞间隙一般为 1.0~1.2mm。

火花塞在使用中经常会出现烧蚀、火花塞间隙变化及积炭等问题，影响正常点火，应注意检查和维护。在拆装时要注意按规定力矩旋紧。

（3）火花塞的分类 一般按热特性分类，有热型、普通型和冷型 3 种，如图 6-7 所示。

所谓热特性是指火花塞的发火部位吸热并向发动机冷却系统散发的性能。火花塞的热特性主要取决于绝缘体裙部的长度。火花塞绝缘体纯铜垫圈 8（图 6-6）以下的锥形部分 10 称为绝缘体裙部（图 6-7 的 A 段）。试验表明，发动机工作时，火花塞绝缘体裙部的温度若保持

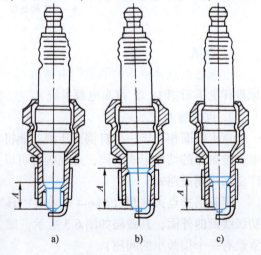

图 6-7 火花塞的类型
a) 冷型 b) 热型 c) 普通型

第6章 汽油机点火系统

在500~600℃之间时,落在绝缘体上的油粒能立即被烧掉,不会产生积炭,这个温度称之为火花塞的自净温度。当裙部温度低于自净温度时,火花塞容易产生积炭,使点火不可靠,甚至不点火;若裙部温度高于自净温度,混合气与其接触时,可能在火花塞点火之前就自行着火,出现早燃等不正常燃烧现象。

冷型火花塞裙部短,吸热面积小,传热距离短,散热快,裙部温度低,适用于高压缩比、高转速发动机,这种发动机燃烧过程中气缸温度高,散热较慢;热型火花塞裙部长,受热面积大,传热距离长,散热慢,裙部温度高,适用于低压缩比、低转速的发动机;普通型火花塞性能介于两者之间。

我国以火花塞绝缘体裙部的长度来标定热特性,并分别用热值1~11来表示。1、2、3为低热值火花塞;4、5、6为中热值火花塞;7以上为高热值火花塞。

> **找一找** 请找出几种常见的火花塞品牌。

多极型火花塞(图6-8a、b):侧电极一般为两个或两个以上,优点是点火可靠,间隙不需经常调整,故在电极容易烧蚀和火花塞间隙不能经常调节的一些汽油机上常常采用。

沿面跳火型火花塞(图6-8c):是一种最冷型的火花塞,其中心电极与壳体端面之间的间隙是同心的。它必须与点火能量大、电压上升率快的电容放电型点火系统配合使用,可完全避免火花塞"炽热点火"及电极"跨连"现象,而且电极即使在油污情况下也能正常发火。其缺点是可燃气体不易接近电极,故在稀混合气的情况下,不能充分发挥汽油机的功能。另外,由于点火能量增大,中心电极容易烧蚀。

绝缘体突出型火花塞(图6-8d):绝缘体裙部较长,突出于壳体端面以外。它具有吸热量大、抗污能力好等优点,且能直接受到进气的冷却而降低温度,因而也不易引起炽热点火,故热适应范围宽。

U形槽型火花塞(图6-8e):其侧电极开有U形槽,改变了电极表面电场的分布,使局部的电场密度增强,空气容易被击穿,提高火花塞的点火可靠性。

锥座型火花塞(图6-8g):其壳体和旋入螺纹制成锥形,因此不用垫圈即可保持良好密封,从而缩小了火花塞体积,对发动机的设计更为有利。

标准型火花塞(图6-8h):其绝缘体裙部略缩入壳体端面,侧电极在壳体端面以外,是使用最广泛的一种火花塞。

细电极型火花塞(图6-8i):其电极很细,特点是火花强烈,点火能力好,在严寒季节也能保证发动机迅速可靠地起动,热范围较宽,能满足多种用途。

此外,为了抑制汽车点火系统对无线电的干扰,又出现了电阻型和屏蔽型火花塞。电阻型火花塞(图6-8f)是在火花塞内装有一定阻值的电阻;屏蔽型火花塞是利用金属壳体把整个火花塞屏蔽密封起来,不仅可以防止无线电干扰,还可用于防水、防爆的场合。

还有一种将喷油嘴和火花塞制成一体的零部件,称为SPI(火花塞喷嘴)。汽油在压缩空气协助下经SPI直接喷入气缸,在混合气被点燃之前,SPI向缸内喷入一股压缩空气,使缸内形成涡流,可以促进燃烧并缩短燃烧的时间。

火花塞的电极材料也有多种,不同材料寿命不同,普通火花塞寿命约为3×10^4km行驶里程,铂金火花塞约6×10^4km,铱金火花塞可达到10×10^4km以上。

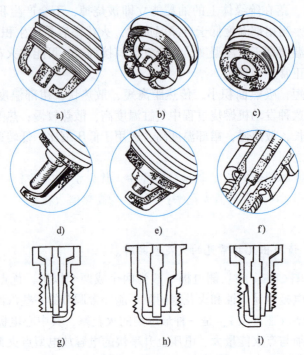

图 6-8 火花塞的构造形式

a) 多极型（2极） b) 多极型（4极） c) 沿面跳火型 d) 绝缘体突出型
e) U形槽型 f) 电阻型 g) 锥座型 h) 标准型 i) 细电极型

4. 磁电式信号发生器

磁电式信号发生器主要由信号转子、信号发生器线圈、永久磁铁等组成，一般安装在分电器内（图6-9）。

信号转子5由分电器轴6驱动，信号转子5上的凸齿数与气缸数相等。信号发生器线圈3绕在永久磁铁4或铁心上，永久磁铁的磁力线穿过线圈经铁心、信号转子形成磁回路。信号发生器线圈总成安装在信号发生器底板2上。

发动机运转时，信号转子旋转。当凸齿与铁心正对时，磁通量最大；当铁心位于两凸齿之间时，磁通量最小。根据电磁感应原理，当磁通量变化时，位于磁场中的线圈产生感应电动势，感应电动势的大小与磁通量变化率成正比（图6-10）。当磁通量为最大或最小时，其变化率为零，线圈中的感应电动势为零。磁通量变化率最大时（图中a、c点），线圈产生的感应电动势最大。由于磁通方向的变化，感应电动势的方向也不同，有正、负半波之分。

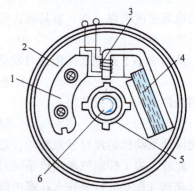

图 6-9 磁电式信号发生器
1—底板 2—活动底板 3—信号发生器线圈
4—永久磁铁 5—信号转子 6—分电器轴

5. 点火控制器（图6-3）

点火控制器中有5个晶体管，其中VT_1发射极与基极相连，相当于一个二极管，主要起温度补偿作用，VT$_2$ 为触发管，VT$_3$ 和 VT$_4$ 起放大作用，VT$_5$ 是大功率开关管，它与点火线圈初级线圈串联，可以迅速接通和切断点火线圈的初级回路。

当点火开关接通，发动机没有工作时，信号发生器转子不转，信号发生器无信号输出。此时，蓄电池的电流从其正极通过 R_4、R_1、VT$_1$ 和传感器线圈到蓄电池负极（搭铁）形成回路，电路中 P 点电位较高，使 VT$_2$ 的发射结加正向电压而导通，故其集电极电位降低到约等于零，使 VT$_3$ 无基极电流而截止，VT$_4$ 和 VT$_5$ 获得正向偏压而导通，这样电流便从蓄电池正极经点火开关 S、电阻 R_f、点火线圈初级线圈 W$_1$、VT$_5$ 和搭铁流回蓄电池负极。

发动机工作时，信号发生器就有信号输出。当信号发生器输出正脉冲信号时，A 点为正，B 点为负，VT$_1$ 受反向偏置电压而截止，P 点仍保持较高的电位。这样 VT$_2$ 导通，VT$_3$ 截止，VT$_4$ 和 VT$_5$ 导通，点火线圈初级线圈有电流通过。

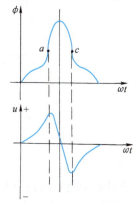

图 6-10 磁通量与输出信号的波形

当信号发生器输出负脉冲信号时，A 点为负，B 点为正，VT$_1$ 受正向电压而导通，P 点电位降低，使 VT$_2$ 截止，VT$_3$ 导通，VT$_4$ 和 VT$_5$ 迅速截止，点火线圈初级电路被切断，在点火线圈次级线圈 W$_2$ 中感应产生瞬时高电压，高电压经分电器送到火花塞，产生电火花，点燃混合气。当信号发生器转子转动一周时，各缸按点火顺序依次点火。

6.2.2　霍尔式电子点火系统

霍尔式电子点火系统的结构特点是采用霍尔式信号发生器产生信号，由集成电路点火控制器控制点火。

1. 霍尔式信号发生器

它一般安装在分电器中（图6-11），主要由与分火头连成一体的触发叶轮8、带导磁板的永久磁铁1、霍尔集成块3等组成。触发叶轮由分电器轴驱动，其叶片数与气缸数相等。霍尔集成块包括霍尔元件、放大及整形集成电路。

当触发叶轮转动时，每当叶片进入永久磁铁与霍尔元件之间的空气隙时（图6-12a），磁场被触发叶轮的叶片旁路，霍尔元件不受磁场的作用，不产生霍尔电压。当触发叶轮的叶片离开永久磁铁与霍尔元件对之间的空气隙时（图6-12b），永久磁铁的磁通便通过导磁板作用于霍尔元件上，在霍尔元件上产生霍尔电压。

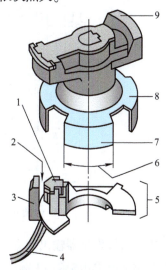

图 6-11　霍尔式信号发生器
1—永久磁铁（带导磁板）　2—空气隙
3—霍尔集成块　4—连接导线　5—霍尔
信号发生器模块　6—叶片宽度　7—叶片
8—触发叶轮　9—分火头

由于霍尔元件产生的霍尔电压较弱，需要对其进行放大、整形转换成方波信号才能作为点火器控制信号。这项工作由霍尔信号发生器内的集成电路来完成。

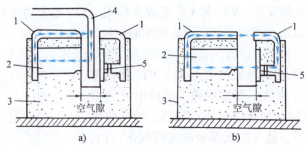

图 6-12 霍尔式信号发生器的工作原理
a) 触发叶轮的叶片进入空气隙 b) 触发叶轮的叶片离开空气隙
1—导磁板 2—永久磁铁 3—触发开关板 4—触发叶轮的叶片 5—霍尔元件

2. 点火控制器

它采用多功能专用点火集成电路模块，功能强、性能优越、工作可靠、价格低。如图 6-13 所示是以 L497 专用点火集成电路模块为核心组成的电子点火控制器电路。它除了具有点火控制功能外，还具有点火线圈限流保护功能、闭合角控制功能、停车断电保护功能、电流上升率控制功能、过电压保护功能等。

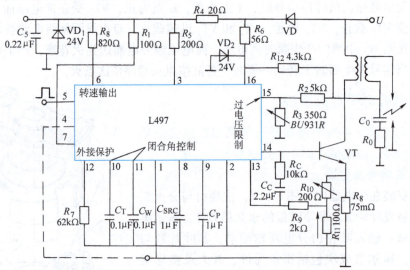

图 6-13 电子点火控制器电路（L479 集成块）

霍尔信号发生器输出的方波脉冲信号输入给 L497 集成块的引脚 5，经过其内部电路的放大，驱动电流由引脚 14 输出，用来控制功率晶体管 VT 的导通和截止，从而使点火线圈初级电路接通和断开，在次级线圈中不断产生高压电，高压电经分电器送到各缸火花塞，点燃混合气。

与磁电式电子点火系统相比，霍尔式电子点火系统的点火信号发生器输出的点火信号幅值、波形不受发动机转速的影响，即使发动机转速很低时，也能输出稳定的点火信号，因此低速点火性能好，有利于发动机起动。此外，发动机在各种工况下，霍尔式点火信号发生器均能输出高低电平时间比一定的方波信号，所以点火正时精度易于控制。霍尔式点火信号发生器无须调整、不受灰尘、油污等影响，使其工作可靠性高、使用寿命长。

6.2.3 光电式电子点火系统

光电式电子点火系统的结构特点是采用光电式信号发生器产生点火信号,由点火控制器等元件控制点火。

1. 光电式信号发生器

它由光源、光接收器、遮光盘、集成电路等组成(图 6-14)。光源为砷化镓发光二极管,通电时发出红外线光束。为增强光线强度,采用一近似半球形的透镜聚集。发光二极管耐振、耐高温,当环境温度达 150°C 时仍可正常工作,具有性能可靠、使用寿命长等优点。

光敏晶体管与发光二极管上下相对安装,二者之间有一定距离,以使遮光盘在二者之间运转。光敏晶体管只有集电极和发射极两只脚,基极电流由光照射产生。光源与光接收器均固定在光接收器底板上。遮光盘 1 用金属或塑料制成,安装在分火头驱动轴上,由分电器轴通过离心提前机构驱动。遮光盘开有与发动机气缸数相等的缺口。

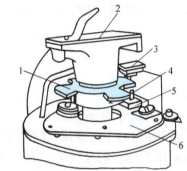

图 6-14 光电式信号发生器
1—遮光盘 2—分火头 3—发光二极管
4—光敏晶体管 5—集成电路 6—活动底板

发动机运转时,信号发生器的遮光盘随分电器轴旋转。当遮光盘的缺口处于光源与接收器之间时,发光二极管的红外线光束照射到光敏晶体管基极上,光敏晶体管导通;当遮光盘的缺口离开光源与接收器后,发光二极管的红外线光束被遮光盘遮住,光敏晶体管基极失电,由导通转为截止。分电器旋转一圈,光敏晶体管导通、截止各 N 次(N 为发动机气缸数)。集成电路将光敏晶体管输出的开关信号进行放大等处理。

2. 点火控制器

点火控制器将光电信号发生器送来的信号进行放大,通过功率晶体管控制点火线圈初级电流的通、断,使点火线圈次级线圈产生高压电(图 6-15)。

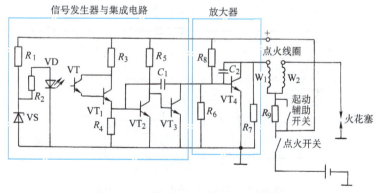

图 6-15 光电式电子点火系统电路图

当光敏晶体管 VT 受光导通时,晶体管 VT_1 获得正向偏压而导通。VT_1 导通后为 VT_2 提供正向偏压 U_{R4},使 VT_2 导通,VT_3 截止。功率晶体管 VT_4 获得正向偏压 U_{R6} 导通,从而使点火线圈初级线圈通电;当光敏晶体管 VT 失光时,由导通转为截止,VT_1 失去基极电流由

导通转为截止，VT_2 也截上，VT_3 因获得正向偏压由截止转为导通。VT 失去正向偏压 U_{R6} 则由导通转为截止，点火线圈初级线圈断电，在点火线圈次级线圈产生高压，经配电器分送至各缸火花塞。

稳压二极管 VS 用以保证发光二极管 VD 获得稳定的工作电压。电容 C_1 为正反馈电路，用以提高功率晶体管 VT_4 的翻转速度，减少功率损耗，防止发热。电阻 R_7 用以保护功率晶体管 VT_4。当 VT_4 由导通转为截止时，在次级线圈 W_2 产生次级电压的同时，初级线圈也产生 300V 左右的自感电动势，R_7 可为其提供回路，防止 VT_4 被击穿损坏。电阻 R_8 与电容 C_2 也具有 R_7 的作用，同时 C_2 还具有滤波功能。电阻 R_9 为点火线圈的附加电阻。

6.2.4 振荡式电子点火系统

振荡式电子点火系统的结构特点是采用振荡式信号发生器产生点火信号，并利用点火控制器（与分火头合为一体）控制点火。

1. 振荡式信号发生器

它由信号转子与振荡式信号发生装置等组成，如图 6-16 所示。信号转子 7 为一塑料圆鼓，在其周围嵌入与气缸数相等的铁氧体耦合杆 8。信号转子安装在分火头 6 驱动轴上，通过离心提前机构由分电器轴驱动。

振荡式信号发生装置由 E 形铁心 4 与负反馈线圈 L_1、正反馈线圈 L_2、振荡线圈 L_3 组成。负反馈线圈与正反馈线圈分别绕在铁心的上、下两臂上，振荡线圈绕在铁心的中臂上。L_1 的匝数多于 L_2，L_1 与 L_2 的绕向应使它们通电时在中臂上产生方向相反的磁通。传感器固定在分电器底板上，相当于传统分电器断电器的位置。

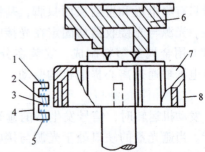

图 6-16 振荡式信号发生器
1—正反馈线圈（L_2） 2—振荡线圈（L_3）
3—铁氧体 4—E 形铁心 5—负反馈线圈（L_1）
6—分火头 7—信号转子 8—铁氧体耦合杆

2. 点火控制器

点火控制器由振荡器、滤波电路、放大器及功率晶体管 VT_4 等组成，如图 6-17 所示。

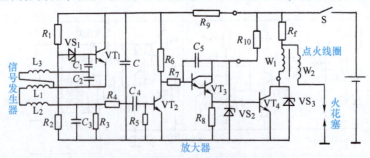

图 6-17 振荡式电子点火系统电路图

发动机运转时，当信号转子的铁氧体耦合杆未对准传感器的 E 形铁心时，磁路的磁阻大，L_2 与 L_3 的耦合很弱，而 L_1 此时为 VT_1 提供负反馈，振荡器不工作，VT_2 无正向偏压处于截止状态。复合晶体管 VT_3 获得正向偏压而导通。VT_3 的基电流电路：蓄电池正极→点火开关（S）→控制器接柱→R_9→R_6→R_7→VT_3 基极→发射极→R_8→搭铁→蓄电池负极。

当 VT_3 导通后，为功率晶体管 VT_4 提供正向偏压 U_{R8}，使 VT_4 导通。R_8 的电流电路：蓄电池正极→点火开关→控制器接线柱→R_{10}→复合晶体管 VT_3 集电极→发射极→R_8→搭铁→蓄电池负极。VT_4 导通后，点火线圈初级线圈 W_1 通电。

当信号转子的铁氧体耦合杆对准传感器的 E 形铁心时，磁路磁阻减小，L_2 与 L_3 的耦合增强，为 VT_1 的基极提供正反馈，使振荡器工作，产生 300~400kHz 的高频振荡，通过 R_4、C_4 使 VT_2 获得正向偏压 U_{R5}，VT_2 由截止转为导通。由于 VT_2 导通后其内阻极小，VT_3 失去正向偏压由导通转为截止，进而使 VT_4 又失去正向偏压，由导通转为截止，点火线圈初级线圈 W_1 断电，次级线圈 W_2 产生次级高压，经配电器分配至各气缸火花塞。

以四缸发动机为例，信号转子每旋转一圈，信号转子上的铁氧体耦合杆（4个）将对准 E 形铁心 4 次，振荡器产生 4 次高频振荡，使点火线圈产生 4 次高压电，分别给各缸点火一次。

附加元件的作用：电容 C 为电源滤波电容，电容 C_1 为反馈耦合电容；电容 C_5 用来减小无线电干扰；稳压二极管 VS_2 用来保护 VT_3；稳压二极管 VS_3 用来保护 VT_4。当 VT4 由导通转为截止时，点火线圈初级线圈 W_1 产生的 300V 左右的自感电动势，可经 VS_3 构成回路，从而避免 VT_4 被击穿损坏。

6.3 微机控制点火系统的结构与原理

微机控制点火系统是 20 世纪 70 年代末开始使用无触点式点火装置后的又一重大进展，其最大的成功在于实现了点火提前角的自动控制。

6.3.1 微机控制点火系统的特点

1）**控制精度高、控制工况全面**。在各种工况及环境条件下，均可获得最佳点火提前角，从而使发动机在动力性、经济性、排放性及工作稳定性等方面均处于最理想的情况。

2）**通过采用爆燃传感器闭环控制技术**。可使各缸点火提前角控制在刚好不发生爆燃的临界状态，从而获得较高的燃烧效率，有利于提高发动机的动力性和经济性。

3）在全部工作范围内，可对点火线圈的导通时间进行控制，从而使线圈中存储的点火能量保持恒定，提高点火的可靠性，有效地防止点火线圈过热，减少能源消耗。此外，该系统很容易在全部工作范围内提供稀薄燃烧所需的恒定点火能量。

4）**减小了点火能量损失**（配电器分火头在旁电极之间跳火会损失部分点火能量）。由于增加了点火线圈数量，每个线圈通电时间延长，保证了发动机在高速时有足够的次级电压和点火能量。

5）**具有故障自诊断功能**。当 ECU 监测到点火信号 3 次以上没有反馈时，将强制切断燃油喷射，并显示点火系统有故障。

6.3.2 微机控制点火系统的基本组成

微机控制的电子点火系统由监测发动机运行状况的传感器、处理信号和发出点火指令的电子控制单元（ECU）和对点火指令作出响应的执行器（点火控制模块、点火线圈、火花塞）等组成，如图 6-18 所示。

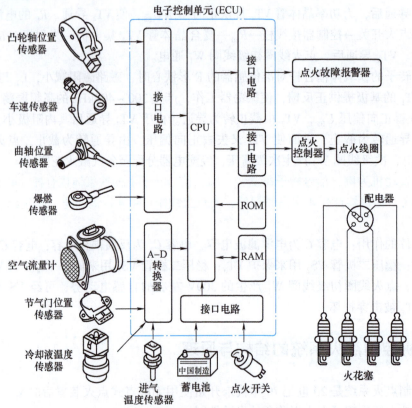

图 6-18　微机控制点火系统的组成

1. 传感器

传感器用来检测与点火有关的发动机工况信息，并将检测结果输入 ECU，作为计算和控制点火时刻的依据。虽然各型汽车电子控制点火系统采用的传感器类型、数量、结构和安装位置不尽相同，但主要有曲轴位置传感器、凸轮轴位置传感器、空气流量计、节气门位置传感器、冷却液温度传感器、爆燃传感器等（各种传感器的结构与工作原理见第 4 章）。这些传感器大多与燃油喷射系统、怠速控制系统等系统的电子控制系统共用，而且都由一个 ECU 集中控制。

2. 电子控制单元（ECU）

现代汽车发动机大多数都采用集中控制系统，ECU 既是汽油喷射系统的控制核心，也是点火系统的控制核心。其作用是根据各种传感器和开关输入的信号，按预先编制的程序进行计算与分析，以判断当前发动机所处的工况与状态，输出最佳点火提前角和点火线圈初级电路导通时间的控制信号，通过执行机构实现发动机的最佳点火时间控制。在 ECU 的只读存储器（ROM）中，除存储有监控和自检等程序之外，还存储有由台架试验测定的该型发动机在各种工况下的最佳点火提前角。随机存储器（RAM）用来存储微机工作时暂时需要存储的数据，如输入或输出数据、单片机运算得出的结果、故障码、点火提前角修正数据等，这些数据根据需要可随时调用或被新的数据改写。

ECU 由中央处理器（CPU）、存储器（RAM、ROM）、输入输出接口（I/O）、模-数和数-模转换器（A-D、D-A）以及整形、驱动电路等组成，如图 6-18 所示。

第6章 汽油机点火系统

在 ECU 中，CPU 是核心部分，它具有运算和控制功能。发动机运行时，CPU 采集各种传感器的信号，进行运算处理，根据运算结果发出控制信号，控制执行器（如点火控制器模块）。存储器用来存放控制过程的各种程序、运算的中间结果及通过大量试验获得的原始数据，如发动机在各种转速和负荷下的最佳点火提前角。输入输出接口用来连接 CPU 与外部设备。A-D、D-A 转换器将传感器输入的模拟信号转变成计算机能够处理的数字信号，或者把计算机发出的数字控制信号转换成模拟信号，用于控制被控对象。整形电路将传感器的输入信号转变成理想的波形，驱动电路对计算机发出的控制信号进行放大，使其能够驱动执行器。

3. 执行器

执行器主要包括点火控制器、点火线圈、分电器（有分电器微机控制电子点火系统）及火花塞等。

（1）点火控制器　点火控制器又称为点火器、点火控制单元、点火模块、点火电子组件或功率放大器，连接于 ECU 与点火线圈之间，是微机控制电子点火系统的功率输出极，它接收 ECU 输出的点火控制信号并控制点火线圈初级线圈搭铁端的通断，同时进行功率放大，驱动高压点火线圈工作。同时，还具有恒电流控制功能、停车断电保护功能、点火时间低速延迟功能和超压保护功能。

点火控制器的电路、功能与结构因车型的不同差别较大。在普通电子点火电路中，点火顺序和点火正时是由点火控制器直接控制的。即使在微机控制的电子点火电路中，有的车型仍设有独立的（非集成在 ECU 内部）、受发动机 ECU 控制的点火控制器（点火电路），作为 ECU 的一个执行机构用线束与 ECU 相连，如图 6-19 所示。由于无分电器电子控制点火系统有两个或多个点火线圈或点火线圈初级线圈，所以点火控制器一般除了具有自动断电功能、导通角控制电路和恒流控制电路外，还有气缸判别电路、多个大功率晶体管和相应的控制电路。由于大功率晶体管工作电流大、温度高，所以故障率相对较高，为了便于散热、检修，许多无分电器点火系统将点火控制器分为控制电路和大功率晶体管输出电路两部分，控制电路直接合入 ECU，大功率晶体管输出电路则成为结构单一的点火控制器或与点火线圈

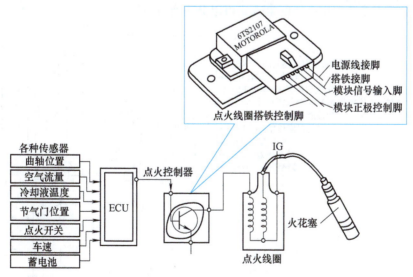

图 6-19　点火控制器

集成在一起。

(2) 点火线圈　带分电器的微机控制电子点火系统其点火线圈的结构与普通电子点火系统的点火线圈并无差别，而无分电器的微机控制电子点火系统的点火线圈则有多种结构形式，按高压配电方式的不同可分为二极管分配方式的点火线圈、点火线圈分配方式的点火线圈、独立点火方式的点火线圈3种。由于无分电器的微机控制电子点火系统有两个或多个点火线圈初级线圈，发动机的一个工作循环，每个点火线圈初级线圈只通断一次（独立点火）或两次（同时点火），所以点火线圈初级线圈能够有较长的通电时间，点火线圈可以采用完全的闭磁路结构以提高能量利用率，其结构及磁路如图6-20所示。

闭磁路点火线圈、分电器及高压线的结构原理与普通电子点火系统基本相同，不再赘述。

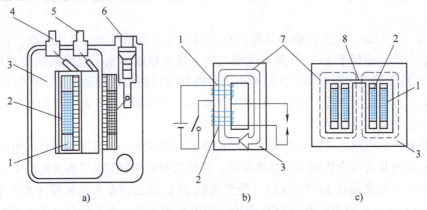

图6-20　闭磁路点火线圈的结构及磁路
a) 闭磁路点火线圈　b) 口字形铁心磁路　c) 日字形铁心磁路
1—初级线圈　2—次级线圈　3—铁心　4—低压接线柱（+）　5—低压接线柱（-）
6—高压接线柱　7—磁路　8—空气隙

6.3.3　微机控制点火系统的类型

微机控制点火系统根据高压配电方式可以分为有分电器式（图6-21）和无分电器式。

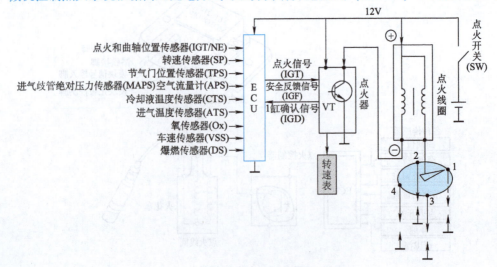

图6-21　有分电器式微机控制点火系统

第6章 汽油机点火系统

有分电器点火系统存在以下缺陷：高压电经分火头、旁电极、高压线等点火，能量损失大；高速、多缸时点火能量得不到保证（受闭合角限制）；点火正时误差大（由于机械传动误差）；无线电干扰严重等。

为了消除分电器的上述缺陷，进一步提高点火系统的性能，便出现了无分电器点火系统（Distributorless Ignition System，DIS）。它主要有两种方式：单缸独立点火方式（图6-22）和双缸同时点火方式（图6-23）。

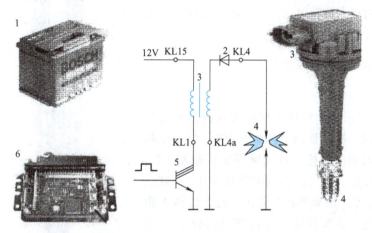

图6-22 无分电器式微机控制点火系统（单缸独立点火方式）
1—蓄电池 2—二极管 3—点火线圈
4—火花塞（点火线圈和火花塞集成在一起） 5—晶体管 6—控制模块

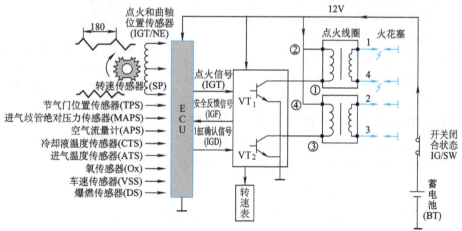

图6-23 无分电器式微机控制点火系统（双缸同时点火方式）

> **想一想** 无分电器点火系统有什么优点？

1. 单缸独立点火方式

单缸独立点火方式是一个火花塞配一个点火线圈并把点火线圈与火花塞集成在一起（图6-24），点火线圈直接安装在火花塞顶上，不需要高压线。

2. 双缸同时点火方式

双缸同时点火方式是一个点火线圈同时给两个缸点火，如图6-23所示。这种点火方式要求共用一个点火线圈的两缸工作相位相差360°曲轴转角。这样当一缸接近压缩行程上止点时，另一缸接近排气行程上止点，点火时两缸的火花塞同时跳火，处于排气行程的气缸的点火是无效点火，处于压缩行程的气缸的点火是有效点火。目前双缸同时点火方式应用较多。

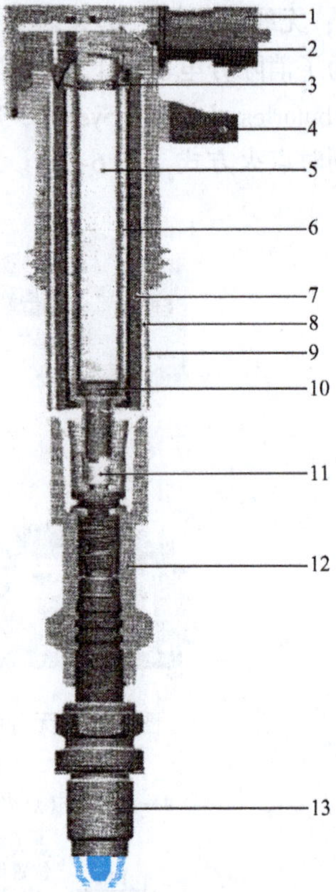

6.3.4 微机控制点火系统的高压配电原理

1. 二极管分配同时点火方式

如图6-25所示，这种高压配电方式的点火线圈有两个初级线圈，各由驱动电路中的 VT_1、VT_2 控制其通断，气缸识别电路按照点火顺序交替触发 VT_1、VT_2 的导通和截止。当气缸识别电路输出1、4缸点火触发信号时，VT_1 由导通转为截止，初级线圈A断电，次级线圈便产生实线箭头方向的电动势 e。e 使 VD_1、VD_4 正向导通，1、4缸火花塞电极电压迅速升高直至跳火，当气缸识别电路输出2、3缸点火触发信号时，VT_2 由导通转为截止，这时初级线圈B断电，使次级线圈产生虚线箭头方向的电动势 e'，e' 使 VD_2、VD_3 导通，2、3缸火花塞跳火。

2. 点火线圈分配同时点火方式

点火线圈分配是采用一个点火线圈直接供给成对的两缸火花塞点火的高压分配方式（图6-26）。气缸识别电路根据ECU送入的点火控制信号，按点火顺序轮流触发 VT_1、VT_2 导通和截止，控制各个点火线圈轮流产生高压，通过高压导线直接输送给成对的两缸火花塞。

图6-24 一体化点火线圈-火花塞
1—接线座 2—电路板（带电火末端放大器）
3、10—永久磁铁 4—安装板 5—铁心
6—次级线圈 7—初级线圈 8—壳体
9—导磁罩 11—高压极
12—硅胶套 13—火花塞

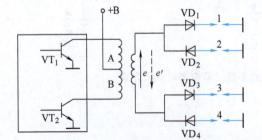

图6-25 二极管分配同时点火方式

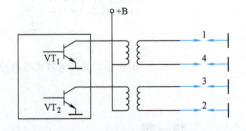

图6-26 点火线圈分配同时点火方式

3. 独立点火方式

独立点火方式为每一个气缸的火花塞单独配一个点火线圈（图6-27），点火线圈一般直

接安装在火花塞的上方。气缸识别电路根据 ECU 送入的点火控制信号,按点火顺序轮流触发 VT_1、VT_2、VT_3、VT_4 导通和截止,控制各个点火线圈轮流产生高压,并直接输送给与之连接的火花塞。

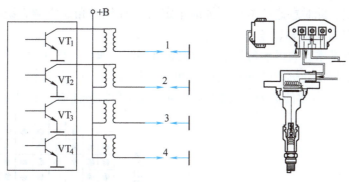

图 6-27　独立点火方式

6.3.5　微机控制点火系统的工作原理

1. 基本工作原理

发动机运行时,ECU 不断地采集发动机的转速、负荷、冷却液温度、进气温度等信号,并根据 ROM 中存储的有关程序与数据,确定该工况下的最佳点火提前角和初级电路的最佳导通角,并以此向点火控制模块发出控制指令。

点火控制模块根据 ECU 的点火指令,控制点火线圈初级电路的导通和截止。当电路导通时,有电流从点火线圈中的初级线圈通过,点火线圈此时将点火能量以磁场的形式储存起来。当初级线圈中的电流被切断时,在其次级线圈中将产生很高的感应电动势(15~20kV),经配电器送至工作气缸的火花塞,点火能量被瞬间释放,并迅速点燃气缸内的可燃混合气,发动机完成做功过程。

此外,在带有爆燃传感器的点火提前角闭环控制系统中,ECU 还可根据爆燃传感器的输入信号来判断发动机的爆燃程度,并将点火提前角控制在轻微爆燃的范围内,使发动机能获得较高的燃烧效率。

2. 点火控制功能

点火控制功能主要有 3 个方面:点火提前角控制、闭合角控制和爆燃控制。

(1) 点火提前角控制　点火提前角控制由初始点火提前角、基本点火提前角和修正点火提前角三部分的控制组成。

1) 初始点火提前角。初始点火提前角又称为固定点火提前角,其值大小取决于发动机形式,并由曲轴位置传感器的初始位置决定,一般为上止点前 6°~12°曲轴转角。在下列情况时,实际点火提前角等于初始点火提前角:发动机起动时;发动机转速低于 400r/min 时;检查初始点火提前角时,诊断插座测试端子短路,怠速触点 IDL 闭合,车速低于 2km/h。

2) 基本点火提前角。基本点火提前角是发动机最主要的点火提前角,是设计微机控制点火系统时确定的点火提前角。由于发动机本身的结构复杂,影响点火的因素较多,理论推导基本点火提前角的数学模型比较困难,而且很难适应发动机的运行状态。因此国内外普遍采用台架试验方法,利用发动机最佳运行状态下的实验数据确定基本点火提前角。

急速时的基本点火提前角指节气门位置传感器的急速触点闭合时对应的基本点火提前角，其值根据空调系统是否工作及发动机的急速转速的不同略有不同，如图 6-28 所示。如空调系统工作时，随着发动机急速的目标转速提高，应适当地增加点火提前角，有利于发动机运转速度的稳定，此时急速基本点火提前角定为 8°曲轴转角。空调系统不工作时，急速基本点火提前角定为 4°曲轴转角。

正常行驶时的基本点火提前角指节气门位置传感器急速触点打开时对应的基本点火提前角。该值主要是依据发动机的转速和负荷（用进气量表示）而定。ECU 根据传感器的输出信号，利用查表法从 CPU 的 ROM 中找出基本点火提前角的最佳值，如图 6-29 所示。

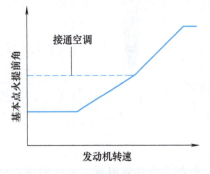

图 6-28　急速时的基本点火提前角

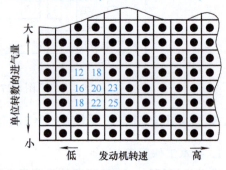

图 6-29　正常行驶时的基本点火提前角

3) 修正点火提前角。它是基本点火提前角乘以适当的系数得到的点火提前角。不同型号的发动机，其修正系数各不相同，所修正的项目也不尽相同。

①暖机修正：发动机冷却起动后，其温度还很低，因此要求适当增大点火提前角，以改善燃油的消耗，加快暖机过程。ECU 根据发动机冷却液温度信号、进气压力信号或进气流信号、节气门位置信号做出暖机点火提前角修正。暖机修正点火提前角随发动机的温度上升而减小（图 6-30），不同车型其暖机修正特性曲线的形状有所不同。

②急速稳定修正：发动机在急速运行期间，因负荷变化而出现转速波动，急速不稳。当转速低于所设定的目标转速时，微机根据其目标转速的差值大小适当增大点火提前角；当发动机的转速高于设定的目标转速时，则适当减小点火提前角。ECU 根据发动机的转速信号、节气门位置信号、车速信号、空调开关信号等作出急速稳定点火提前角修正，修正特性如图 6-31 所示。

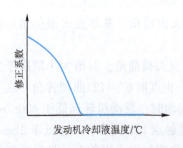

图 6-30　暖机点火提前角修正特性

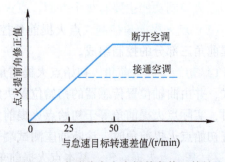

图 6-31　急速稳定点火提前角修正特性

③空燃比反馈修正：装有氧传感器的发动机，当 ECU 根据氧传感器的空燃比反馈信号进行修正时，随着喷油量的增加或减少，会引起发动机转速在一定范围内波动，为了提高发

动机转速稳定性，控制器在控制喷油量减少的同时，适当地增大点火提前角。ECU 根据氧传感器反馈信号、节气门位置信号、发动机冷却液温度信号、车速信号做出空燃比反馈点火提前角修正（图 6-32）。

④过热点火提前角修正：当发动机的温度过高时，为使发动机能保持正常工作而对点火提前角做适当的修正。具体分两种情况。

在发动机正常运行工况下，如果发动机温度过高则易产生爆燃。为避免这种情况发生，应适当减小点火提前角。

在发动机怠速运行工况时，如果发动机温度过高，则应适当增大点火提前角，以避免发动机长时间过热。

ECU 根据发动机冷却液温度信号、节气门位置信号做出过热点火提前角修正，其修正特性如图 6-33 所示。

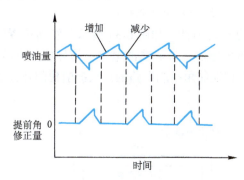

图 6-32 空燃比反馈点火提前角修正

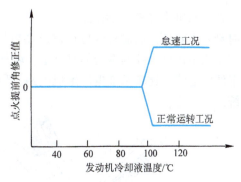

图 6-33 发动机过热点火提前角修正特性

⑤发动机爆燃修正：当发动机产生爆燃时，对基本点火提前角进行适当修正（减小点火提前角），以迅速消除爆燃。

⑥最大提前和推迟控制：发动机工作时的实际点火提前角是初始点火提前角、基本点火提前角、修正点火提前角之和。如果根据发动机实际工况和状态计算得到的实际点火提前角过大或过小，会导致发动机工作不正常。因此，微机点火时刻控制系统设定了一个实际点火提前角的数值范围，以控制发动机工作时其点火提前角不会超出正常工作极限值。

不同发动机，其设定的点火提前角的最大和最小极限值不同，一般其最大值和最小值范围如下：

最大点火提前角：35°~45°CA。最小点火提前角：-10°~0°CA。

(2) 闭合角控制　闭合角控制是指对点火线圈初级电路通电时间的控制。一方面，当点火线圈的初级电路被接通后，只有通电时间达到一定长度，初级电流才能达到饱和值，才能保证在断开初级电路时，能产生足够的次级电压和点火能量。另一方面，当发动机低速运转时，如果通电时间过长，点火线圈由于过热而易损坏。因此需要对点火线圈初级电路的通电时间即闭合角进行控制。

影响闭合角的因素有蓄电池电压和发动机转速。微机控制的电子点火系统把闭合角随发动机转速、蓄电池电压变化的脉谱图（图 6-34）以数据形式存储到 ECU 的 ROM 中，供发动机工作时调用。

（3）爆燃控制　在爆燃控制中采用爆燃传感器检测发动机是否产生爆燃，如果有爆燃，ECU减小点火提前角，直到爆燃消失；当爆燃消失后，ECU又逐渐加大点火提前角，这样使发动机工作在爆燃的边缘，而又不发生爆燃，此时发动机热效率最高，动力性、经济性最好。

要使点火系统达到这样的性能要求，除了必须采用电子控制的点火系统外，对点火提前角还必须采用爆燃控制。

在发动机电子控制系统中，点

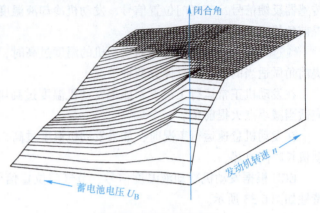

图 6-34　闭合角脉谱图

火时刻采用闭环控制能有效地抑制发动机爆燃，提高动力性。如图6-35所示，发动机爆燃控制系统是在点火控制系统的基础上，增加了爆燃传感器、带通滤波电路、信号放大电路、整形滤波电路、比较基准电压形成电路、积分电路和提前角控制电路的点火提前角闭环控制系统。

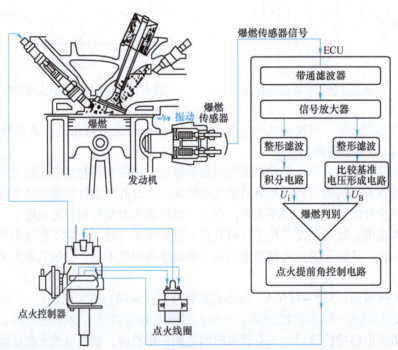

图 6-35　爆燃控制系统的组成

爆燃传感器用于检测发动机是否发生爆燃，每台发动机一般安装1～2只。带通滤波器只允许发动机爆燃信号（频率为6～9kHz的信号）或类似于爆燃的信号输入ECU进行处理，其他频率的信号则被衰减。信号放大器的作用是对输入ECU的信号进行放大，以便整形滤波电路进行处理。接近爆燃的信号经过整形滤波和比较基准电压形成电路处理后，形成判定是否发生爆燃的基准电压。爆燃信号经过整形滤波和积分电路处理后，形成的积分信号

第6章 汽油机点火系统

用于判定爆燃强度。

利用爆燃传感器对点火提前角进行闭环控制,可以降低对各传感器精度的要求。

带分电器的微机控制点火系统结构认识参见《汽车构造与原理实训》项目6.1及其光盘。

无分电器的微机控制点火系统结构认识参见《汽车构造与原理实训》项目6.2及其光盘。

本章小结

1. 汽油机要求点火系按发动机转速、负荷、温度等运转工况的变化自动准确调节点火提前角,提供足够的点火能量,可靠点燃混合气。

2. 点火系统分为传统点火系统、电子点火系统、微机控制点火系统和磁电机点火系统等几种。

3. 电子点火系统由电子点火器、分电器、点火信号发生器、点火线圈、火花塞、高压导线等组成。点火信号发生器有磁电式、霍尔式、光电式和振荡式等种类。

4. 微机控制点火系由传感器(转速传感器、曲轴位置传感器、爆燃传感器、节气门位置传感器、温度传感器等)、电子控制单元(ECU)、点火器、火花塞等组成。它具有控制精度高、考虑因素全面、点火能量大、高速适应性好、故障自诊断等优点,可有效提高汽油机的动力性、经济性和排放性能。

思考题

1. 名词解释:火花塞间隙、击穿电压、火花塞热特性、热型火花塞、冷型火花塞、普通型火花塞、高压配电方式。
2. 汽油机对点火系统有哪些要求?
3. 无触点电子点火系统中传感器的作用是什么?常用哪些类型的传感器?说明它们的结构和工作原理。
4. 简述电磁感应式电子点火装置的工作原理。
5. 简述光电感应式电子点火装置的工作原理。
6. 简述霍尔效应式电子点火装置的工作原理。
7. 简述微机控制点火系的基本组成、工作原理及特点。
8. 简述微机控制点火系统的高压配电方式。

第 7 章 发动机排气污染与防治

本章内容架构

第 7 章 发动机排气污染与防治
- 7.1 发动机的排气污染
- 7.2 发动机排气污染的防治
- 7.3 柴油机尾气后处理技术(SCR)

教学目标要求、重点与难点

序号	教学目标要求	教学重点	教学难点
1	掌握发动机有害排放气体 CO、HC、NO_x 形成的基本原因	✓	
2	掌握发动机排气污染机内净化和机外净化的基本途径	✓	
3	理解废气再循环装置的基本结构与工作原理		✓
4	理解催化转化器的基本结构与工作原理	✓	✓
5	了解汽油蒸发控制系统的基本结构与工作原理		
6	了解柴油机尾气后处理转置（SCR）的基本结构与工作原理	✓	✓
7	能够识别发动机上的排气净化装置	✓	

第7章 发动机排气污染与防治

7.1 发动机的排气污染

汽车作为现代交通工具，给人们的工作与生活带来方便的同时，它的尾气排放也给大气环境造成了严重的污染。据有关数据统计，在大气污染中，汽车排放所造成的污染占有相当大比重，其所含 CO 的 75%、HC 和 NO_x 的 50% 来源于汽车发动机的排放。在汽车密度较大的国家，汽车发动机的排气污染早已成为严重的社会公害。

7.1.1 发动机的排气污染及危害

汽车发动机燃料主要是汽油或柴油，它们是多种碳氢化合物的混合物。在发动机气缸内，与空气混合并燃烧，大部分生成 CO_2 和 H_2O。依据燃烧条件，也有一部分由于不完全燃烧而生成 CO 和 HC。此外当燃烧温度很高时，空气中的氮与未燃的氧反应，生成 NO_x，这些所有的 CO、HC、NO_x、SO_2 及碳烟、微粒、光化学烟雾等气体对人类和环境都会造成很大危害（参见第1章的1.4）。为此，各国都制定了相应的汽车排放标准，并投入大量资金进行研究和防治。由于 CO、HC、NO_x 是主要的污染物质，因此也是汽车排污标准和防治措施的主要对象。

> **找一找** 目前国内外汽车排放标准的制定和实施有哪些差距？

7.1.2 有害气体的生成机理

1. CO 的生成机理

CO 是烃燃料在局部缺氧或低温下不完全燃烧的产物。

理论上，燃料完全燃烧时将生成 CO_2 和 H_2O。而当氧气不足时，则有部分燃料不完全燃烧而生成 CO。

然而，在实际汽油发动机中，不仅空气（氧气）不足时燃烧生成物中有 CO，而且空气充足时燃烧产物中也含有 CO，其主要是由于混合气的形成与分配不均造成的。另外在使用稀混合气时，排气中 CO 浓度并不为零，这是因为在高温下，燃烧生成的 CO_2 和 H_2O 也可能有一小部分经过转化生成 CO。

所以，在发动机排气中，总会有 CO 存在。尽管如此，排气中 CO 的浓度，基本上取决于空燃比。

2. HC 的生成机理

碳氢化合物（HC）中含有多种成分，但主要是未燃的燃料，另外还有一些不完全燃烧或裂解反应的碳氢化合物及少量的氧化反应的中间产物（如醛、酮等）。在汽油机中，缸壁淬冷也是排气中 HC 的主要来源。如图 7-1 所示，当火焰传播到接近气缸壁面附近时，由于

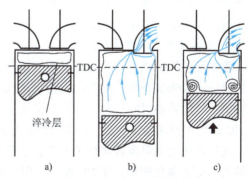

图 7-1 HC 的排放原理
a) 淬冷层的形成 b) 排气初期 c) 排气后期

壁面的冷却作用，火焰不能完全传播到缸壁表面，使 0.05～0.4mm 厚度上的混合气烧不着，通常把这层烧不着的混合气称为淬冷层。另外，气缸体和气缸盖接合面之间的缝隙、活塞顶部与第一道气环之间的空隙、火花塞磁心周围的空隙等，火焰也不能传播过去。上述淬冷层和气隙中的混合气没有燃烧就随废气排出。在排气初期，靠近排气门附近的那一部分淬冷层中的未燃气体首先随排气排出，在排气后期，活塞把气缸壁面的淬冷层也卷进排气中，使 HC 的排放浓度大大增加。

发动机工作时，如果混合气过浓，由于空气不足，燃烧不完全，未燃燃料或燃烧过程中生成的 HC 增多，HC 的排放浓度增加。而当混合气过稀或缸内废气过多时，则可能引起火焰不充分甚至完全断火，致使排气中的 HC 浓度显著增加。

3. NO_x 的生成机理

NO_x 是空气在燃烧室的高温条件下，由氧和氮的反应所形成的，它和其他废气成分不同，不是来自燃料。发动机所排出的 NO_x，虽含有少量的 NO_2，但大部分是 NO。排气中的 NO 在大气中氧化成 NO_2，通常把 NO_2 和 NO 统称为 NO_x（氮氧化合物）。

在发动机工作中，燃烧温度越高，燃烧过程中氧气浓度越大，高温下的持续时间越长，NO 的生成量就越多。

4. 光化学烟雾的生成机理

根据加利福尼亚大学哈根·斯密特博士提出的光化学烟雾理论，汽车排放尾气中的氮氧化合物、碳氢化合物是在强太阳光作用下，发生光化学反应而形成的。

> **想一想** 发动机其他有害排放物的形成机理。

7.2 发动机排气污染的防治

发动机排气污染的控制方法可分为机内净化和机外净化。

7.2.1 发动机的机内净化

机内净化是指从有害物排放的生成机理及影响因素出发，通过改善可燃混合气的品质和燃烧状况，抑制有害气体的产生，使排气中的有害气体成分减至最少，机内净化是治理车用汽油机排气污染的根本方法。

1. 改善发动机的燃烧状况

改善发动机的燃烧状况是通过配气相位、点火时刻等的优化调整和燃烧室、火花塞等的优化设计配置来实现的。配气相位特别是气门重叠时间对 NO_x、HC 排放量的影响很大。试验表明，气门重叠时间长时，因排气彻底，进气充足，气缸内温度低，NO_x 排放量将减少，而 HC 的增加量并不多；当气门重叠时间短时，HC 将减少，而 NO_x 却增加较多。

延迟点火时刻可降低燃烧最高温度，因而 NO_x 的排放量减少；同时，由于燃烧持续时间较长，促进氧化作用，使 HC 减少。但应注意减小点火提前角会使冷却系统热负荷加大，功率下降，油耗有所上升，因此在净化的同时必须采用折中的办法，兼顾热效率等其他方面的要求。

第 7 章 发动机排气污染与防治

减小燃烧室的表面积和容积之比（面容比）可减少 HC 的排放量，因为当活塞处于上止点时，燃烧室壁面附近形成的淬冷层不能进行充分的燃烧，而使未燃 HC 随废气排出。面容比按浴盆形、盆形、楔形、半球形的燃烧室结构顺序逐渐减小。改变燃烧室设计、加强气体的涡紊流、优化火花塞配置，都可对发动机排放产生影响。

从有害气体的生成机理中发现，降低 NO_x 和降低 HC、CO 所采取的措施往往是相互矛盾的，因而要针对不同机型的主要矛盾，提出适当的治理措施。一般来讲，在汽油机上采取的措施，要兼顾各种有害成分的全面净化和发动机的性能。

2. 改善可燃混合气的品质

恒温进气空气滤清器和废气再循环是改善可燃混合气品质的两种常用方式。

1）恒温进气空气滤清器可以在发动机冷起动之后，向发动机供给热空气，从而既减少了 CO 和 HC 的排放，又改善了发动机低温运转性能。

2）废气再循环是将 5%～20% 的废气再引入进气管，与新鲜混合气一道进入燃烧室，使最高燃烧温度降低，从而减少 NO_x 的生成量。图 7-2 所示是现代汽车广泛使用的电子控制 EGR（废气再循环）装置。

EGR 阀 1 膜片的下部通大气，装有弹簧的另一边为真空室，其真空度由 EGR 电磁阀 2 控制。增大真空室的真空度，使膜片克服弹簧力上拱，阀的开度增大，废气再循环量增大。当上部失去真空度时，膜片在弹簧力的作用下向下拱而使阀关闭，阻断废气再循环。EGR 电磁阀有 3 个通气口（图 7-3），不通电时，弹簧将阀体向上压紧，ECU 根据各有关传感器的信号确定的废气再循环流量后，通过输出相应的占空比脉冲信号，控制 EGR 电磁阀在相应的占空比下工作，将 EGR 阀的真空室的压力调节在相应的值，使 EGR 阀有相应的开度。

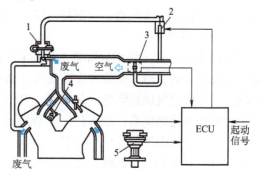

图 7-2 电子控制的废气再循环装置
1—EGR 阀 2—EGR 电磁阀 3—节气门
4—冷却液温度传感器 5—曲轴位置传感器

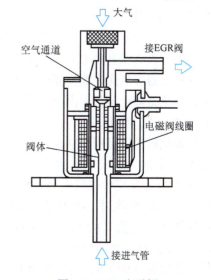

图 7-3 EGR 电磁阀

当需要增大废气再循环流量时，ECU 输出的占空比减小，EGR 电磁阀相对的通电时间减小，EGR 阀真空室通进气管的相对时间增大，其真空度增大而使阀开度增大，使废气再循环流量相应增加。

当 EUC 输出占空比为 0 的信号（持续低电平）时，EGR 电磁阀断电。这时，EGR 阀真空室与进气管持续相通，其真空度达到最大（直接取决于进气管的真空度），阀的开度最大，废气的再循环流量也达到最大。

当不需要废气再循环时，ECU 输出占空比为 100% 的信号（持续高电平），使 EGR 电磁阀常通电，EGR 阀真空室与大气常通，阀关闭，阻断了废气再循环。必须注意的是，废气再循环量应随负荷的增加而增加，急速和小负荷、大负荷、高速、冷机等工况时不进行废气再循环。

7.2.2 发动机的机外净化

发动机机内净化改善了排气污染，但不同程度地对汽车的动力性和经济性带来了一些负面影响。因此在进行汽车发动机排气污染防治时，往往是机内、机外净化兼有，使发动机排放性能提高的同时，又不影响其动力性和经济性。

用设置在发动机外部的附加装置使排出的废气净化后再排入大气，这种措施称为机外净化。机外净化常用以下方法。

1. 二次空气喷射

这种方法将新鲜空气喷射到排气门附近（图7-4），使高温废气和空气接触混合，以使未燃HC、CO进一步燃烧，达到排气净化的目的。

2. 热反应器

热反应器也是一种用以降低HC和CO排放量的后处理装置，通常安装在发动机排气道的出口处，与二次空气供给装置一起使用。空气与废气混合初步氧化燃烧后，进入热反应器内部，使其利用本身余热而保持反应所需要的高温。足够大的反应器容积和气流的曲折途径，使其有足够的停留时间进行反应，使排气中的HC和CO在反应器中再进行氧化和燃烧，进一步降低这两种成分的排放量。

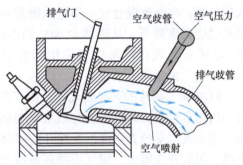

图7-4 二次空气供给装置

3. 催化转化器

催化转化器是利用催化剂的作用，使排气中的有害成分CO、HC和NO_x尽量进行化学反应转化为对人体无害的CO_2、H_2O和N_2的一种排气净化装置，也称作催化转化净化器。

催化转化器有氧化还原型催化转化器和三元催化转化器。

氧化还原型催化转化器由两部分组成，分别将排气中的CO和HC氧化为CO_2和H_2O、把NO_x还原为N_2和O_2。

三元催化转化器可同时减少CO、HC和NO_x的排放，它以排气中的CO和HC作为还原剂，把NO_x还原为氮（N_2）和氧（O_2），而CO和HC在还原反应中被氧化为CO_2和H_2O。使用三元催化转化器时，必须把可燃混合气空燃比控制在理论值（约14.7）附近，才能同时高效净化CO、HC和NO_x。

催化转化器（图7-5）的外形类似大型消声器，用耐高温耐腐蚀的不锈钢制成，安装在消声器之前。壳体内的催化剂是直径为2~4mm的氧化铝（Al_2O_3）颗粒，在其多孔性的表面上涂有铂。催化剂表面积很大，每克表

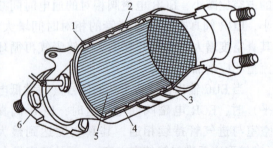

图7-5 催化转换器
1、3—支承环 2—波纹网眼环 4—密封垫
5—整体式催化反应器载体 6—温度传感器

面积可达 150～300m²。催化转化器的构造应保证在废气通过时和催化剂颗粒均匀接触。催化转化器的使用条件相当严格。首先，装用催化转化器的发动机只能使用无铅汽油。如果使用加铅汽油，铅覆盖在催化剂表面将使催化剂失效。其次，仅当温度超过250℃时，催化转化器才起催化反应。温度较低时，转化器的转化效率急剧下降。因此，催化转化器都安装在温度较高的排气管后面。第三，催化剂与载体的容积必须与发动机的排量相匹配，具有足够的强度和抗热冲击性，才能保证对 CO、HC 和 NO_x 的净化率高。第四，催化转化器必须配有温度控制装置或旁通管道，避免载体过热烧毁堵塞排气管道。第五，采用催化转化器时只有当空燃比在化学当量比附近很窄的范围内，HC、CO 和 NO_x 排放浓度才很小。

三元催化转化器可将 90% 的 HC 和 CO 及 70% 的 NO_x 同时净化，目前已成为国内外汽油车控制排放的主流。

4. 曲轴箱强制通风装置

发动机工作时，有部分可燃混合气和燃烧产物会经气缸、活塞环窜入曲轴箱内，它们含有 HC 等有害气体，不能排向大气，应进行净化。曲轴箱强制通风装置的作用是将窜入曲轴箱内的混合气引入气缸内燃烧掉。它有开式、屏蔽式和闭式 3 种形式。目前多用闭式曲轴箱强制通风装置，此种装置也称为 PCV 装置（图7-6），它由 PCV 阀及进、排气管路组成。发动机工作时，新鲜空气自空气滤清器 1 经管 C 和闭式通风口 6 进入曲轴箱，和曲轴箱内窜气混合，从气缸盖罩通入管 A，经 PCV 阀 3，被吸入进气管。因此有适量的窜气在气缸内再次燃烧。

PCV 阀可随发动机运转状况自动调节吸入气缸的窜气量，其结构和原理如图 7-7 所示。在急速或小负荷时，窜气量较少。此时，由于进气管真空度较高，阀门被吸向右方（图7-7a），气流通路关小，吸入气缸的窜气量较少。在加速或大负荷时，窜气量增多，进气管真空度变低，PCV 阀的气流通路开大（图7-7b），因而有较多的窜气量进入气缸再燃烧。

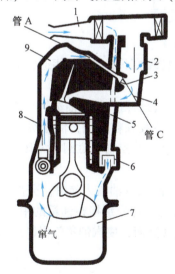

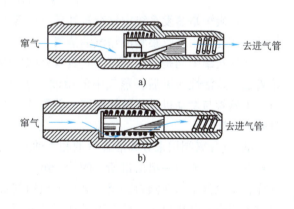

图 7-6　闭式曲轴箱强制通风装置
1—空气滤清器　2—节气门　3—PCV 阀　4—进气管
5—通风管　6—闭式通风口　7—曲轴箱
8—机体通气道　9—缸盖通气道

图 7-7　PCV 阀结构和工作原理
a) 急速时　b) 加速时

在图 7-6 所示的闭式曲轴箱强制通风装置中，当发动机高速、大负荷运转时，一旦窜气量过多而不能完全被吸尽，窜气会从曲轴箱经闭式通气口倒流入空气滤清器，通过节气门被吸入进气管。

PCV 装置能完全防止窜入曲轴箱内的 HC 对外排放，现已得到广泛应用。

5. 汽油蒸发控制系统

汽油蒸发控制系统（EVAP）能够存储燃油系统产生的汽油蒸气（HC），阻止汽油蒸气泄漏到大气中，同时将收集的汽油蒸气适时地送入进气歧管，与正常混合气混合后进入发动机燃烧，使燃油得到充分利用。

现在基本上采用发动机 ECU 控制汽油蒸发系统。目前常见的比较简单的汽油蒸发控制系统主要由油箱、活性炭罐、炭罐控制电磁阀等组成（图 7-8）。

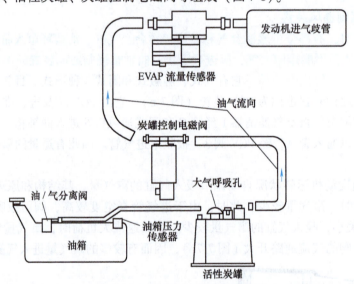

图 7-8　汽油蒸气控制系统

活性炭罐是蒸发系统中储存汽油蒸气的部件，活性炭罐的下部与大气相通，上部有接头与油箱相连，用于收集和清除汽油蒸气。

活性炭罐中间是活性炭粒，它具有极强的吸附作用。燃油箱内的汽油蒸气（HC），经油箱管道进入活性炭罐后，蒸气中的燃油分子被吸附在活性炭颗粒表面，活性炭罐有一个出口，由软管与发动机进气歧管相连。软管的中部设有一个炭罐控制电磁阀（常闭），以控制管路的通断。

油/气分离阀用来分离液态汽油和汽油蒸气，以防止液态汽油流入炭罐。分离阀安装在油箱顶部，主要由一组出口朝上的管子组成，其中 3 根通气管分别接在油箱的中央和两侧。这样，不论汽车如何倾斜，至少会有 1 根通气管高于汽油液面，使汽油蒸气得以经汽油蒸气管进入炭罐。分离出来的液态汽油从回油管返回燃油箱。

6. 柴油机微粒滤清器

柴油机排放的最突出问题是排气冒黑烟，这是燃料不完全燃烧的产物，排出的微粒物要比汽油机高 30～80 倍，其处理方法主要靠微粒滤清器过滤。

柴油机微粒滤清器的基本结构如图 7-9 所示，主要由滤清器滤芯 4 和燃烧室 5 等组成。

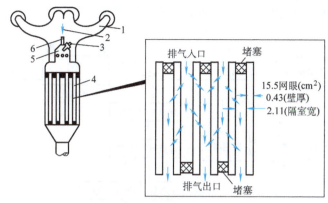

图 7-9　柴油机微粒滤清器的基本结构
1—排气歧管　2—燃油　3—电热塞　4—滤清器滤芯　5—燃烧室　6—喷油器

工作时，柴油机排气经排气歧管 1 流经滤清器滤芯 4，由于滤芯是采用微孔陶瓷材料制成的，能够有效过滤柴油机排气微粒，达到净化目的。

为了清除积存在滤清器滤芯上的微粒，以恢复其工作能力和减少排气阻力，在滤清器入口处设置了一个燃烧室 5，燃料 2 经喷油器 6 喷入燃烧室，经电热塞 3 点火，将积存在滤清器滤芯上的碳烟微粒燃烧掉。

7.3　柴油机尾气后处理技术（SCR）

7.3.1　SCR 技术及其发展背景

1. 什么是 SCR 技术

SCR［Selective（选择性）、Catalytic（催化）、Reduction（还原）］全称叫选择性催化还原技术，是一种柴油机机外净化技术。

2. SCR 技术发展背景

随着柴油机排放法规日益严格，EGR 技术难以适应柴油车更加严格的排放要求，而 SCR 则能满足欧Ⅳ~欧Ⅵ排放法规（相当于国Ⅳ及国Ⅴ排放标准），成为了市场发展主流，是目前世界各国特别是欧盟各国普遍采用的控制柴油车尾气排放的一项成熟技术。目前，几乎所有的欧洲载货汽车制造商，包括梅赛德斯-奔驰、雷诺以及沃尔沃等公司，均采用了 SCR 技术。

SCR 有很多优点，但也存在着一些亟待解决的问题：一是使用 SCR 技术需要在车上安装一套选择性催化还原系统，该系统不仅占用空间大、增加车重，而且需要建设一套完整的尿素溶液加注基础设施；二是使用 SCR 技术对 OBD 监控系统提出了更高要求，发动机及零部件企业在电子系统开发难度上有所增加；三是尿素的供应质量问题。

7.3.2　SCR 系统基本组成

SCR 系统基本组成如图 7-10 所示，主要由尿素罐、尿素泵、压缩空气罐、计量供给装置、SCR 控制器、尿素喷射装置、SCR 催化器和传感器等组成。

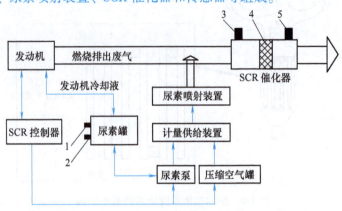

图 7-10 SCR 系统基本组成
1—液体传感器 2—温度传感器 3—催化器入口排气温度传感器
4—SCR 催化剂 5—催化器出口排气温度传感器

尿素罐用于尿素溶液的储存与供给，尿素箱上安装有液位及温度传感器。液位传感器用于系统诊断、尿素用量监控及低液位报警等，温度传感器则用于监测尿素溶液的温度，来确定是否需要起动或者关闭加热装置，防止溶液冻结或过热。对尿素溶液的加热多利用发动机冷却液实现。

尿素泵为尿素溶液输送到喷射装置提供动力。压缩空气罐用于给计量供给装置提供压缩空气，使得尿素液滴在计量供给装置内提前雾化，并可将管路中的尿素溶液吹除干净，防止尿素在管路中残留结晶阻塞管路。

控制器通过控制计量供给装置可控制发动机不同工况下的尿素喷射量，并有检测系统故障的功能；喷射装置主要是将雾化溶液均匀地喷入发动机排气中，以提高催化剂的转化效率。SCR 催化器由载体、涂层、封装 3 部分组成，是进行净化反应的主要场所。其上安装的温度传感器可以检测催化剂是否达到要求的温度，来保证催化还原反应的正常进行，并据此确定需要喷入的尿素量。SCR 系统中计量装置与喷射装置最为重要的喷射量，二者的精度及响应速度直接影响尿素溶液。

7.3.3 SCR 系统工作原理

SCR 工作时，尿素泵吸出尿素罐内的尿素溶液，尿素溶液在计量单元内与压缩空气提前雾化混合，计量单元根据 SCR 控制器传来的尿素喷射量控制信号将一定的尿素溶液通过喷射装置喷射到 SCR 催化器前的排气管内，尿素溶液中的水分在排气管内迅速汽化，尿素分解出的氨随排气一起进入催化器，再经过氨扩散器进一步混合后，在催化器表面与氮氧化合物经过充分的催化反应，将 NO_x 转化为无害的氮气和水并随排气排出发动机。

> **找一找** 现代汽车上还有哪些先进的发动机排气净化技术和装置？

第7章 发动机排气污染与防治

本章小结

1. 发动机排放的 CO 主要是燃料不完全燃烧形成的;HC 除燃料不完全燃烧产生外,主要由于缸壁淬冷产生;NO_x 是发动机燃烧温度过高时,残留的氧气与氮气发生反应的产物,燃烧温度越高,生成的 NO_x 越多。

2. 发动机排气污染的控制方式分机内净化和机外净化。机内净化通过优化配气相位、点火提前角、燃烧室设计、进气管预热、废气再循环等方法达到。机外净化常采用二次空气喷射、催化转化器、曲轴箱强制通风装置、汽油蒸发控制系统等附加装置完成。

3. 废气再循环是将 5%~20% 的废气再引入进气管,与新鲜混合气一道进入燃烧室,使最高燃烧温度降低,从而减少 NO_x 的生成量。

4. 二次空气喷射方法是将新鲜空气喷射到排气门附近,使高温废气和空气接触混合,以使未燃 HC、CO 进一步燃烧。二次空气喷射往往和热反应器共同使用,以降低 HC、CO 的排放。

5. 催化转化器是利用催化剂的作用,使排气中的有害成分 CO、HC 和 NO_x 尽量进行化学反应,转化为对人体无害的 CO_2、H_2O 和 N_2 的一种排气净化装置。

6. 汽油蒸发控制系统的功能是将燃油箱和浮子室内蒸发的汽油蒸气收集和储存在炭罐内,在发动机工作时再将其送入气缸燃烧。

7. 柴油机排放的黑烟主要通过微粒滤清器过滤或通过 SCR 技术处理。

思考题

1. 名词解释:机内净化、机外净化、废气再循环、二次空气喷射、催化转化器、SCR 技术。
2. 试说明发动机各种排气污染的产生原因。
3. 控制发动机的排气污染可采取哪些措施?
4. 简述废气再循环装置的基本结构和工作原理。
5. 简述催化转化器的基本结构和工作原理。
6. 汽油蒸发控制系统是如何有效降低发动机排气污染的?
7. 简述柴油机尾气后处理系统(SCR)的基本结构与工作原理。

第 8 章 发动机冷却系统

本章内容架构

第 8 章 发动机冷却系统
- 8.1 冷却系统概述
- 8.2 冷却系统基本组成与工作原理
- 8.3 冷却系统主要部件结构与原理
- 8.4 发动机智能冷却系统

教学目标要求、重点与难点

序号	教学目标要求	教学重点	教学难点
1	掌握冷却系统的作用	✓	
2	掌握冷却系统的总体组成与工作原理	✓	
3	掌握冷却液的分类和选择	✓	
4	掌握水泵的作用、结构与工作原理	✓	
5	掌握散热器的作用、结构与工作原理	✓	
6	掌握冷却风扇的作用、结构与工作原理	✓	✓
7	掌握节温器的作用、结构与工作原理	✓	✓
8	理解智能冷却系统的组成和工作原理		✓
9	能够识别冷却系统主要部件并理解冷却液循环原理	✓	

第8章　发动机冷却系统

8.1　冷却系统概述

1. 发动机冷却系统的作用

该系统的作用是使发动机在所有工况下都保持在适当的温度范围内工作，防止发动机过热或过冷，并且在发动机冷起动后使发动机迅速升温，尽可能缩短暖机时间。

发动机过热时，其中运动构件将因高温膨胀而破坏正常的配合间隙，或因润滑油在高温下失效而卡死；各构件因高温导致机械强度降低甚至损坏；发动机工作过程因高温导致吸气量减少甚至燃烧不正常而使发动机动力性、经济性下降等。因此发动机不可在过热条件下工作。

发动机过冷时，散热损失增加，对柴油机而言，润滑油黏度增加，摩擦功率损失增加，导致发动机动力性、经济性降低；对汽油机而言，已汽化的燃油再次凝结并流到曲轴箱，会稀释润滑油从而影响润滑，也使发动机动力性、经济性下降，磨损加剧。因此，发动机也不可在过冷条件下工作。

2. 发动机冷却系统的分类

根据冷却介质的不同可分为风冷系统与水冷系统。以空气为冷却介质的冷却系统称为风冷系统，以冷却液为冷却介质的冷却系统称为水冷系统。

发动机风冷系统具有不需要加冷却液也不必考虑冻结，故而在低温、缺冷却液环境下具有明显优势的特点，因此被大众集团的第一代甲壳虫 Beatle 和早期的保时捷跑车采用。太脱拉（TATRA）货车公司也长期生产风冷重型货车。但风冷系统的冷却效率比水冷系统小，因此汽车发动机（尤其是乘用车发动机）大都采用水冷系统。本章只介绍水冷系统。

水冷系统的优点是冷却强度高、发动机内部和外部冷却较均匀、冷却水路设计自由度大等；缺点是容易漏水，需要经常维修。

3. 冷却液

汽车发动机冷却液有水和加有防冻剂的防冻液等种类。

水冷却液来源广泛，成本很低，但最好使用软水（矿物含量低），以防产生水垢使传热受阻，造成发动机过热。但是水在0℃时会结冰，导致冷却液停止循环而引起发动机过热；更严重的是水结冰时体积膨胀，可能将机体、缸盖和散热器胀裂。

为了适应冬季行车的需要，现在普遍使用在水中加入了防冻剂的防冻液作为冷却液。目前最常用的防冻剂是乙二醇。冷却液中水与乙二醇的比例不同，其冰点也不同（表8-1）。

表8-1　冷却液的冰点与乙二醇质量分数的关系

冷却液冰点/℃	乙二醇的质量分数（%）	水的质量分数（%）	密度/(kg·m^{-3})
-10	26.4	73.6	1.0340
-20	36.2	63.8	1.0506
-30	45.6	54.4	1.0627
-40	52.3	47.7	1.0713
-50	58.0	42.0	1.0780
-60	63.1	36.9	1.0833

防冻液中通常含有防锈剂，防锈剂可延缓或阻止发动机水套壁及散热器的锈蚀或腐蚀。发动机冷却系统中含有多种金属和非金属材料，金属材料有铸铁、铝合金、钢、铜及散热器焊接时用的焊锡等，非金属材料有橡胶等。冷却液长时间与这些材料相接触，容易发生锈蚀或腐蚀，因此必须要有防腐蚀功能，优质的防冻液，与水相比能更好地保护散热器，延长发动机的使用寿命。

防冻液中通常含有泡沫抑制剂。冷却液中的空气在水泵叶轮的搅动下会产生很多泡沫，这些泡沫将妨碍水套壁的散热。泡沫抑制剂能有效地抑制泡沫的产生。

在冷却液中加入防冻剂还同时提高了冷却液的沸点。例如，含50%乙二醇的冷却液在大气压力下的沸点是103 ℃。因此，防冻剂能防止冷却液过早沸腾，减少损耗。

在防冻液中，一般还要加入着色剂，以便识别。

想一想 发动机正常工作一段时间后停机，冷却系统中的冷却液会发生什么现象？

8.2 冷却系统基本组成与工作原理

汽车发动机冷却系统一般采用强制循环水冷系统，即利用水泵提高冷却液的压力，强制冷却液在发动机中循环流动。强制循环水冷系统基本组成如图8-1所示。结构认识参见《汽车构造与原理实训》项目8.1及其光盘。

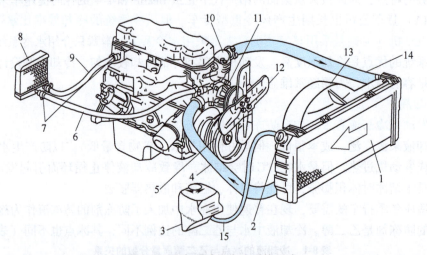

图8-1 汽车发动机水冷系统组成

1—散热器　2—散热器盖　3—补偿水桶　4—散热器出水软管　5—风扇传动带轮　6—暖风机出水软管
7—管箍　8—暖风散热器　9—暖风机进水软管　10—节温器　11—水泵　12—冷却风扇
13—护风圈　14—散热器进水软管　15—溢流管

发动机冷却液在冷却系统中的循环路径如图8-2所示。冷却液在水泵5中提高压力后，经分水管10进入发动机的机体水套9，从水套壁周围流过并从水套壁吸热而升温，然后向上流入气缸盖水套7，从气缸盖水套壁吸热之后经节温器6及散热器进水软管流入散热器2，在散热器2中，冷却液向流过散热器2周围的空气散热而降温，最后冷却液经散热器出水软

第 8 章 发动机冷却系统

管返回水泵,完成一个循环。上述循环把发动机内部多余的热量通过冷却液带到散热器中,在汽车行驶或冷却风扇工作时,冷却空气从散热器周围高速流过,带走冷却液中的热量,保证发动机工作在正常工作温度范围内。

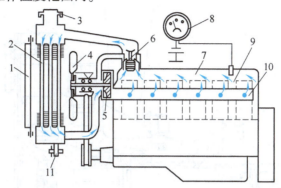

图 8-2 冷却液在强制循环水冷系统中的流动
1—百叶窗 2—散热器 3—散热器盖 4—风扇 5—水泵 6—节温器
7—气缸盖水套 8—水温表 9—机体水套 10—分水管 11—放水阀

8.3 冷却系统主要部件结构与原理

8.3.1 冷却水泵

1. 冷却水泵的组成与工作原理

冷却水泵的功用是对冷却液加压,使冷却液在冷却系统中的循环流动。

发动机水泵一般采用离心式水泵(图 8-3),与冷却风扇同轴,并由风扇带轮带动旋转。当水泵叶轮旋转时,水泵中的冷却液被叶轮带动一起旋转,并在离心力的作用下被甩向水泵壳体的边缘,同时产生一定的压力,然后从出水管流出。在叶轮的中心处,由于冷却液被甩出而压力下降,散热器中的冷却液在水泵进口与叶轮中心的压差作用下,经进水管流入叶轮中心。

2. 水泵的典型结构

如图 8-4 所示为发动机所采用的离心式水泵典型结构。其拆装与结构认识参见《汽车构造与原理实训》项目 8.1 及其光盘。

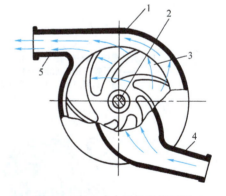

图 8-3 离心式水泵的工作原理
1—水泵壳体 2—水泵轴 3—叶轮
4—进水管 5—出水管

水泵壳体上的泄水孔 C 位于水封之前,有冷却液漏过水封时,可从泄水孔泄出,以防止冷却液进入轴承而破坏轴承的润滑。如果发动机停机后仍有冷却液渗漏,则表明水封已经损坏。

3. 水泵的传动

水泵一般由曲轴通过 V 带或同步带传动,因此水泵转速与发动机曲轴转速成比例。

图 8-5 所示为奥迪 100 型汽车发动机的水泵传动，其水泵转速为曲轴转速的 1.6 倍。有些发动机的水泵由凸轮轴直接驱动。

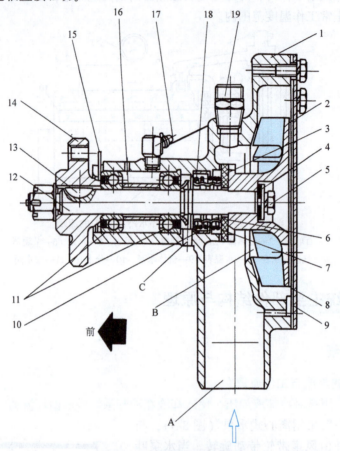

图 8-4　离心式水泵典型结构
1—水泵壳体　2—叶轮　3—密封垫圈　4、8—衬垫　5—螺栓　6—水封皮碗　7—弹簧
9—水泵盖　10—水封座圈　11—轴承　12—水泵轴　13—半圆键　14—凸缘盘
15—轴承卡环　16—隔离套　17—润滑脂嘴　18—水封环　19—管接头
A—进水口　B—水泵内腔　C—泄水孔

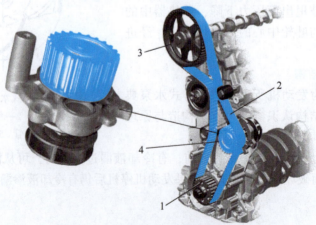

图 8-5　奥迪 100 型汽车发动机的水泵传动
1—曲轴带轮　2—同步带　3—凸轮轴带轮　4—水泵

8.3.2 散热器

1. 散热器总体组成与类型

散热器由进水室、出水室和散热器芯三部分构成（图8-6）。冷却液在散热器芯内流动，空气在散热器芯外通过，热的冷却液由于向空气散热而变冷，冷空气则因为吸收冷却液散出的热量而升温，所以散热器是一个热交换器。

按照散热器中冷却液流动的方向，可将散热器分为纵流式和横流式两种。纵流式散热器芯竖直布置，上、下两端分别接进水室和出水室，冷却液由进水室自上而下地流过散热器芯进入出水室（图8-6a）。横流式散热器芯横向布置，左右两端分别接进、出水室，冷却液自进水室经散热器芯到出水室横向流过散热器（图8-6b）。大多数新型乘用车均采用横流式散热器，这可以使发动机罩的外廓较低，有利于改善车身前端的空气动力性。

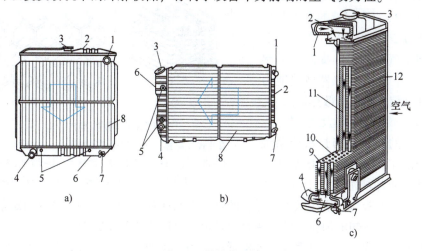

图8-6 散热器结构
a）纵流式散热器 b）横流式散热器 c）散热器局部剖切轴测图
1—进水口 2—进水室 3—散热器盖 4—出水口 5—自动变速器油冷却器进、出口
6—出水室 7—放水阀 8—散热器芯 9—内部水道 10—横隔板 11—芯部 12—肋片

2. 散热器芯

散热器芯有管片式、管带式和板式等多种结构形式（图8-7）。

管片式散热器芯由散热管和散热片组成。散热管是焊在进、出水室之间的直管，作为冷却液的通道，有扁管也有圆管（图8-7a、b）。扁管与圆管相比，在容积相同的情况下有较大的散热表面。在散热管的外表面焊有散热片，以增加散热面积、增强散热能力，同时增大散热器的刚度和强度。管片式散热器的优点是气流阻力小、结构刚度高及承压能力强等。

管带式散热器芯（图8-7c）由散热管及波形散热带组成。散热管为扁管，与波形散热带相间焊接。为增强散热能力，在波形散热带上加工有鳍片。与管片式散热器芯相比，管带式散热器芯的散热能力强、制造简单、质量轻、成本低，但结构刚度较差。

板式散热器芯（图8-7d）的冷却液通道由成对的金属薄板焊合而成。这种散热器芯散热效果好、制造简单，但焊缝多、不坚固、容易沉积水垢且不易维修。

管片式及管带式散热器芯有单列、双列及三列散热管之分。实践证明，双列散热管散热器能在有限的空间内获得更好的散热效果，因此在乘用车上广泛应用。

传统的散热器芯由黄铜制造，但近年来更多用铝合金，而且有些散热器的进、出水室采用了复合塑料，使散热器质量大为减轻。

3. 散热器盖

现代汽车发动机强制循环水冷系统都用散热器盖严密地盖在散热器冷却液加注口上，使水冷系统成为封闭系统，通常称这种水冷系统为闭式水冷系统。其优点是：

1) 可提高系统内压力。

闭式水冷系统可使系统内的压力提高 98～196kPa，冷却液的沸点相应地提高到 120℃ 左右，从而增大了散热器与冷却空气的温差，提高了散热器的换热效率。由于散热器散热能力的增强，可以相应地减小散热器尺寸。

2) 可减少冷却液外溢及蒸发损失。

散热器盖的作用是密封水冷系统并调节系统的工作压力。当把散热器盖盖在散热器冷却液加注口上并锁紧

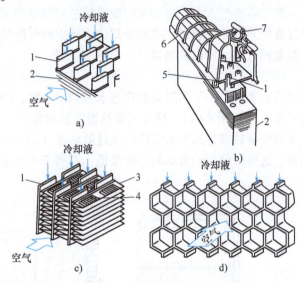

图 8-7 散热器芯结构
a) 管片式（扁管） b) 管片式（圆管） c) 管带式 d) 板式
1—散热管 2—散热片 3—散热带 4—鳍片 5—环氧树脂密封 6—进水室（塑料制） 7—放气阀

时，散热器盖的上密封衬垫在压力阀弹簧的作用下与冷却液加注口的上密封面贴紧，散热器盖的下密封衬垫与冷却液加注口的下密封面贴紧，这时水冷系统被封闭。

散热器盖的结构及工作原理如图 8-8 所示。当发动机工作时，冷却液的温度逐渐升高，冷却液容积膨胀，使水冷系统内的压力增高。当压力超过预定值时，压力阀开启，一部分冷却液经溢流管流入补偿水桶，以防止冷却液胀裂散热器。当发动机停机后，冷却液的温度下降，水冷系统内的压力也随之降低。当压力降到大气压力以下出现真空时，真空阀开启，补偿水桶内的冷却液部分地流回散热器，系统内压力恢复正常水平，可以避免散热器被大气压力压坏。

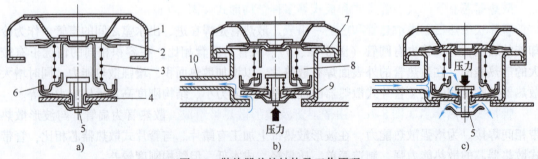

图 8-8 散热器盖的结构及工作原理
a) 散热器盖结构 b) 压力阀开启 c) 真空阀开启
1—散热器盖 2—上密封衬垫 3—压力阀弹簧 4—下密封衬垫 5—真空阀 6—压力阀
7—冷却液加注口上密封面 8—冷却液加注口 9—冷却液加注口下密封面 10—溢流管

第8章 发动机冷却系统

4. 补偿水桶

补偿水桶由塑料制造，并用软管与散热器冷却液加注口上的溢流管连接（图 8-1）。其作用是当冷却液受热膨胀时，部分冷却液流入补偿水桶；当冷却液降温时，部分冷却液又被吸回散热器，避免压差损坏散热器。补偿水桶内液面的升高或降低，是为了保证散热器总是被冷却液所充满或回收溢出的冷却液。在补偿水桶的外表面上刻有两条标记线："低"线和"高"线，补偿水桶内的液面应位于两条标记线之间。若液面低于"低"线，应向补偿水桶内补充冷却液；在向桶内添加冷却液时，液面不应超过"高"线。

补偿水桶还可消除水冷系统中的气泡。空气泡或蒸汽泡都会降低传热效果，空气泡还会增加金属的腐蚀。

5. 散热器百叶窗

有些货车和大客车的发动机在散热器前面装有百叶窗，其作用是通过改变通过散热器的空气流量来调节发动机的冷却强度，以保证发动机经常在适当的温度范围内工作。发动机冷起动或暖车期间，冷却液的温度较低，这时将百叶窗部分或完全关闭，以减少通过散热器的空气流量，使冷却液的温度迅速升高。

百叶窗可由驾驶人通过驾驶室内的手柄来操纵其开闭，也可用感温器自动控制。图 8-9 所示为货车上使用的散热器百叶窗的自动控制系统。控制系统中的感温器 2 安装在散热器 1 的进水管上，用来测量来自发动机的冷却液温度。在发动机冷起动及暖车期间，百叶窗 9 关闭；当发动机感温器测得进水温度达到正常工作温度后，打开空气阀，使制动空气压缩机 3 产生的压缩空气进入空气缸 4，并推动空气缸内的活塞连同调整杆 5 一起下移，带动杠杆 7 使百叶窗开启。

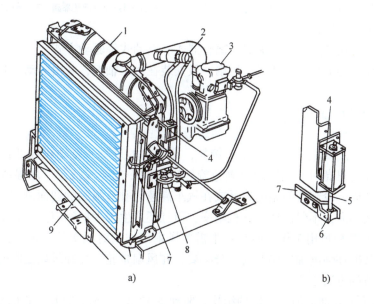

图 8-9 百叶窗自动控制系统
a）整体图 b）空气缸放大图
1—散热器 2—感温器 3—制动空气压缩机 4—空气缸 5—调整杆 6—调整螺母
7—杠杆 8—空气滤清器 9—百叶窗

8.3.3 冷却风扇

1. 风扇的功用及结构

冷却风扇的功用是当风扇旋转时，提高流过散热器空气的风速和压力，以增强散热器的散热能力，加速冷却液的冷却。

汽车发动机水冷系统多采用低压头、大风量、高效率的轴流式风扇，即风扇旋转时，空气沿着风扇旋转轴的轴线方向流动。在风扇外围装设导风罩3，其作用是使风扇4吸进的空气全部通过散热器1，以提高风扇的散热效率，如图8-10所示。

风扇的扇风量主要与风扇直径、转速、叶片形状、叶片安装角及叶片数有关。叶片的断面形状有圆弧形和翼形两种，前者由薄钢板冲压而成，后者用塑料或铝合金铸造。翼形风扇效率高、消耗功率小，在乘用车上得到了广泛的应用。一般叶片与风扇旋转平面成30°~45°角（叶片安装角），叶片数为4~7片。叶片之间的间隔角相等或不相等，间隔角不等的叶片可以减小叶片旋转时的振动和噪声。

冷却风扇可分为吹风式风扇和吸风式风扇，既可置于散热器前面也可以置于散热器后面，通常置于散热器后面的较多。

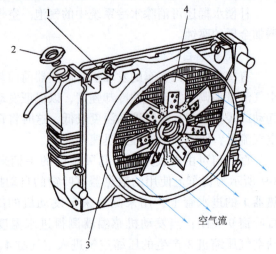

空气流

图 8-10　冷却风扇与导风罩
1—散热器　2—散热器盖　3—导风罩　4—风扇

风扇的驱动方式较多，有机械式、离合器式、电动式等驱动方式。

当发动机在车架上纵向布置时，风扇一般安装在水泵轴上，并由驱动水泵和发电机的同一根V带传动。

2. 硅油风扇离合器

汽车在行驶过程中，由于环境条件和运行工况的变化，发动机的热状况也在改变，因此，必须随时调节发动机的冷却强度。例如，在炎热的夏季，发动机在低速、大负荷下工作，冷却液的温度很高时，风扇应该高速旋转以增加冷却空气流量，增强散热器的散热能力；在寒冷的冬天，冷却液的温度较低或在汽车高速行驶有强劲的迎面风吹过散热器时，风扇继续工作意义不大，不仅消耗发动机功率，而且还产生很大的噪声。试验证明，水冷系统只有25%的时间需要风扇工作，而在冬季需要风扇工作的时间更短。因此，根据发动机的热状况随时对其冷却强度加以调节就十分必要，在风扇带轮与冷却风扇之间安装硅油风扇离合器是实现调节的方法之一。

图8-11所示为硅油风扇离合器的结构，驱动轴12由发动机带动，在轴的左端装有主动板9，它随驱动轴一起旋转。从动板2固定在离合器壳体8上，从动板与离合器壳体之间的空间为工作腔。前盖7与从动板2之间的空间为储油腔，在储油腔内装有高黏度的硅油。从动板上的进油孔A在常温时被控制阀片3所关闭，储油腔的硅油此时不能流入工作腔内。工作腔内没有硅油，主动板上的转矩不能传到从动板上，离合器处于分离状态。驱动轴旋转

时，装有风扇叶片的离合器壳体在驱动轴的轴承 11 上打滑，在密封毛毡圈 10 和轴承 11 摩擦力作用下，以很低的转速旋转。在前盖 7 上装有螺旋形的双金属片感温器 5，一端固定在前盖上，另一端嵌在阀片传动销 4 中。当发动机负荷增大、冷却液温度升高时，通过散热器芯部气流的温度也随之升高。高温气流吹在双金属片感温器 5 上，使双金属片受热变形，带动阀片传动销 4 和控制阀片 3 偏转一个角度。气流温度超过 65℃后，从动板上的进油孔 A 被打开，储油腔中的硅油通过此孔进入工作腔中。黏性的硅油流进主动板与从动板及主动板与离合器壳体之间的间隙中，将主动板上的转矩传给离合器壳体，带动风扇高速旋转，离合器此时处于接合状态。进入工作腔的硅油在离心力的作用下甩向外缘，顶开单向阀 1 并通过从动板上的回油孔 B 流回储油腔，然后再进入工作腔，如此反复，形成循环。硅油在循环时将热量传给铸有散热片的前盖 7 和离合器壳体 8 而得到冷却，以避免工作时硅油温度过高。

当发动机因负荷下降等原因，吹向双金属片感温器 5 的气流温度低于 35℃时，控制阀片 3 将进油孔 A 关闭，硅油不再进入工作腔，而原来在工作腔中的硅油仍不断地在离心力作用下返回储油腔，直至排空为止。离合器此时又处于分离状态，风扇空转打滑。

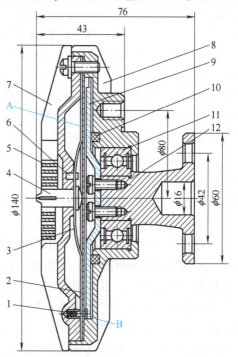

图 8-11 硅油风扇离合器的结构
1—单向阀 2—从动板 3—控制阀片 4—阀片传动销
5—双金属片感温器 6—阀片限位销钉
7—前盖 8—离合器壳体 9—主动板
10—密封毛毡圈 11—轴承 12—驱动轴
A—从动板上的进油孔 B—从动板上的出油孔

单向阀 1 可防止硅油在发动机不工作时从储油腔流入工作腔中。

硅油风扇离合器不但可使发动机经常在适宜的温度下工作，还可以减小驱动风扇所需的功率，降低风扇噪声。

8.3.4 节温器

1. 节温器的功用

节温器是控制冷却液流动路径的阀门，能根据冷却液温度的高低，打开或关闭冷却液通向散热器的通道。当发动机冷起动时，节温器关闭冷却液流向散热器的通道，这时冷却液经水泵入口直接流回机体及气缸盖水套，使冷却液迅速升温。如果不装节温器，温度较低的冷却液经过散热器冷却后返回发动机，其温度将长时间不能升高，发动机也将长时间在低温下运转。同时，车厢内的暖风系统等在长时间内不能发挥作用。

2. 节温器结构及工作原理

蜡式节温器有单阀型与双阀型之分。单阀蜡式节温器的结构如图 8-12 所示。推杆 1 的一端紧固在上支架 2 上，而另一端则插入感温体 5 内的胶管 6 中。感温体 5 支承在下支架 3 及节温器阀 8 之间。在感温体外壳与胶管中间充满精制石蜡。

当冷却液温度低于规定值时，节温器感温体内的石蜡呈固态，节温器阀在弹簧的作用下关闭冷却液流向散热器的通道，冷却液经旁通孔、水泵返回发动机，进行小循环。当冷却液温度达到规定值后，石蜡开始熔化而逐渐变成液体，体积随之增大并压迫胶管使其收缩，在胶管收缩的同时，对推杆作用以向上的推力。由于推杆上端固定，因此，推杆对胶管和感温体产生向下的反推力使阀门开启。这时冷却液经节温器阀进入散热器，并由散热器经水泵流回发动机，进行大循环（图8-12）。

捷达、桑塔纳及奥迪100型等汽车，均采用蜡式节温器。其特性为当冷却液温度达到85℃时，节温器阀开始打开；当温度达到105℃时，节温器阀全开，其升程应超过7mm。

3. 节温器的布置

一般水冷系统的冷却液都是由机体流进，从气缸盖流出。大多数节温器布置在气缸盖出水管路中。这种布置方式的优点是结构简单，容易排除水冷系统中的气泡；其缺点是节温器在工作时会产生振荡现象。例如，在冬季冷起动发动机时，由于冷却液温度低，节温器阀关闭，冷却液在进行小循环时，温度很快升高，节温器阀开启，与此同时，散热器内的低温冷却液流入机体，使冷却液又冷了下来，节温器阀重新关闭。等到冷却液温度再度升高，节温器阀又再次打开。直到全部冷却液的温度稳定之后，节温器阀才趋于稳定不再反复开闭。节温器阀在短时间内反复开闭的现象，称为节温器振荡。这种现象将增加汽车的燃油消耗量。

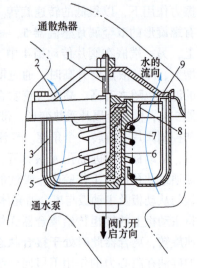

图8-12 单阀蜡式节温器的结构
1—推杆 2—上支架 3—下支架
4—弹簧 5—感温体 6—胶管
7—石蜡 8—节温器阀 9—阀座

节温器也可以布置在散热器的出水管路中。这种布置方式可以减轻或消除节温器振荡现象，并能精确地控制冷却液温度，但其结构复杂，成本较高，多用于高性能的汽车及在冬季经常高速行驶的汽车上。

> **想一想** 如果蜡式节温器中的石蜡漏失，节温器将处于怎样的工作状态？发动机会出现什么故障？

8.4 发动机智能冷却系统

发动机并不是在任何时候都需要冷却，即使需要冷却，在不同工况、不同使用环境下所需要的冷却程度也各有不同。在不需要冷却的工况下，传统的发动机中冷却液泵继续运转，消耗能量。在许多工况下，发动机的冷却可能还需要避免。例如在冷起动时，应当尽快地使发动机热起来，以便降低摩擦和油耗、改善排放，此时的冷却液循环会延缓发动机温度升到理想工作温度的进程，且此时冷却液带走的热量本身也是燃料燃烧产生的。所以随着现代电子控制技术的发展，冷却系统也逐渐向按需调节的发动机冷却系统的方向发展。

1. 电控节温器（图8-13）

在不同的运转条件下，发动机ECU根据发动机负荷信号、发动机转速信号、车外部温度信号、进气温度信号、电子风扇的转速信号、车速信号和驾驶风格（稳重或运动型）信

第8章 发动机冷却系统

号进行综合分析后,利用搭铁信号对电控三盘式节温器内的加热元件进行触发,从而产生图 8-14 所示的 4 种循环方式。

(1) **不循环(全节流)方式** 当发动机冷起动时(冷却液温度 $T_c \leq 70℃$,外界温度 $T_e \geq 12℃$),三盘式节温器内没有被触发,此时冷却液回路是被关闭的,冷却液不循环,如图 8-14a 所示。静止的冷却液很快被加热,热量通过发动机前方的润滑油热交换器传给润滑油。此循环方式可使发动机快速预热。

(2) **小循环(短回路工作)方式** 当 $T_c \geq 70℃$,$T_e \geq 12℃$ 时,三盘式节温器循环方式从不循环切换至小循环,此时来自发动机的冷却液全部流回发动机,如图 8-14b 所示。在发动机升温阶段,连接冷却液泵的通路被逐渐打开,直到完全打开。此时发动机和热交换器的温度可以被调节。此循环方式的优点是加热器响应快,加热迅速。

图 8-13 电控三盘式节温器

(3) **综合循环方式** 一旦发动机完成预热后(发动机起动后冷却液温度达到约 98℃),有以下 2 种循环方式:

1) 在部分负荷的情况下,三盘式节温器调节冷却液温度至约 100℃。

2) 为防止达到临界温度水平,在 4 种情况(发动机转速超过 3000 r/min;发动机负荷大于 30%;进气温度超过 38℃;驾驶人采用的是运动型驾驶风格)下,三盘式节温器使冷却液温度降至 90℃ 左右(外界温度低于 12 ℃)或降至 80℃ 左右(外界温度超过 12℃)。

综合循环方式原理如图 8-14c 所示,来自发动机的冷却液一部分流回发动机,另一部分流向散热器。其优点是:无论负荷高低,发动机都会在最佳的工作温度范围内工作。

(4) **大循环(散热器工作)方式** 大循环方式下,三盘式节温器内的加热元件被持续触发。冷却液温度高于 105℃ 后,三盘式节温器始终处于全打开的位置,不再受触发控制,实现车辆的紧急散热功能。大循环方式原理如图 8-14d 所示。

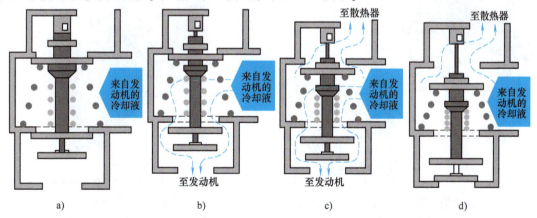

图 8-14 电控节温器工作方式(奔驰 M272 发动机)
a) 不循环方式 b) 小循环方式 c) 综合循环方式 d) 大循环方式

2. 电动水泵

电动水泵通常由离心式水泵、水泵驱动电动机、插接器等组成,如图 8-15 所示。它通过发动机 ECU 控制电动机的转速,从而控制冷却液的流量,根据冷却系统的需要进行冷却强度的调节。与传统机械式水泵相比，电动水泵更节能，且转速与发动机曲轴转速不相关。

3. 可控风扇

风扇是冷却系统中消耗发动机功率最大的部件，通常风扇通过 V 带等机械式连接方式与发动机曲轴保持固定比例转速运转，而且风扇通常是按发动机标定转矩或标定功率的冷却需求来设计和选型的，因此在大多数工况下，风扇提供的空气流量可能超过冷却系统的需求，造成大量的能量消耗。为实现节能，出现了电动风扇和液压驱动风扇等可控式风扇，液压驱动风扇主要在一些大型豪华车辆上使用，本书主要介绍电动风扇。

捷达和桑塔纳等汽车均采用电动风扇（图 8-16），且风扇转速均为两档。风扇转速由温控热敏电阻开关控制。当冷却液流出散热器的温度为 92～97℃时，热敏开关接通风扇电动机的 1 档，风扇转速为 2300r/min；当冷却液温度升高到 99～105℃时，热敏开关接通风扇电动机的 2 档，这时风扇转速为 2800r/min；若冷却液温度降到 92～98℃时，风扇电动机恢复 1 档转速；当冷却液温度降到 84～91℃时，热敏开关切断电源，风扇停转。

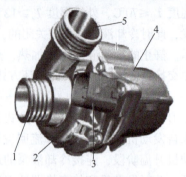

图 8-15 电动冷却液泵
（BMW N55 发动机）
1—水泵进水口　2—离心式水泵壳体
3—插接器端口　4—水泵驱动
电机壳体　5—水泵出水口

电动风扇由风扇电动机驱动并由蓄电池供电，风扇转速与发动机转速无关。风扇的运转状态可以受到冷却液、空调离合器的工作状态、空调系统的压力等多重因素的影响，而且还可以根据发动机的工况以停转、低速、中速、高速等几个档位工作，甚至可以连续无级调速（图 8-17），使发动机获得更适宜的冷却强度。

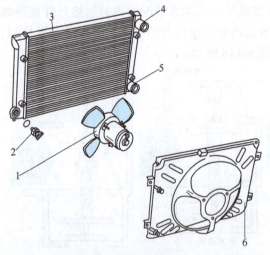

图 8-16 电动风扇、散热器及导风罩（捷达汽车）
1—电动风扇　2—温控热敏电阻开关　3—散热器
4—散热器进水口　5—散热器出水口　6—导风罩体

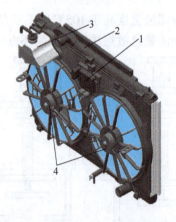

图 8-17 丰田 3GR-FE 发动机的
无级控制电动风扇
1—电动风扇控制器　2—散热器
3—补偿水桶　4—风扇电动机体

电动风扇可以受发动机 ECU 的控制，也可以通过独立的电路设计独立工作，不受发动机 ECU 的控制。不同车系，甚至不同车型发动机的电动风扇控制电路都存在较大差别。电动风扇的优点是结构简单、布置方便、不直接消耗发动机功率，使燃油经济性得到改善。此

第8章 发动机冷却系统

外,由于不需要检查、调整或更换风扇传动带而减少了维修维护的工作量。

找一找 冷却系统还有哪些智能控制装置?

本章小结

1. 发动机冷却系统用于保持发动机处在合适的温度下工作。冷却方式有水冷式和风冷式两种。

2. 发动机水冷系统主要由散热器、风扇、水泵、节温器和冷却水道组成。

3. 节温器是根据发动机冷却液温度的高低,打开或关闭冷却液通向散热器的通道,使冷却液在散热器和水套之间进行大循环或小循环,调节冷却强度,保证发动机在最适宜的温度下工作。

4. 硅油离合器利用流经散热器的空气温度来控制风扇转动。

5. 冷却系统的工作原理是:当发动机工作温度较低时,节温器主阀门关闭、副阀门打开,冷却液经节温器返回发动机机体水套,进行小循环;当发动机工作温度高于一定值时,节温器主阀门开启、副阀门关闭,冷却液经节温器及散热器进水软管流入散热器,在散热器中,冷却液向流过散热器周围的空气散热而降温,最后冷却液经散热器出水软管返回水泵,进行大循环;当发动机冷却液温度处于大、小循环的温度范围内时,节温器主阀门和副阀门都部分开启,冷却液大、小循环同时存在,以保证发动机温度基本稳定。

6. 现代乘用车中已经采用智能节温器、冷却水泵和风扇等装置来控制冷却系统。

思考题

1. 名词解释:风冷系统、水冷系统、强制循环水冷系统、离心式水泵、大循环、小循环。

2. 发动机为什么要冷却?最佳冷却液温度范围一般是多少?

3. 简述冷却系统的总体组成与工作原理。

4. 发动机的冷却强度为什么要调节?如何调节?

5. 现代乘用车中采用什么智能装置来控制冷却系统?简述其工作原理。

第 9 章 发动机润滑系统

本章内容架构

- 第9章 发动机润滑系统
  - 9.1 润滑系统概述
  - 9.2 润滑系统基本组成与工作原理
  - 9.3 润滑系统主要部件结构与原理
  - 9.4 润滑剂及其选用

教学目标要求、重点与难点

序号	教学目标要求	教学重点	教学难点
1	掌握润滑系统的功用	✓	
2	掌握润滑系统的基本组成与工作原理	✓	
3	掌握润滑油的作用和分类,理解润滑油的性能,能够正确选择润滑油	✓	
4	掌握机油泵的作用、结构与工作原理	✓	✓
5	掌握机油滤清器的作用、结构与工作原理	✓	✓
6	掌握机油冷却器的作用、结构与工作原理	✓	
7	能够识别润滑系统主要部件及润滑油循环原理	✓	✓

第9章 发动机润滑系统

9.1 润滑系统概述

9.1.1 润滑系统的功用

发动机工作时,很多传动零件都是在很小的间隙下做高速相对运动的,如曲轴主轴颈与主轴承、曲柄销与连杆轴承、凸轮轴颈与凸轮轴轴承、各运动副及传动齿轮副等。尽管这些零件的工作表面都经过精细的加工,但放大来看这些表面却是凹凸不平的。若不对这些表面进行润滑,它们之间将发生强烈的摩擦。金属表面之间的干摩擦不仅增加发动机的功率消耗,加速零件工作表面的磨损,而且还可能由于摩擦产生的热将零件工作表面烧损,致使发动机无法运转。

润滑系统的功用就是在发动机工作时不断地把数量足够的洁净润滑油输送到全部传动件的摩擦表面,实现液体摩擦,从而减小摩擦阻力、降低功率消耗、减轻机件磨损,以达到提高发动机工作可靠性和耐久性的目的。润滑系统还兼有冷却、清洁、密封、防锈、降低噪声等功能,在换气系统中的液压挺柱和可变气门升程控制中润滑油还起传力和控制作用。

9.1.2 润滑方式

由于发动机传动件的工作条件不同,因此,对负荷及相对运动速度不同的传动件应采用不同的润滑方式。

(1) 压力润滑 压力润滑是以一定的压力把润滑油供入摩擦表面的润滑方式。这种方式主要用于曲轴主轴承、连杆轴承及凸轮轴轴承等负荷较大的摩擦表面的润滑。

(2) 飞溅润滑 利用发动机工作时运转零件撞击润滑油溅起来的油滴或油雾润滑摩擦表面的润滑方式称为飞溅润滑。该方式主要用来润滑负荷较小的气缸壁面和配气机构的凸轮、挺柱、气门杆以及摇臂等零件的工作表面。

(3) 润滑脂润滑 润滑脂润滑是指通过润滑脂嘴定期加注润滑脂来润滑零件工作表面的润滑方式,如水泵及发电机轴承等。

9.2 润滑系统基本组成与工作原理

9.2.1 润滑系统的基本组成

润滑系统一般由油底壳、机油集滤器、机油泵、机油滤清器、机油冷却器等组成(图9-1)。其拆装与结构认识参见《汽车构造与原理实训》项目9.1及其光盘。

9.2.2 润滑系统油路及工作原理

现代汽车发动机的润滑系统油路大致相同(图9-1)。在此系统中,曲轴的主轴颈、曲柄销、凸轮轴轴颈及中间轴(分电器和机油泵的传动轴)轴颈均采用压力润滑,其余部分则采用飞溅润滑或润滑脂润滑。

当发动机工作时,润滑油从油底壳4经集滤器3被机油泵2送入机油滤清器7。如果油压太高,则润滑油经机油泵上的溢流阀 6 返回机油泵入口。全部润滑油经滤清器滤清之后进入发动机主油道 8。滤清器盖上设有旁通阀 1,当滤清器堵塞时,润滑油不经过滤清器滤清,而由旁通阀 1 直接进入主油道。润滑油经主油道进入分油道 9 的其中五条,分别润滑五个主轴承。然后,润滑油经曲轴上的斜油道,从主轴承流向连杆轴承润滑曲柄销。主油道中的部分润滑油经第 6 条分油道供入中间轴 11 的后轴承。中间轴的前轴承由机油滤清器出油口的一条油道供油润滑。主油道的另一条分油道直通凸轮轴轴承润滑油道,此油道也有五个分油道,分别向五个凸轮轴轴承供油。在凸轮轴轴承润滑油道的后端,也就是整个压力润滑油路的终端,装有最低润滑油压力报警开关。当发动机起动之后,润滑油压力较低,最低润滑油压报警开关触点闭合,油压指示灯亮。当润滑油压力超过 31kPa 时,最低油压报警开关触点断开,指示灯熄灭。另外,在机油滤清器上也装有润滑油压力开关。当发动机转速超过 2150r/min 时,润滑油压力若低于 180kPa,则开关触点闭合,警告灯闪亮,同时蜂鸣器也鸣响报警。

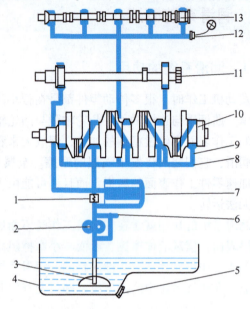

图 9-1 汽车发动机润滑系统示意图 (上海桑塔纳汽车)
1—旁通阀 2—机油泵 3—集滤器 4—油底壳 5—放油塞 6—溢流阀 7—机油滤清器 8—主油道 9—分油道 10—曲轴 11—中间轴 12—限压阀 13—凸轮轴

9.3 润滑系统主要部件结构与原理

9.3.1 机油泵

机油泵按结构形式可分为齿轮式和转子式两类。齿轮式机油泵又分内接齿轮式和外接齿轮式。

1. 外接齿轮式机油泵

外接齿轮式机油泵的工作原理如图 9-2 所示。在机油泵体 6 内装有一对外啮合齿轮(机油泵主动齿轮 2 和机油泵从动齿轮 5),齿轮的端面由机油泵盖封闭,泵体、泵盖和齿轮的各个齿槽组成工作腔。当齿轮按图示方向旋转时,进油腔 1 的容积由于轮齿逐渐脱离啮合而增大,腔内产生一定的真空,润滑油从油底壳经进油口被吸入进油腔,随后又被轮齿带到出油腔 3。出油腔的容积由于轮齿逐渐进入啮合而减小,使润滑油压力升

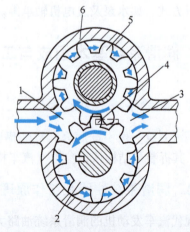

图 9-2 外接齿轮式机油泵工作原理
1—进油腔 2—机油泵主动齿轮 3—出油腔 4—卸压槽 5—机油泵从动齿轮 6—机油泵泵体

第9章 发动机润滑系统

高,润滑油经出油口被压入发动机机体上的润滑油道。在发动机工作时,机油泵齿轮不停地旋转,润滑油便连续不断地流入润滑油道,经过滤清之后被送到各润滑部位。

当轮齿进入啮合时,封闭在轮齿径向间隙内的润滑油压力急剧升高,使齿轮受到很大的推力,加剧机油泵轴衬套的磨损。将径向间隙内的润滑油及时引出可以降低油压。为此,泵盖上加工有一道卸压槽4,使轮齿径向间隙内被挤压的润滑油通过卸压槽流入出油腔3。

外接齿轮式机油泵的典型结构如图9-3所示。机油泵的使用性能取决于齿轮与泵体的配合间隙。齿轮与泵体的径向间隙一般不超过0.2mm,齿轮端面间隙可控制在0.05~0.2mm。间隙过大,润滑油压力降低,泵油量就会减少。在泵体与泵盖之间有衬垫,既可以防止漏油,又可以用来调整齿轮的端面间隙。

外接齿轮式机油泵的优点是效率高,功率损失小,工作可靠;缺点是需要中间传动机构,制造成本相应较高。

2. 内接齿轮式机油泵

内接齿轮式机油泵也称为内啮合齿轮式机油泵,其工作原理与外接齿轮泵相同。

内接齿轮式机油泵的结构如图9-4所示。其主动外齿轮5套在曲轴前端,通过花键套8由曲轴直接驱动。从动内齿轮6装在机油泵体4内,泵体固定在机体前端。

因为内接齿轮泵由曲轴直接驱动,无须中间传动机构,所以零件数量少,制造成本低,占用空间小,使用范围广。但是这种机油泵在内、外齿轮之间有一处无用的空间,使机油泵的泵油效率降低。另外,如果曲轴前端轴颈太粗,机油泵外形尺寸将随

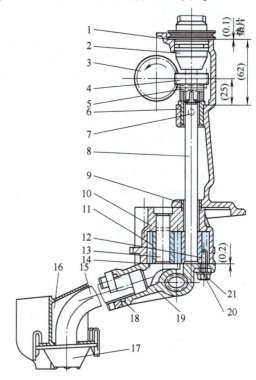

图9-3 外接齿轮式机油泵的典型结构(上海桑塔纳汽车)
1—密封衬垫 2—分电器轴 3—中间轴齿轮 4—分电器轴从动齿轮 5—定位销 6—机油泵主动轴衬套 7—定位销孔 8—机油泵主动轴 9—定位套 10—机油泵体 11—机油泵从动齿轮 12—机油泵主动齿轮 13—从动齿轮轴 14—衬垫 15—进油管 16—支架 17—集滤器 18—O形圈 19—机油泵盖 20—螺栓 21—垫圈

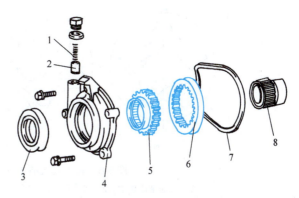

图9-4 内接齿轮式机油泵的结构
1—溢流阀弹簧 2—溢流阀柱塞 3—曲轴前油封 4—机油泵体 5—主动外齿轮 6—从动内齿轮 7—O形圈 8—花键套

之增大，发动机驱动机油泵的功率损失也相应有所增加。

3. 转子式机油泵

转子式机油泵主要由内、外转子、机油泵体及机油泵盖等零件组成（图9-5）。内转子3固定在机油泵传动轴7上，外转子2自由地安装在机油泵体1内，并与内转子啮合转动。内、外转子之间有一定的偏心距。一般转子式机油泵的内转子有4个或4个以上的凸齿，外转子的凹齿数比内转子的凸齿数多1个。转子的外廓形状曲线为次摆线。

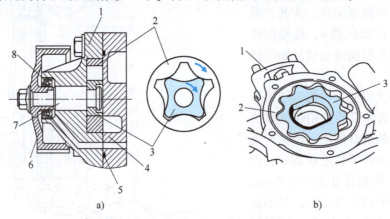

图9-5 转子式机油泵
a) 克莱斯勒汽车 b) 本田汽车
1—机油泵体 2—外转子 3—内转子 4—机油泵盖 5—密封圈
6—传动带轮 7—机油泵传动轴 8—油封

转子式机油泵的工作原理如图9-6所示。当机油泵工作时，机油泵轴传动带动内转子旋转，内转子则带动外转子朝同一方向转动。由于内、外转子工作面的轮廓是一对共轭曲线，因此可以保证两个转子相互啮合时既不干涉也不脱离。内、外转子间的接触点将外转子的内腔分成4个工作腔。当某一工作腔转过进油口时，容积增大，产生真空，润滑油经进油口被吸入工作腔内。当该工作腔转过出油口时，容积减小，油压升高，润滑油经出油口被压出。

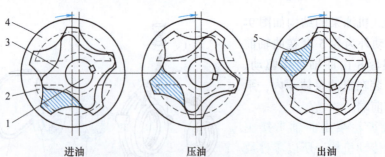

图9-6 转子式机油泵的工作原理
1—机油泵传动轴 2—进油口 3—内转子 4—外转子 5—出油口

转子式机油泵的优点是结构紧凑，供油量大，供油均匀，噪声小，吸油真空度较高。因此，当机油泵安装在曲轴箱以外或安装位置较高时，采用转子式机油泵比较合适。其缺点是内、外转子啮合表面的滑动阻力比齿轮式机油泵大,因此功率消耗较大。

4. 溢流阀

机油泵必须在发动机各种转速下都能供给足够数量的润滑油,以维持足够的润滑油压力,保证发动机的润滑。机油泵的供油量与其转速有关,而机油泵的转速又与发动机转速成正比。因此,在设计机油泵时,都要求其在低速时有足够大的供油量。但是,在高速时机油泵的供油量明显偏大,润滑油压力也显著偏高。另外,在发动机冷起动时,润滑油黏度大,流动性差,润滑油压力也会大幅度升高。为防止油压过高,在润滑油路中设置了溢流阀或限压阀。一般溢流阀装在机油泵或机体的主油道上。若溢流阀安装在机油泵上(图9-1),则当油压达到规定值时,多余的润滑油经过溢流阀返回机油泵进口。若溢流阀安装在主油道上,则当油压达到规定值时,多余的润滑油经过溢流阀流回油底壳。

5. 变量式机油泵

现代高端汽车发动机系统开始大量采用按需控制的机油泵系统。比如梅赛德斯-奔驰在2010年5月推出的V6和V8发动机,这两款发动机上采用了变量(油量和压力可控)机油泵——叶片式机油泵,如图9-7所示。

变量机油泵使供油压力和供油量在整个发动机特性图谱中得到控制。由发动机ECU根据发动机转速、发动机负荷、发动机润滑油温度、发动机转速的预期变化来定义需要的润滑油量,在减少发动机的附加功耗、优化燃油消耗、减少排放方面将是发动机系统技术升级的一项革新。宝马N55发动机、奥迪3.0 L TDI柴油机、3.0 TFSI汽油机中,也采用了类似的叶片式机油泵。其基本原理是通过润滑油的压力与弹簧力的相互变化,来调节叶片泵的转子与泵壳之间的偏心距,偏心距越大,机油泵的排量越大,可以提供的润滑油流量越大。

图9-7 Benz 4.6V8发动机电动变量机油泵

> **想一想** 比较各种机油泵的特点。

9.3.2 机油滤清器

机油滤清器用于滤除润滑油中的灰尘、金属颗粒、积炭和煤烟颗粒等杂质,保护发动机。

机油滤清器可分为有全流式与分流式。全流式滤清器串联于机油泵和主油道之间,因此能滤清进入主油道的全部润滑油。分流式滤清器与主油道并联,仅过滤机油泵送出的部分润滑油。

目前,在乘用车上普遍采用全流式滤清器,而在货车特别是重型货车上普遍采用双滤清器,分流式滤清器一般作细滤器用,全流式滤清器作粗滤器用。粗滤器滤除润滑油中直径为0.05mm以上的较大粒度的杂质,而细滤器则用来滤除直径为0.001mm以上的细小杂质。经过粗滤器的润滑油进入主油道,经过细滤器的润滑油直接返回油底壳。

1. 全流式滤清器

现代汽车发动机所采用的全流式滤清器构造如图9-8所示。纸质滤芯2装在滤清器外壳3内。润滑油从进油口A经纸质滤芯2的外围进入滤清器中心，然后经出油口B流进机体主油道。润滑油流过滤芯时，杂质被截留在滤芯上。

如果滤清器使用的时间达到了更换周期，应把整个滤清器拆下，换上新滤清器。滤清器在使用期内滤芯被杂质严重堵塞，润滑油不能通过滤芯时，则滤清器进油口油压升高，当油压达到规定值时，滤清器中的旁通阀12开启，润滑油经旁通阀直接进入机体主油道（润滑油不经过滤芯）。虽然这时润滑油未经滤清便输送到各润滑表面，但是避免了发动机断油不能润滑的恶劣工况。

有些发动机的机油滤清器除设置旁通阀之外，还加装单向阀。当发动机停机后，单向阀将滤清器的进油口关闭，防止润滑油从滤清器流回油底壳。在这种情况下，当重新起动发动机时，润滑系统能迅速建立起油压，从而可以减轻由于起动时供油不足而引起的零件磨损。

褶纸滤芯是机油滤清器滤芯的一种。褶纸滤芯由微孔滤纸制造，微孔滤纸经酚醛树脂处理后，具有较高的强度、抗腐蚀性和抗水湿性。褶纸滤芯有质量轻、体积小、结构简单、滤清效果好、阻力小和成本低等优点，因此得到了广泛的应用。

2. 分流式滤清器

分流式滤清器有过滤式和离心式两种。过滤式存在着滤清与通过能力之间的矛盾，而离心式具有滤清能力高、通过能力大且不受沉淀物影响等优点。因此，车用发动机分流式机油滤清器多采用离心式。

分流式机油滤清器（离心式）的构造如图9-9所示。发动机工作时，从机油泵送来的润滑油进入滤清器进油孔D，若油

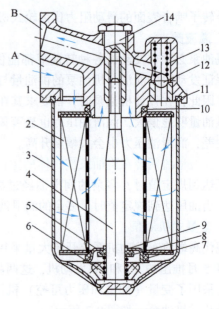

图9-8 全流式滤清器
1—滤清器上盖 2—纸质滤芯 3—滤清器外壳 4—拉杆
5—托板 6—滤芯压紧弹簧 7、10—滤芯密封圈
8—压紧弹簧垫圈 9—拉杆密封圈 11—外壳密封圈
12—旁通阀 13—旁通阀弹簧 14—螺栓
A—进油口 B—出油口

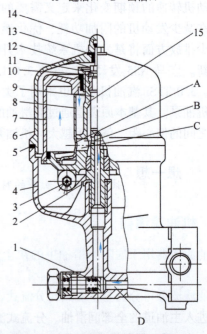

图9-9 分流式机油滤清器（离心式）
1—进油限压阀 2—转子轴止推片 3—喷嘴 4—底座
5—密封圈 6—外罩 7—转子罩 8—导流罩 9—转子轴 10—止推垫片 11、13—垫圈 12—紧固螺母
14—冕形螺母 15—转子体
A—导流罩油孔 B—转子轴油孔 C—转子体进油孔
D—滤清器进油孔

压低于0.147MPa,则进油限压阀1不开启,润滑油全部进入主油道,保证发动机可靠润滑;若油压超过0.147MPa,则进油限压阀1开启,润滑油沿转子轴9的中心油孔,经转子轴油孔B、转子体进油孔C和导流罩油孔A流入转子罩7的内腔,再经导流罩8的引导从两个喷嘴3向着完全相反的方向喷出,转子体在喷射反作用力的推动下高速旋转。当油压为0.3MPa时,转子体的转速可高达5000~6000r/min。润滑油中的杂质在离心力的作用下被甩向转子罩的内壁,洁净的润滑油不断从喷嘴喷出,并经出油口流回油底壳。

3. 集滤器

集滤器一般为滤网式,装在机油泵之前。目前,汽车发动机所用的集滤器分为浮筒式和固定式两种。浮筒式集滤器(图9-10)由浮筒3、滤网2等构成,空心的浮筒不论油底壳内的油面如何波动,始终浮在润滑油表面上,以保证机油泵从含杂质较少的上层油面吸入润滑油。滤网有弹性,中央有环口,环口在一般情况下借助滤网的弹性,压紧在浮筒罩上。浮筒罩的边缘有缺口,当浮筒罩与浮筒装合后形成进油狭缝。

当机油泵工作时,润滑油从油底壳经进油狭缝、滤网、吸油管进入机油泵(图9-10b)。润滑油流过滤网时,其中粗大的杂质被滤除。当滤网被杂质堵塞后,滤网上方的真空度增大,于是克服滤网的弹力,使环口上升,离开浮筒罩,这时润滑油经进油狭缝和环口进入吸油管和机油泵(图9-10c),以保证润滑油的供给不致中断。

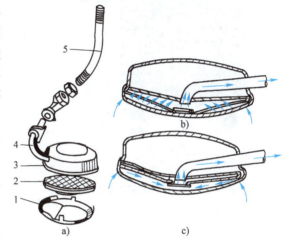

图9-10 浮筒式集滤器结构及工作情况
a) 结构 b) 环口压紧 c) 环口上升
1—浮筒罩 2—滤网 3—浮筒 4—吸油管 5—固定油管

固定式集滤器的基本组成如图9-3所示,其置于润滑油面以下,与浮筒式集滤器相比,固定式集滤器虽然吸入润滑油的清洁度稍差,但结构简单,并可防止油面上的泡沫被吸入润滑系统,所以应用广泛。

9.3.3 机油冷却器

机油冷却器是一种加速润滑油散热,使其保持较低温度的装置。在高性能、大功率的强化发动机上,由于热负荷大,润滑油温度高,因此必须安装机油冷却器。机油冷却器布置在润滑油路中,其工作原理与发动机水冷系统中的散热器相同。

发动机机油冷却器分为风冷式和水冷式两类。

风冷式机油冷却器(图9-11)通常装配在汽车前端,一般放置在水冷系统散热器前面。它利用汽车行驶时的迎面风对润滑油进行冷却,原理与发动机水冷系统中的散热器相同。与水冷式机油冷却器相比,风冷式的冷却效率相对较低,体积利用系数较低,但由于冷却风和润滑油的温差比较大,风速较高,且允许的安装空间较大,通过增大散热面积的方式可以获得较大的散热能力(通常为1~15kW),多用于赛车及热负荷大的带增压发动机的汽车上。但是风冷式机油冷却器在发动机起动后需要较长的暖机时间才能使润滑油达到正常的工作温度,所以普通乘用车上很少采用。

水冷式机油冷却器外形尺寸小，布置方便，且不会使润滑油冷却过度，润滑油温度稳定，因而在乘用车上应用较广。图 9-12 所示为布置在机油滤清器上的水冷式机油冷却器。润滑油经滤清器滤清之后直接进入冷却器，在冷却器芯内流动，从散热器出水管引来的冷却液在冷却器芯外流过。两种流体在冷却器内进行热交换，使高温润滑油得以冷却降温。

图 9-11　风冷式机油冷却器

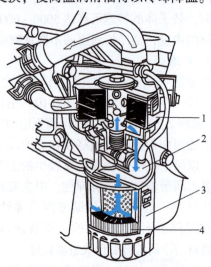

图 9-12　水冷式机油冷却器
1—机油冷却器　2—机油压力开关
3—机油滤清器　4—机油滤清器滤芯

机油冷却器芯的材质都要求有较强的耐腐蚀性和散热性，一般有铜和不锈钢两种，铜质的机油冷却器芯是首选，其具有较强的散热性和耐腐蚀性，不锈钢的散热性没有铜质材料好，但是耐腐蚀性要强于铜质材料。

机油冷却器置于冷却水路中，利用冷却液的温度来控制润滑油的温度。当润滑油温度高时，靠冷却液降温，发动机起动时，则从冷却液吸收热量使润滑油迅速提高温度。机油冷却器由铝合金铸成的壳体、前盖、后盖和铜芯管组成。为了加强冷却，管外又套装了散热片。冷却液在管外流动，润滑油在管内流动，两者进行热量交换。也有使润滑油在管外流动，而冷却液在管内流动的结构。

> **想一想**　润滑油温度过高会产生什么后果？

9.4　润滑剂及其选用

汽车发动机润滑剂包括润滑油和润滑脂两种。

1. 润滑油使用特性及其添加剂

汽车发动机润滑油在润滑系统内循环流动，循环次数每小时可达 100 次。润滑油的工作条件十分恶劣，在循环过程中，润滑油与高温的金属壁面及空气频繁接触，不断氧化变质。窜入曲轴箱内的燃油蒸气、废气以及金属磨屑和积炭等，使润滑油受到严重污染。另外，润

第9章 发动机润滑系统

滑油的工作温度变化范围很大：在发动机起动时，为环境温度；在发动机正常运转时，曲轴箱中润滑油的平均温度可达95℃或更高；同时，润滑油还与180～300℃的高温零件接触，受到强烈的加热。因此，作为汽车发动机的润滑油，必须具备优良的使用性能。目前，汽车发动机广泛使用的润滑油，是从石油中提炼出来的润滑油为基础油，再加入各种添加剂混合而成的。汽车发动机用润滑油应具有下列使用性能：

（1）适当的黏度　油的黏度对发动机的工作有很大影响。黏度过小，在高温、高压下容易从摩擦表面流失，不能形成足够厚度的油膜；黏度过大，冷起动困难，润滑油不能被泵送到摩擦表面。

润滑油的黏度随温度变化而变化。温度升高，黏度减小；温度降低，黏度增大。为了使润滑油在较宽的温度范围内都有适当的黏度，必须在基础油中加入增稠剂。添加增稠剂之后，可以使润滑油在高温时保持足够的黏度，而在低温时黏度增加不多。

（2）优异的氧化安定性　氧化安定性是指润滑油抵抗氧化作用不使其性质发生永久变化的能力。当润滑油在使用与储存过程中与空气中的氧气接触而发生氧化作用时，润滑油的颜色变暗，黏度增加，酸性增大，并产生胶状沉积物。氧化变质的润滑油将腐蚀发动机零件，甚至破坏发动机的工作。

汽车发动机（尤其是高性能发动机）的润滑油经常在高温下与氧气接触，这就要求润滑油具有优异的热氧化安定性。为此，要在润滑油中添加氧化抑制剂。

（3）良好的防腐性　润滑油在使用过程中不可避免地被氧化而生成各种有机酸。这类酸性物质对金属零件有腐蚀作用，可能使铜铅和镉镍一类的轴承表面出现斑点、麻坑或使合金层剥落。

为提高润滑油的防腐性，除加深润滑油的精制程度外，还要在润滑油中加入防腐添加剂。

（4）较低的起泡性　由于润滑油在润滑系统中快速循环和飞溅，必然会产生泡沫。如果泡沫太多或泡沫不能迅速消除，将造成摩擦表面供油不足。控制泡沫生成的方法，是在润滑油中添加泡沫抑制剂。

（5）强烈的清净分散性　润滑油的清净分散性是指润滑油分散、疏松和移走附着在零件表面上的积炭和污垢的能力。为使润滑油具有清净分散性，必须加入清净分散添加剂。

（6）高度的极压性　在摩擦表面之间的油膜厚度小于0.3～0.4μm的润滑状态，称为边界润滑。习惯上，把高温、高压下的边界润滑称为极压润滑。润滑油在极压条件下的抗摩性称为极压性。现代汽车发动机的轴承及配气机构等零件的润滑，即为极压润滑。为了提高润滑油的极压性，避免在极压润滑的条件下润滑油被挤出摩擦表面，必须在润滑油中加入极压添加剂。极压添加剂与金属表面起化学反应，形成强韧的油膜，以提供对零件的极压保护。

2. 润滑油分类

国际上广泛采用美国工程师学会（SAE）黏度分类法和美国石油学会（API）使用分类法，而且它们已被国际标准化组织ISO确认。

SAE按照润滑油的黏度等级，把润滑油分为冬季用润滑油和非冬季用润滑油。冬季用润滑油有SAE0W、SAE5W、SAE10W、SAE15W、SAE20W、SAE25W 6种牌号；非冬季润滑油有SAE20、SAE30、SAE40、SAE50 4种牌号。号数较大的润滑油黏度较大，适于在较高的环境温度下使用。

上述牌号的润滑油只有单一的黏度等级,当使用这种润滑油时,汽车驾驶人需根据季节和气温的变化随时更换润滑油。目前使用的润滑油大多数具有多黏度等级,其牌号有SAE5W-20、SAE10W-30、SAE15W-40、SAE20W-40 等。例如,SAE10W-30 在低温下使用时,其黏度与 SAE10W 一样;而在高温下,其黏度又与 SAE30 相同。因此,一种润滑油可以冬夏通用。

API 根据润滑油的性能及其最适合的使用场合,把润滑油分为 S 系列(汽油机用润滑油)和 C 系列(柴油机用润滑油)两类。

我国的润滑油分类法参照 ISO 分类方法。GB 11121—2006《汽油机油》、GB 11122—2006《柴油机油》规定,按润滑油的质量等级和黏度等级划分如下。

汽油润滑油:参考 API 和 ILSAC(International Lubricant Standardization and Approval Committee 国际润滑剂标准化及认证委员会)(API 标准与 ILSAC 标准对应关系见图 9-13)规定的质量等级,分为 SE、SF、SG、SH、GF-1、SJ、GF-2、SL 和 GF-3 共 9 个汽油润滑油品种。GB 11121—2006 废除了 1995 年标准中的 SC、SD 级汽油润滑油规格,但是没有包括美国最新规格 SM、GF-4、SN、GF-5 等级,S 后的字母越往后或者 GF 后的数字越往后,油品的使用性能越好。GF-3、GF-4、GF-5 除了分别满足 API 中 SL、SM、SN 的所有要求外,还要

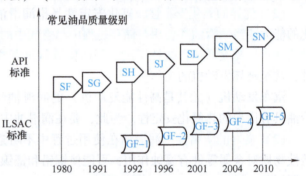

图 9-13 API 标准与 ILSAC 标准对应关系

通过 ILSAC 规定的 EC 节能要求。简单地说 GF 规格就是 API 中的 S 规格加节能要求,目前通用的基本是 SL,SM,SN 或 GF-3、GF-4、GF-5。SA、SB、SC 等级别的润滑油已经不再使用。根据黏度等级分为 0W-20、0W-30;5W-20、5W-30、5W-40、5W-50;10W-30、10W-40、10W-50;15W-30、15W-40、15W-50;20W-40、20W-50;30、40、50、60 共 18 个等级。每一种使用级别又有若干种单一黏度等级和多黏度等级的润滑油牌号。

柴油润滑油:根据 API 质量等级分为 CC、CD、CF、CF-4、CH-4、CI-4 6 个质量等级,其中因为与国内柴油质量不匹配,没有考虑 CE 和 CG-4 等级,也没有包括美国规格 CJ-4,CJ-4 用于符合美国 EPA2007、EPA2010 排放标准的高性能柴油机。C 后的字母越靠后,使用性能越好,适用的机型越新或强化程度越高。数字"4"代表四冲程发动机用。根据 SAE 黏度等级分为 0W-20、0W-30、0W-40;5W-20、5W-30、5W-40、5W-50;10W-30、10W-40、10W-50;15W-30、15W-40、15W-50;20W-40、20W-50、20W-60;30、40、50、60 共 20 个等级。

3. 润滑油的选用

1)**根据汽车发动机的强化程度选用合适的润滑油使用等级**。通常要按厂家的推荐选择合适的润滑油质量等级。汽油机的强化程度往往与生产年份有关,后生产的汽车比早年生产的汽车强化程度高,应选用使用等级较高的润滑油。目前主要使用 SL、SM、SN 级别的润滑油。

2)**根据地区的季节气温选用适当黏度等级的润滑油**。按当地的环境温度选用润滑油

第9章 发动机润滑系统

时，可参考图9-14。

4. 合成润滑油

合成润滑油是利用化学合成方法制成的润滑剂。其主要特点是有良好的黏度-温度特性，可以满足大温差的使用要求，有优良的热氧化安定性，可长期使用不需更换。使用合成润滑油，发动机的燃油经济性会稍有改善，并可降低发动机的冷起动转速。目前，合成润滑油的价格比从石油提炼出来的润滑油贵。但是，随着生产规模的扩大和制造工艺的改进，合成润滑油的价格将会越来越便宜。未来将是合成润滑油的时代。

5. 润滑脂

润滑脂是将稠化剂掺入液体润滑剂中所制成的一种稳定的固体或半固体润滑产品，其中可以加入旨在改善润滑脂某种特性的添加剂。

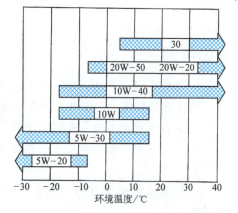

图9-14 按当地环境温度选择润滑油

润滑脂在常温下可附着于垂直表面而不流淌，并能在敞开或密封不良的摩擦部位工作，具有液体润滑剂所不能代替的特点。因此，在汽车的许多部位都使用润滑脂润滑，比如汽车轮毂轴承、底盘和水泵等摩擦部位的润滑。

目前，进口汽车和国产新车普遍推荐使用汽车通用锂基润滑脂（GB/T 5671—2014）。这种润滑脂具有良好的高低温适应性，可在 $-30 \sim 120℃$ 的宽温度范围内使用；具有良好的抗水性和防锈性能，可用于潮湿和与水接触的摩擦部位；具有良好的安定性和润滑性，在高速运转的机械部位使用，不变质、不流失，保证良好润滑。它能够满足我国从哈尔滨到海南岛广大地区汽车的使用要求，与使用钙基或复合钙基的润滑脂比较，可以延长换油期2倍，使润滑和维护费用下降40%以上。

> **找一找** 找一辆汽车，查看其所使用的润滑剂有几种，各用在什么地方。

本章小结

1. 润滑系统具有的减轻机件磨损、减小摩擦损失、降低功率消耗的作用，还具有密封、冷却、清洁和防氧化锈蚀的功能。

2. 汽车发动机润滑有压力润滑、飞溅润滑和润滑脂润滑3种方式。曲轴主轴承、连杆轴承及凸轮轴承等负荷较大的摩擦表面采用压力润滑；负荷较轻的气缸壁面和配气机构的凸轮、挺柱、气门杆、摇臂等采用飞溅润滑；水泵及发电机轴承采用润滑脂润滑。

3. 发动机润滑系统一般由油底壳、机油集滤器、机油泵、机油滤清器和机油冷却器等组成。为了保证可靠润滑，在机油泵和机油滤清器等部件上安装有相应的安全阀门和旁通阀门。

4. 汽车发动机润滑剂有润滑油和润滑脂两类。润滑油的黏度、黏温性、氧化安定性等对使用性能影响较大。我国润滑油分汽油机润滑油、柴油机润滑油和二冲程汽油机润滑油3

大类，每类又分若干级别和牌号。润滑油的选用应根据发动机类型、强化程度及气温等条件确定。润滑脂主要应用于水泵轴承及发电机轴承，一般推荐使用通用锂基润滑脂。

5. 注意对润滑系统的正确使用和定期维护。

思考题

1. 名词解译：压力润滑、飞溅润滑、全流式滤清器、分流式滤清器、润滑油的黏度、黏温性、氧化安定性。
2. 润滑系统的作用有哪些？车用发动机有哪几种润滑方式？
3. 润滑系统一般由哪些零部件组成？溢流阀、旁通阀和单向阀各有什么功用？
4. 润滑油有哪些功用？润滑油 SAE5W-30 和 SAE10W-40 有什么不同？
5. 为什么在润滑油中加入各种添加剂？
6. 转子式机油泵有何利弊？
7. 采用双机油滤清器时，它们是并联还是串联在润滑油路中？为什么？

第 10 章 汽车起动系统

本章内容架构

```
第 10 章  汽车起动系统
├── 10.1 汽车起动系统概述
├── 10.2 传统汽车电起动系统
└── 10.3 新型汽车起动系统
```

教学目标要求、重点与难点

序号	教学目标要求	教学重点	教学难点
1	掌握起动系统的作用与起动方式	✓	
2	掌握电起动系统的基本组成与工作过程	✓	
3	掌握电起动机的基本结构与工作原理	✓	✓
4	理解低温起动与预热装置结构原理		
5	掌握 BSG 系统基本组成与工作原理	✓	✓
6	理解一键起动系统基本结构与工作原理		✓
7	能够识别不同类型的起动装置及其零部件	✓	

10.1 汽车起动系统概述

1. 起动系统的作用

发动机必须依靠外力带动曲轴旋转后才能进入正常工作状态。通常把汽车发动机曲轴在外力作用下,从开始转动到怠速运转的全过程称为发动机的起动。

要使发动机顺利起动,必须克服运转阻力,尤其是压缩行程的压缩气体阻力和各运动件的摩擦阻力。克服这些阻力所需的转矩称为起动转矩。柴油机压缩比同排量的汽油机大得多,起动更困难,需要的起动转矩也更大。

起动发动机时,还要求有一定的曲轴转速,称为起动转速。汽油机要求起动转速为 50~70r/min,柴油机要求起动转速为 150~300r/min。

起动性能是发动机的一个重要指标,衡量发动机起动性能的好坏一般用起动时间。我国标准规定,不采用特殊的低温起动措施,汽油机在 -10℃、柴油机在 -5℃ 以下的气温条件下起动时,能在 15s 以内达到自行运转。

起动系统的作用就是按发动机要求,提供一定的起动转矩,使发动机达到规定的起动转速,顺利完成起动过程。起动后起动系统立即停止工作。

2. 发动机起动方式

发动机常用的起动方式有手起动、电起动、辅助汽油机起动、压缩空气起动和拖动等几种方式。

手起动是用手摇动发动机曲轴的起动方式。其结构简单,但起动转矩小、转速低,增加劳动强度,一般只用于小功率发动机。

辅助汽油机起动是利用小型汽油机带动曲轴旋转的起动方式。其结构复杂,起动繁琐,一般是先用手起动小型汽油机,再带动主发动机起动。它一般用于大功率柴油机起动。

压缩空气起动是利用压缩空气按一定次序充入气缸,强制发动机曲轴旋转的起动方式。它结构庞大、复杂,一般用于大型柴油机组(如船舶柴油机、电站柴油机组等)。

电起动是利用电动机带动发动机曲轴旋转的起动方式。它具有起动快捷方便、省力等优点,但需要一套电起动系统。现代车用发动机均采用电起动方式。

除上述方式外,还有拖动起动方式,即利用旋转动力机构,拖动内燃机曲轴旋转的起动方式。

10.2 传统汽车电起动系统

10.2.1 电起动系统的基本组成与工作过程

电起动系统主要由蓄电池、电起动机、起动继电器、点火开关等组成(图10-1)。当点火开关 4 置于起动档 "Start" 时,首先接通起动控制电路,电磁开关闭合,蓄电池电流经电磁开关流入直流电动机,并使其转动。同时,电磁开关还将驱动齿轮向外推出与发动机飞轮相啮合,带动发动机转动。当发动机完成着火并加速运转后,飞轮有反过来带动起动齿轮运转的趋势时,起动机上的单向离合器使起动机的驱动齿轮相对于起动机电枢轴空转,以保护起动机。驾驶人及时将点火开关转到点火档"IG",切断起动机控制电路,驱动齿轮退回,起动机停止运转。

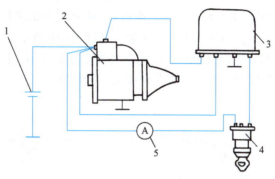

图10-1　电起动系统
1—蓄电池　2—电起动机　3—起动继电器
4—点火开关　5—电流表

10.2.2　电起动机

电起动机的作用是将蓄电池的电能转换成机械能以起动发动机。它一般由直流电动机、控制装置和传动机构3部分组成（图10-2）。起动机拆装与结构认识参见《汽车构造与原理实训》项目10.1及其光盘。

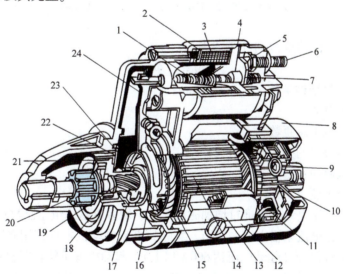

图10-2　起动机结构
1—回位弹簧　2—保持线圈　3—吸引线圈　4—电磁开关壳体　5—主触点　6—接线柱　7—接触盘
8—后端盖　9—电刷弹簧　10—换向器　11—电刷　12—磁极　13—磁极铁心　14—电枢
15—磁场绕组　16—移动衬套　17—缓冲弹簧　18—单向离合器　19—电枢轴花键
20—驱动齿轮　21—罩盖　22—制动盘　23—传动套筒　24—拨叉

1. 直流电动机

(1) 直流电动机基本工作原理　直流电动机是将电能转变为机械能的装备,它是根据通电导体在磁场中受到电磁力作用而产生运动的原理进行工作的。

以单匝电枢绕组的直流电动机为例说明其工作原理。将通电线圈置于磁场中，磁场方向如图 10-3 所示，直流电通过电刷和换向器铜片引入。如图 10-3a 所示，当电流 I_s 从正电刷经 a-b-c-d 到负电刷时，根据左手定则判定，匝边 ab 和 cd 受到的磁场力 F 方向如图 10-3a 所示，这个电磁力将形成力矩，使线圈逆时针转动。如图 10-3b 所示，当线圈转到换向片 A 与负电刷接触，换向片 B 与正电刷接触时，电流方向改变为 d-c-b-a，同时匝边 ab 和 cd 的位置也改变，电磁转矩的方向保持不变，使线圈继续逆时针旋转。

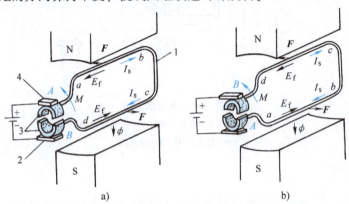

图 10-3 直流电动机工作原理
a）电流从 A 至 B　b）电流从 B 至 A
1—电枢绕组　2—正电刷　3—换向片　4—负电刷

直流电动机的电磁转矩 M 可用下式表示：

$$M = C_m \Phi I_s$$

式中　C_m——电动机结构常数，$C_m = PN/2\pi a$；
　　　P——磁极对数；
　　　N——电枢绕组总匝数；
　　　a——电枢绕组的并联支路对数；
　　　Φ——磁极磁通；
　　　I_s——电枢电流。

由上式可知，直流电动机能通过增加磁极对数、增多电枢绕组总匝数和电枢绕组的并联支路对数、增大电枢电流来增大电磁转矩。实际的直流电动机电枢都用多匝绕组并联绕成，电枢电流和磁场电流很大（起动电流达 600A 以上），起动机有足够转矩起动发动机。

(2) 直流电动机的构造　直流电动机一般由电枢总成、磁极、电刷与电刷架及其他附件组成。

1) 电枢总成（图 10-4）。电枢也称转子，它由电枢轴、电枢铁心、电枢绕组及换向器组成。在电枢轴 3 上压有电枢铁心 2，铁心的作用是增加磁力，它是由互相绝缘的薄硅钢片 1 叠成的，采用叠片是为了减小铁心内感应的涡流电流的损失。每片叠片有槽，叠在一起形成沟槽，电枢绕组分多条支路嵌在铁心的沟槽内，并分别接到固定在电枢轴上互相绝缘的换向器各铜片上。为了获得较大起动转矩，电枢绕组采用大截面的铜导线制成，以便几百安培的起动电流通过。

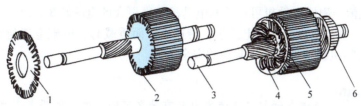

图 10-4 电枢总成
1—薄硅钢片 2—电枢铁心 3—电枢轴
4—电枢绕组 5—电枢铁心总成 6—换向器

2) 磁极。磁极也称定子,有永久磁铁和电磁铁两类,永久磁铁的电动机将在后续介绍。电磁铁磁极由铸钢铁心及励磁绕组构成(图 10-5),固定在起动机壳体的内壁上。为了产生足够强的磁场来使电枢产生足够的起动转矩,磁极的数量一般为两对,功率较大的起动机也有采用三对的。励磁绕组也采用大截面的铜导线制成。

四个励磁绕组的连接方法有串联和并联两种。无论采用何种连接方法,其产生的磁极须相互交错。

3) 电刷与电刷架。由于起动机电流较大,其所用电刷是用铜与石墨粉压制而成。电刷置于电刷架中,由盘形弹簧压紧到换向器上,电极引线接电源或搭铁。

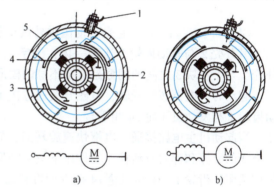

图 10-5 励磁绕组的连接
a) 串联连接 b) 并联连接
1—绝缘接线柱 2—换向器 3—搭铁电刷
4—绝缘电刷 5—励磁绕组

4) 壳体及轴承。壳体主要起支承和保护作用。起动机轴承由于结构限制一般采用滑动轴承,用于支承电枢轴。

(3) 直流电动机电枢与励磁绕组连接 励磁绕组与电枢绕组的接法有 3 种,即串联、并联及混联(图 10-6)。相应的电动机称为串励电动机、并励电动机和复励电动机。大多数电动机均采用串励,大功率的起动机也有采用复励的。

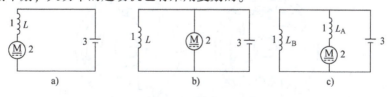

图 10-6 电动机的串励、并励与复励
a) 串励 b) 并励 c) 复励
1—励磁绕组 2—电枢绕组 3—蓄电池

串励电动机的特点是电枢绕组和励磁绕组串联,电枢电流与励磁电流相等。它具有以下特性:

1) $M = KI_s^2$,其中 K 为结构常数,电磁转矩 M 与励磁电流 I_s 的二次方成正比,因此供给同样的励磁电流，串励电动机可比并励电动机获得更大的电磁转矩。

2) 轻载时，电枢电流与励磁电流小，转速高；而重载时，电枢电流与励磁电流大，转速低。这种"软"机械特性能保证起动的安全可靠。

> **想一想** 直流起动机与直流发电机有什么不同？汽车能否采用交流起动机？

2. 传动机构

普通起动机的传动机构主要是单向离合器。其作用是将电动机的动力传递给发动机飞轮以起动发动机，而发动机起动后则断开发动机对起动机的逆向驱动，以防止发动机带动起动机高速旋转而使起动机"飞散"。起动机中常见的单向离合器有滚柱式、摩擦片式和扭簧式。

(1) 滚柱式离合器　它是目前国内外汽车起动机中使用最多的一种单向离合器（图10-7），其外壳2与驱动齿轮1连为一体，十字块3与传动套筒10经滑动花键与电枢轴相接，外壳2与十字块3之间的间隙是宽窄不等的楔形槽13。

起动时，电枢缓慢旋转，电磁开关通过拨叉推动移动衬套9、缓冲弹簧8等部件，使驱动齿轮1与发动机飞轮14相啮合。

当起动机主电路接通，电枢快速旋转时，转矩由传动套筒10传到十字块3，滚柱4在外壳2的摩擦和弹簧及活柱5的作用下滚入楔形槽13的窄处被卡死（图10-7b），于是将转矩传给驱动齿轮1，带动飞轮14使发动机起动。

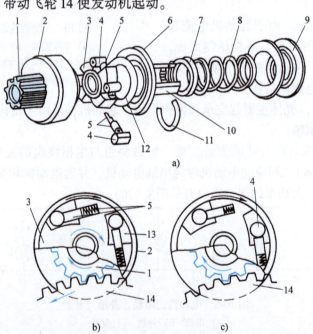

图 10-7　滚柱式单向离合器
a) 结构　b) 工作原理（起动中）　c) 工作原理（起动后）
1—驱动齿轮　2—外壳　3—十字块　4—滚柱　5—弹簧及活柱　6—护盖
7—弹簧座　8—缓冲弹簧　9—移动衬套　10—传动套筒
11—卡簧　12—垫圈　13—楔形槽　14—发动机飞轮

第10章 汽车起动系统

当发动机起动后，曲轴转速高于起动机，飞轮带动驱动齿轮1旋转，在外壳2摩擦作用下，滚柱4克服弹簧弹力，滚入楔形槽13的宽处而打滑（图10-7c），防止发动机的转矩传给小齿轮，从而避免电枢超速"飞散"的危险。起动后，由于拨叉回位弹簧的作用使离合器退回，驱动齿轮1退出飞轮齿圈。缓冲弹簧8具有缓和驱动齿轮与飞轮间的冲击，保护驱动齿轮的作用。

滚柱式单向离合器传递较大转矩时，滚柱容易卡住，不能满足大功率起动机的要求，但结构简单，因此在现代汽车上广泛应用。

（2）摩擦片式离合器　摩擦片式离合器结构如图10-8a所示，离合器的外接合毂10固定在起动机轴上，内接合毂4具有螺孔，并旋在起动机驱动齿轮柄2的螺纹上，驱动齿轮柄2则自由套在起动机轴上，用螺母锁住防止脱落。两个弹性圈9和压环8依次装进外接合毂10中，主动片7外凸齿装入外接合毂10的切槽中，钢制从动片6内齿插入内接合毂4的切槽中。内接合毂上的两个小弹簧5轻压摩擦片，使摩擦片具有传力作用（力较小）。

起动时，经外接合毂10摩擦片带动内接合毂4转动，驱动齿轮1与飞轮11啮合后，由于内接合毂4和驱动齿轮柄2之间的螺旋结构，使得内接合毂4向右移动，压紧摩擦片（力较大），电枢的转矩传递给飞轮11（图10-8b）。起动后，飞轮11带动驱动齿轮1转动，内接合毂4与驱动齿轮1的螺旋结构使得内接合毂4向左移动，摩擦片松开，飞轮11不能带动电枢，避免了电枢超速"飞散"的危险（图10-8c）。

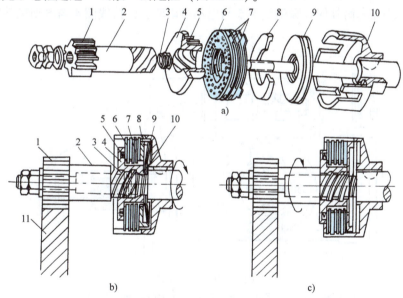

图10-8　摩擦式单向离合器
a）结构　b）压紧　c）放松
1—驱动齿轮　2—驱动齿轮柄　3—减振弹簧　4—内接合毂　5—小弹簧　6—钢制从动片
7—主动片　8—压环　9—弹性圈　10—外接合毂　11—飞轮

摩擦片式离合器可以传递较大的转矩，但结构复杂，摩擦片磨损后，需经常检修调整，常用在电枢移动式起动机上。

（3）扭簧式离合器　扭簧式离合器结构如图10-9所示。驱动齿轮1空套在电枢轴前端的光滑部分，连接套筒6套在电枢轴的花键部分，扭力弹簧4两端各有1/4圈内径较小的部分箍紧驱动齿轮1与连接套筒6。

起动时，电磁开关铁心经拨叉移动拨环9，由缓冲弹簧8推动离合器使驱动齿轮1与发动机飞轮啮合。电枢旋转时，通过花键带动连接套筒6，在弹簧与驱动齿轮1和主动套筒之间摩擦力作用下，将连接套筒和齿轮柄抱死，电枢转矩便由此传给飞轮。起动后，飞轮带动驱动齿轮1，扭力弹簧4被放松而打滑，保护电枢不致被飞轮带动而"飞散"，同时拨叉在回位弹簧作用下，经拨环9使驱动齿轮1回位。

扭簧式离合器结构简单，使用寿命长，但轴向尺寸较大，故在小型机上的应用受到限制。

3. 控制装置

起动机的控制装置一般包括电磁开关、安全开关及起动继电器等。

（1）**电磁开关** 它安装于直流电动机壳体上方（图10-10），用于控制起动机驱动齿轮与发动机飞轮的啮合与分离及电动机电路的通断。吸引线圈5与保持线圈4的匝数相同，绕向也相同，都绕在套筒外侧。吸引线圈5与电动机串联，保持线圈4与电动机并联。

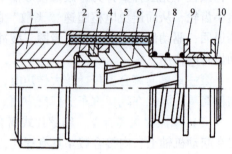

图10-9 扭簧式单向离合器
1—驱动齿轮 2—挡圈 3—月形圈 4—扭力弹簧 5—护圈 6—连接套筒 7—垫圈 8—缓冲弹簧 9—拨环 10—卡簧

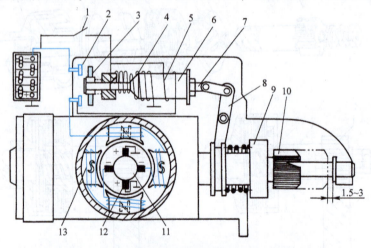

图10-10 电磁开关
1—起动开关 2—定触点 3—动触点 4—保持线圈 5—吸引线圈 6—动铁心 7—拉杆 8—拨叉 9—单向离合器 10—驱动齿轮 11—电枢 12—电刷 13—磁极

当接通起动开关1时，吸引线圈5中的电流经起动机的励磁绕组和电枢绕组后搭铁，保持线圈4则直接搭铁。此时两个线圈产生较强的相同方向的电磁吸力，吸引动铁心6向左移动。

动铁心6的移动通过拨叉8将驱动齿轮10推向飞轮，同时通过电枢中的较小电流使电枢轴较缓慢地旋转，因而有利于啮合。当驱动齿轮10与飞轮齿圈完全啮合时，动触点3与定触点2也刚好完全闭合。此时，吸引线圈5被短路，只靠保持线圈4的吸力将动触点3与定触点 2 保持在接通状态，强大的起动电流通过励磁绕组和电枢绕组使电动机快速旋转。

发动机起动后，从起动开关 1 到保持线圈 4 的电流被切断，但在断开起动开关 1 的瞬间，触点仍在闭合位置，电流从触点到吸引线圈，再经保持线圈搭铁。这时，两线圈产生的电磁力大小相同，方向相反，相互抵消。在回位弹簧的作用下，铁心返回原位，触点断开，起动机因断电而停转，同时驱动齿轮 10 退回。

(2) 起动继电器　为了产生足够的吸力，起动机电磁开关的电流较大（一般为 35～40A），如此大的电流会影响起动开关的寿命，同时也不安全。为此，有些汽车在控制电路中装有起动继电器，由起动继电器触点的开闭控制电磁开关的通断，而起动开关（或点火开关）只控制起动继电器线圈电路的通断，因而减小了起动开关（或点火开关）通过电流的大小。控制电路如图 10-11 所示。

起动时，接通起动开关，起动继电器线圈 13 通电，起动继电器触点 12 闭合，起动机电磁开关 11 被接通，起动机工作。

(3) 起动机驱动保护电路　发动机起动后，若驾驶人未及时断开起动开关，就会造成单向离合器的磨损；若发动机进入正常工作状态，驾驶人误将起动开关接通，就会造成起动机驱动齿轮与旋转着的飞轮齿圈撞击，从而加速齿圈及起动机驱动齿轮的损坏。有些汽车的起动系统中采用了起动保护电路，其作用就是防止上述情况的发生，发动机起动后，起动机能自动停止工作；发动机正常工作时，即使误将起动开关接通，起动机也不会工作。

不同车型的起动保护电路可能不同，但大多采用汽车发电机中点电压来进行控制。如图 10-12 所示为汽车起动机保护电路，组合继电器 1 是由起动继电器和充电指示控制继电器组合而成的。起动继电器的线圈 L_1 通过充电指示灯继电器触点 K_2 搭铁，使之具有驱动保护作用。K_2 同时是充电指示灯 5 的搭铁通路，用于指示充电是否正常，其通断由发电机中点电压来控制。

起动时，点火开关置于起动档时，充电指示灯亮，组合继电器中的起动继电器 L_1 通电，其电路为：蓄电池正极→起动机电源接线柱→电流表→点火开关 S→线圈 L_1→触

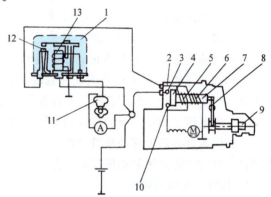

图 10-11　起动机起动继电器控制电路
1—起动继电器　2—起动机　3—蓄电池接线柱
4—动触点　5—吸引线圈　6—保持线圈
7—铁心　8—拨叉　9—驱动齿轮
10—起动机接线柱　11—起动机电磁开关
12—起动继电器触点　13—起动继电器线圈

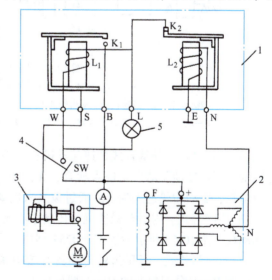

图 10-12　汽车起动机保护电路
1—组合继电器　2—发电机　3—起动机
4—点火开关　5—充电指示灯

207

点 K_2→搭铁 E→蓄电池负极。起动机线圈 L_1 通电，使触点 K_3 闭合，接通起动机电磁开关电路，起动机通电工作。

起动后，发电机正常发电，其中点电压使 L_2 无电，K_2 断开，起动继电器线圈 L_1 断电，其触点 K_3 断开，起动机电磁开关断电，起动机停止工作。

发动机工作时，即使点火开关误拨至起动档，由于发电机中点电压的作用而使充电指示灯继电器触点保持 K_2 断开，因此起动机也不会通电工作。

(4) 装备有起动安全开关的起动控制　有些车型在起动控制电路中装有起动安全开关。如装备在自动变速器汽车上的安全开关用于防止变速器在挂档状态下起动发动机。常开式起动（空档或驻车档）安全开关串联在起动系统控制电路中，并由变速杆操纵，在空档或驻车档时，起动安全开关是闭合的，电流能流到起动机控制电路。如果变速器挂了档，开关是张开的，则电流不能流到起动机控制电路。许多装备手动变速器的汽车也采用了类似的安全开关，如用离合器踏板移动来开动的起动-离合器联锁开关，只有踩下离合器踏板时，开关才闭合，电流才能流到起动机控制电路。

4. 其他形式的起动机

(1) 减速起动机　普通起动机电枢转速与驱动齿轮的转速相同。减速起动机在电枢与驱动齿轮之间装有一级减速齿轮（一般速比为 3~4），它的优点是：采用了高速低转矩的电动机，可使起动机重量和体积减小，且便于安装；提高了起动机的起动转矩而有利于发动机起动；电枢轴较短而不易弯曲等。

减速齿轮有外啮合式、内啮合式和行星齿轮式 3 种（图 10-13）。

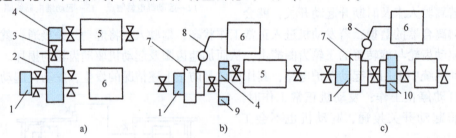

图 10-13　减速起动机的类型
a) 外啮合式　b) 内啮合式　c) 行星齿轮式
1—驱动齿轮　2—减速机构从动齿轮及单向离合器　3—惰轮　4—减速机构主动齿轮　5—电枢
6—电磁开关　7—单向离合器　8—拨叉　9—减速机构从动齿轮　10—行星齿轮减速机构

1) 外啮合式。外啮合式减速起动机有的用惰轮作为过渡传动，电磁开关铁心与驱动齿轮同轴，直接推动驱动齿轮进入啮合，无须拨叉（图 10-14）。也有一些外啮合式减速机构不设惰轮，驱动齿轮进入啮合后通过拨叉来拨动。

2) 内啮合式。内啮合减速机构传动中心距小，可以有较大的传动比，适合于较大功率的起动机。图 10-15 所示为国产 QD254 型内啮合式减速起动机原理图。

3) 行星齿轮式。行星齿轮传动具有结构紧凑、传动比大、效率高的特点。图 10-16 所示为德国 Bosch 公司生产的 DW-1 型行星齿轮式减速起动机（永磁式）。

减速起动机除在电枢与驱动齿轮间增加一级减速齿轮，以起减速增矩作用外，其他工作原理与普通起动机类似。

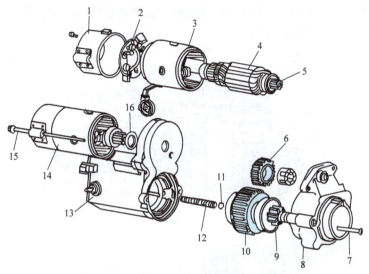

图 10-14 外啮合式减速起动机（有惰轮、无拨叉）
1—后端盖 2—电刷架 3—定子总成 4—电枢总成 5—减速机构主动齿轮
6—惰轮 7—螺栓 8—驱动端盖 9—驱动齿轮 10—减速机构从动齿轮及
单向离合器 11—钢球 12—回位弹簧 13—电磁开关
14—直流电动机 15—螺栓 16—毡圈

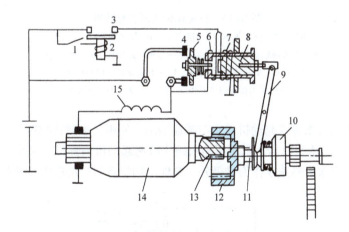

图 10-15 内啮合式减速起动机
1—起动开关 2—起动继电器线圈 3—起动继电器触点 4—电磁开关主触点
5—接触盘 6—吸引线圈 7—保持线圈 8—活动铁心 9—拨叉
10—单向离合器 11—螺旋花键轴 12—内啮合减速齿轮
13—主动齿轮 14—电枢 15—磁场绕组

（2）永磁起动机　定子磁场采用永磁体的起动机称永磁起动机。起动机的其他部分结构基本不变。永磁体材料主要有锶铁氧体和钕铁硼材料。永磁式起动机主要有如下性能特点：

因磁力来源于永磁材料做的磁瓦，磁场稳定，是一种他励直流电动机。工作特性与并励电动机相近，一般多用作小功率起动机。因为这种电动机为他励，所以空载转速小，使用安全性比串励电动机好。由于锶铁氧体的磁能较低，而钕铁硼价格昂贵，所以永磁式起动机主要用在功率2kW以下的小型起动机上。

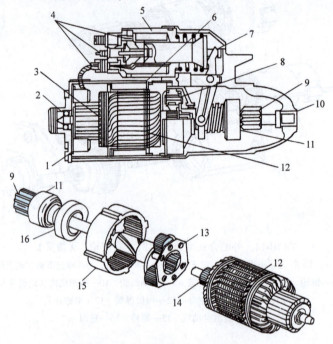

图10-16　行星齿轮式减速起动机

1—电刷　2—滚珠轴承　3—换向器　4—导线插头　5—电磁开关
6—永久磁铁磁极　7—拨叉　8—行星减速齿轮　9—驱动齿轮
10—轴承　11—单向离合器　12—电枢总成　13—行星齿轮
14—主动齿轮（太阳轮）　15—齿圈　16—拨叉环

现在乘用车所用的永磁式起动机通常与减速器结合使用，永磁式减速起动机体积和重量指标都更好。图10-17所示为捷达汽车所用的永磁式减速起动机内部结构和电气连接图。由图可见，永磁起动机除用永久磁铁6作为磁极外，其他结构特点与行星齿轮减速起动机类似。

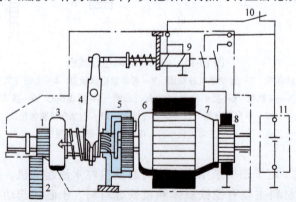

图10-17　永磁减速起动机内部结构和电气连接图

1—驱动齿轮　2—飞轮齿圈　3—单向离合器　4—传动拨叉　5—行星齿轮减速器　6—永久磁铁
7—电枢　8—换向器及电刷　9—电磁开关　10—起动开关　11—蓄电池

10.2.3 低温起动与预热装置

低温严寒气候，燃料汽化及燃烧困难（尤其是柴油），润滑油黏度加大，蓄电池能量下降，造成发动机起动困难。为了确保发动机顺利起动，需要采取相应措施，常见的有预热空气、预热润滑油、预热冷却液、喷起动液、减压起动等。

1. 空气预热装置

目前普遍使用的发动机预热方法是采用预热装置，对进入发动机的空气进行预热。常见的预热装置有电热塞、热敏电阻预热器和电火焰预热器。

（1）电热塞　现代汽车发动机多采用封闭式电热塞（图10-18），安装于燃烧室内。螺旋形电阻丝9焊接在中心螺杆2与发热体钢套10底部，电阻丝9周围充填有绝缘的氧化铝填充剂8，中心螺杆2与外壳6绝缘，外壳6带密封垫圈7装于气缸盖上。

起动时，起动开关旋到预热档，电流通过预热指示器，再到各缸预热塞，电流经中心螺杆2→电阻丝9→发热体钢套10→气缸盖→车身搭铁→蓄电池负极。电阻丝通电后，金属钢套变得红热，加热燃烧室内空气。

（2）热敏电阻预热器　它安装在进气歧管总入口处（图10-19），由安装在发动机冷却液出口处的预热温度开关控制。当起动温度低于一定值时，预热温度开关控制接通电路，陶瓷热敏电阻通电升温，加热进入气缸的空气。

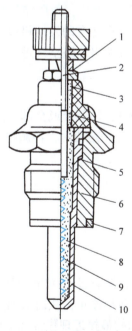

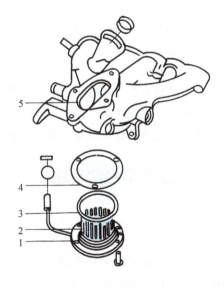

图10-18　电热塞
1—固定螺母　2—中心螺杆　3—胶合剂　4—绝缘体
5—垫圈　6—外壳　7—密封垫圈　8—氧化铝填充剂　9—电阻丝　10—发热体钢套

图10-19　热敏电阻预热器
1—陶瓷热敏电阻加热器　2—铝合金散热柱
3—密封圈　4—密封垫　5—进气歧管

（3）电火焰预热器　柴油机由于压缩比大，起动更困难，常采用电火焰预热器（图10-20），其阀体2是用线胀系数较大的金属材料制成的。阀体的内部有空腔，其一端有进油孔

1，另一端有内螺纹。在预热器不工作时，阀芯 3 的锥形尖端将进油孔 1 阻死，阀的另一端有外螺纹旋在阀体 2 的内腔中。阀体 2 的外部绕有用镍铬丝制成的电阻丝 4。

当柴油机起动时，接通预热器开关 6，蓄电池 5 对电阻丝 4 供电，电阻丝 4 变为炽热状态而加热阀体 2，因为阀体的热膨胀系数较大而伸长，带动阀芯 3 向右移动，使进油孔 1 打开，燃油经进油孔 1 流入阀体 2 的内腔受热而汽化，从阀体内腔喷出，被炽热的电阻丝 4 点燃形成火焰，加热进入气缸的空气。

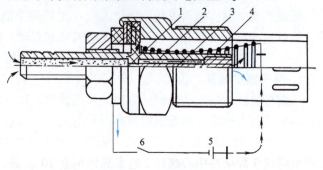

图 10-20 电火焰预热器
1—进油孔 2—阀体 3—阀芯 4—电阻丝
5—蓄电池 6—预热器开关

2. 预热润滑油和冷却液

采用外部加热方法，将润滑油和冷却液加热到一定温度，再加入发动机，可以有效改善起动性能。

也可以采用电热丝等发热元件，直接插入油底壳或散热器，加热润滑油和冷却液。

一些重型汽车，还采用起动预热锅炉对冷却液和润滑油进行加热。

3. 喷起动液

起动液由容易着火燃烧的燃料（乙醚、丙酮、石油醚等）组成，与压缩气体氮气一起储藏在专用喷射罐内（有商品出售）。使用时，取下空气滤清器（有的发动机设有起动液喷嘴），将喷射罐出口对准进气管，轻压喷射罐单向阀，起动液喷出，随空气进入气缸，迅速着火燃烧，起动发动机。

4. 减压起动装置

一些柴油机设有起动减压装置（一般是顶压排气门机构），使部分或全部气缸在起动时先与大气相通，不受压缩，减少起动转矩。待发动机转速高达一定值时，再撤除减压，利用活塞连杆组和曲轴飞轮组的运动惯性，使发动机起动。

10.3　新型汽车起动系统

10.3.1　发动机起停系统

起停系统当前主要有两种技术来实现：一是通过传动带驱动起动-发电一体电机（Belt driven integrated Starter Generator，BSG）来控制发动机的起动和停止，从而取消发动机的怠速，以达到提高车辆燃油经济性和降低排放的目的。这种结构最接近现代常规车辆。目前有 Delphi、Ricordo、Bosch 和 Valeo 等公司开发了这种起停技术，主要代表性车型有标致雪铁龙集团（PSA）的混合动力版 C3 汽车和丰田汽车公司混合动力版 Vitz 汽车。二是 Start-Stop 技术，其对于传统汽车的发动机前端轮系不进行改动，只是更改原有车辆的起动机，提高起动机的起停次数并提高其功率，保证车辆能够快速起动和在理想使用工况下的寿命。

1. BSG 起停系统的组成与工作原理

BSG 起停系统由机械装置和电控装置组成，其机械装置结构如图 10-21 所示，可以看出，BSG 通过传动带传动，具有起动机和发电机的双重功能。

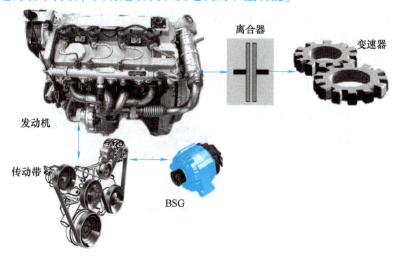

图 10-21　BSG 起停系统机械装置结构

BSG 起停系统的电控装置一般是由起停系统总开关、档位传感器、踏板传感器、车速传感器、转速传感器和电池电量传感器等组成。档位传感器检测变速器所处档位，踏板传感器检测离合器踏板是否踩下，车速传感器判断车辆是否处于停止状态，电池电量传感器检测电池的电量是否足够带动起动机来起动发动机。

电信号控制示意图如图 10-22 所示。怠速停止起动控制器接收总开关信号、车速信号、发动机转速信号、档位信号、离合器信号、蓄电池电量信号并进行处理，将是否执行发动机的怠速停止命令发送至发动机 ECU，ECU 再执行发动机的怠速停止。逆变器的功能是在发动机正常运转状态时，将起动-发电机产生的交流电转变为直流电来为车载电器或蓄电池供电。当起动发动机时，逆变器将蓄电池的直流电转换为交流电为起动-发电机供电来起动发动机。

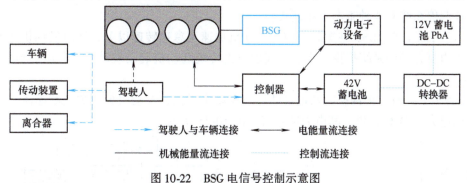

图 10-22　BSG 电信号控制示意图

BSG 系统组成、能量流及信号流如图 10-23 所示。

当 BSG 起停系统判断车辆需要停车时，即判断变速杆位于空档时，如遇到堵车或红灯，系统自动将发动机关闭；当系统判断发动机需要重新起动时，系统控制 BSG，这时 BSG 作为电动机，BSG 转速达到发动机起动至怠速，然后将 BSG 关闭，之后汽车由发动机单独驱动，进入正常行驶状态；当系统判断汽车处于减速制动或下坡缓行时，BSG 作为发电机向电池组充电，系统将制动时产生的机械能（动能）转化为电能，通过 DC-DC 转换器向锂离子蓄电池充电，这时 BSG 作为发电机。BSG 起停系统可以在保证汽车动力性能的前提下提高车辆燃油经济性和降低排放。

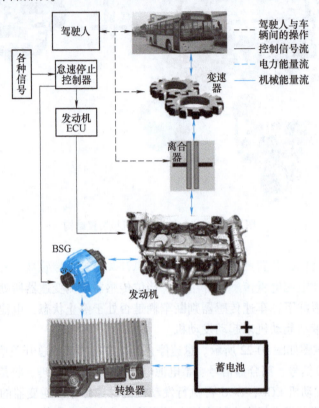

图 10-23 BSG 系统组成、能量流及信号流

BSG 起停系统有 4 种基本工作模式：

1）起动工况时，BSG 在短时间内将发动机加速至怠速转速以上，然后发动机才开始工作。电力由复合储能系统提供，当初次起动时由传统起动机起动发动机，其电力流如图 10-24 所示。

2）停车工况时，车辆控制系统自动切断发动机供油，发动机处于关闭状态。这时附件所需要的电力由 BSG 提供，其电力能量流如图 10-25 所示。

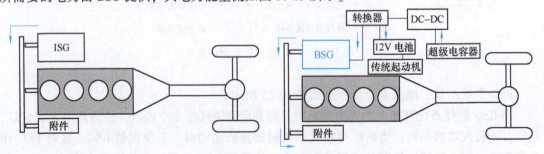

图 10-24 BSG 起动工况的电力能量流　　图 10-25 BSG 停车工况的电力能量流

第10章 汽车起动系统

3）减速工况时，驾驶人踩下制动踏板，向 BSG 传送信号，使其将车辆的动能转化为电能并存储起来，其电力能量流如图 10-26 所示。

4）正常行驶工况时，发动机与传统车辆发动机工作一样，高于某一功率时为电池系统充电，其电力能量流如图 10-27 所示。

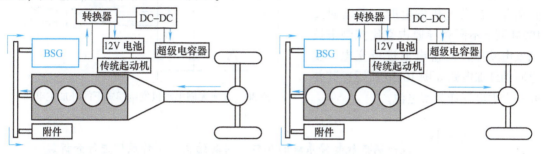

图 10-26 BSG 减速工况的电力能量流　　　　图 10-27 BSG 正常行驶工况的电力能量流

2. BSG 工作模式

（1）起动模式　空载起动过程的电枢电流和转速的变化曲线如图 10-28 所示。线路压降和电枢绕组阻值一般较小，起动电流在短时间内会很大，可能达到正常电流的几倍至十几倍。在允许范围内，起动电流大有助于转子加速，满载时电动机也能很快起动。以额定工况为例，电动机刚起动时转速和反电动势均为零，起动瞬间电枢电流迅速增大，电磁转矩比负载转矩大很多，转速迅速增大；转速增大引起反电动势增大，电枢电流增大变缓直至达到极大值，然后开始减少。电流减小导致电磁转矩减小，于是转速上升的加速度变小。当电磁转矩和负载转矩达到动态平衡时，转速稳定在额定值，整个机电系统保持稳态运行。

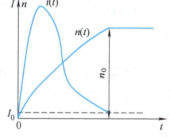

图 10-28 空载起动电枢电流和转速的变化

永磁无刷直流电动机的起动转矩，除了与起动电流有关外，还与转子相对于电枢绕组的位置有关。转子位置不同时，起动转矩是不同的。而实际上由于电枢绕组产生的磁场是活跃的，当转子所处位置不同时，转子磁场和电枢磁场之间的夹角在变化，因此所产生的电磁转矩也是变化的。这个变化量要比有刷直流电动机因电刷接触压降和电刷所短路元件数的变化而造成的起动转矩的变化大很多。如图 10-29 所示为三相相电流合成波形。

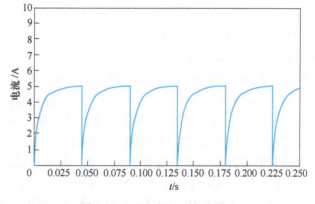

图 10-29 三相相电流合成波形

(2) 发电模式 由于直流无刷起动发电机与发动机通过传动带相连接，为此以发动机的最高转速（3200r/min）来模拟发电机在发电工况时的运行情况。在发电机发电时，可以通过 PWM 调节不同相导通占空比控制来控制发电功率，对蓄电池进行充电。发电时的外加电路如图 10-30 所示，其并联一个大电容作为蓄电池。

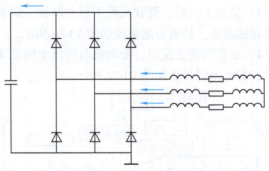

图 10-30 直流无刷电动机发电模式下的外加主电路

> **找一找** 找一辆搭载起停系统的车辆，对其结构与工作原理进行分析。

10.3.2 一键起动系统

1. 什么是一键起动

一键起动就是带有智能钥匙的驾驶人，无须操作点火钥匙或机械转动，仅按下中控台上的一键起动按钮（图 10-31），就可以实现汽车发动机的起动和关闭功能，简化了起动程序。

一键起动与智能钥匙配合使用，可以实现远程起动发动机，开启空调，有助于提高驾驶舒适性能，避免因"冷车"行驶（尤其是未过磨合期的新车）引起的机件磨损加剧，从而延长使用寿命。

智能钥匙的作用主要是通过安装在钥匙中的感应芯片进行感应和遥控，一键起动的按钮必须在感应到智能钥匙的存在时才能起动。具有一键起动功能的车辆一般不用插入钥匙，但都设有插入钥匙的位置，目的是当一键起动功能发生故障时可以利用钥匙进行起动。

图 10-31 一键起动按钮

2. 一键起动系统的基本结构原理

一键起动系统的基本结构原理如图 10-32 所示。该系统采用了当今世界上最安全、最先进的无线射频识别（Radio Frequency Identification, RFID）技术，是一种非接触式的自动识别技术，每一个芯片都是全球唯一的，保密性能非常高，芯片不可复制。当车主随身携带智能钥匙（卡）走近汽车时，车辆就会自动解除防盗开锁，可以进入起动状态或远程起动状态；离开车辆时，车门锁会自动锁上并进入防盗。

图 10-32 中起动按钮用于起动和转换点火开关；钥匙锁孔用于传送脉冲转发器信息至电源分配模块（Power Distribution Module，PDM），以起动失效保护；电控转向管柱锁（Electronic Steering Column Lock，ESCL）用于控制转向盘的闭锁和开锁；用于接收来自智能钥匙的信号并控制继电器，通过串行通信和 PIC 锁孔接收脉冲转发器信息，控制搭铁和 ESCL 电源；仪表盘用于显示智能钥匙功能和钥匙防盗系统的状态；发动机控制系统（Engine Management System，EMS）用于通过 CAN 传送发动机状态（OFF、起动、运转、失速）；行李箱开关控制行李箱的开锁和闭锁；保险杠天线用于检索行李箱外侧的智能钥匙。

第10章 汽车起动系统

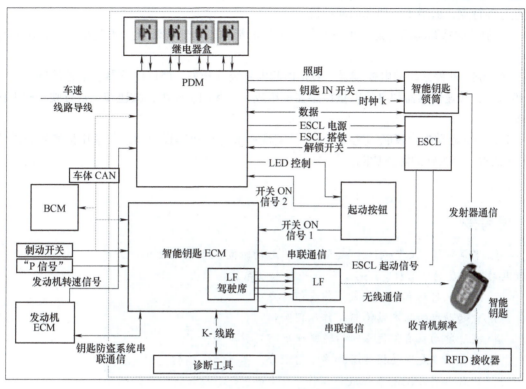

图10-32 一键起动系统的基本结构原理

本章小结

1. 起动系统主要包括蓄电池、起动机、起动继电器、点火开关、安全开关（部分汽车采用）、低温起动预热装置等。

2. 发动机起动有手起动、电起动、汽油机起动、压缩空气起动和拖动等方式。现代汽车用发动机均采用电起动方式。

3. 电起动机一般由直流电动机、控制装置和传动机构组成。

4. 直流电动机是将电能转变为机械能的设备，它由电枢总成、磁极、电刷与电刷架及其他附件组成。

5. 电起动机的传动机构主要组成部分是单向离合器。其作用是将电动机的动力传递给发动机飞轮以起动发动机，而发动机起动后则断开发动机对起动机的逆向驱动。常见的单向离合器有滚柱式、摩擦片式及扭簧式。

6. 电起动机的控制装置一般是电磁开关，有的还采用了一些中间继电器。其作用是控制起动机驱动齿轮与发动机飞轮的啮合与分离以及电动机电路的通断。为了防止误操作而使起动机损坏，有些汽车的起动系统中采用了起动保护电路。

7. 减速起动机在电枢与驱动齿轮之间装有一级减速齿轮，具有重量轻、体积小、便于安装、起动机的起动转矩高而有利于发动机起动等优点。

8. 永磁起动机的定子磁场采用永磁体材料，具有磁场稳定、体积小、重量轻、使用安全性好等特点，适用于小功率的起动机。

9. 常见的低温起动措施有预热空气、预热润滑油、预热冷却液、喷起动液、减压起动等。

10. BSG 起停系统的电控装置一般是由起停系统总开关、档位传感器、踏板传感器、车速传感器、转速传感器和电池电量传感器等组成，有起动、停车、减速和正常行驶 4 种工作模式。

11. 一键起动配合智能钥匙（卡），可实现一键起动和远程起动，其采用世界最先进的 RFID 技术，有很强的防盗功能。

思考题

1. 名词解释：起动转矩、起动转速、起动时间、串励电动机、并励电动机、复励电动机、BSG 系统、一键起动系统。
2. 发动机起动有哪些方式？各有何特点？
3. 电起动机的基本结构与工作原理如何？
4. 减速起动机有何优点？齿轮减速器有几种类型？
5. 改善低温起动的措施有哪些？它们分别是如何工作的？
6. BSG 起停系统基本组成与工作原理如何？
7. 一键起动系统的基本工作原理如何？

参 考 文 献

[1] 王海林，蔡兴旺. 汽车构造与原理：上册　发动机[M]. 3版. 北京：机械工业出版社，2012.
[2] 蔡兴旺. 汽车文化[M]. 北京：机械工业出版社，2014.
[3] 于京诺. 汽车电子控制技术[M]. 北京：机械工业出版社，2014.
[4] 张西振. 汽车发动机电控技术[M]. 3版. 北京：机械工业出版社，2017.
[5] 胡忠录，等. 发动机尾气排放控制探讨[J]. 公路与汽运，2013(6)：29-32.
[6] 史文库，姚为民. 汽车构造：上册[M]. 6版. 北京：人民交通出版社，2013.
[7] 尉庆国，苏铁熊，等. 汽车发动机构造及原理[M]. 北京：国防工业出版社，2012.
[8] 王建昕，帅石金. 汽车发动机原理[M]. 北京：清华大学出版社，2011.
[9] 刘圣华，周龙宝. 内燃机学[M]. 4版. 北京：机械工业出版社，2017.
[10] 王福亮. 柴油机SCR技术[J]. 内燃机，2011(3)：34-35+39.
[11] 关文达. 汽车构造[M]. 4版. 北京：机械工业出版社，2016.
[12] 钱人一. 可完全关闭的发动机按需调节冷却系统[J]. 汽车与配件，2010(18)：38-41.
[13] 蒋浩丰. 奔驰M272系列发动机先进的冷却系统控制技术[J]. 汽车维护与修理，2010(6)：50-52.
[14] 陈家瑞. 汽车构造[M]. 3版. 北京：机械工业出版社，2013.
[15] 余志生. 汽车理论[M]. 5版. 北京：机械工业出版社，2009.
[16] 张彦军，艾锋. 电装ECD-U2系列高压共轨系统[J]. 汽车电器，2009(05)：38-40.
[17] 周新勇. 电控柴油机传感器的结构原理及测试[J]. 汽车电器，2008(06)：40-43.
[18] 敏瑞. 西门子电控高压共轨喷油系统：上册[J]. 汽车维修与保养，2008(05)：55-57.